MUJER SE NACE

ÁNGELES RUBIO GIL

Mujer se nace

Las mujeres en la historia

ERASMUS

2024

COLECCIÓN · HISTORIA

ERASMUS EDICIONES

Primera edición: junio de 2024

© de la obra: María Ángeles Rubio Gil, 2024
© de esta edición: Editorial Almuzara S.L., 2024

Director editorial: Raúl López López
Diseño de cubierta: estudiodavinci
Maquetación: Alberto R. Torices

www.erasmuslibros.com www.editorialalmuzara.com
pedidos@almuzaralibros.com info@almuzaralibros.com

ISBN: 978-84-10199-85-9
Depósito legal: CO-895-2024
Imprime y encuaderna: Liberdúplex

Hecho e impreso en España Made and printed in Spain

ÍNDICE

EL GÉNERO CONTRA LAS MUJERES

Debo echar mi suerte con quienes, siglo tras siglo, con astucia, sin poder extraordinario alguno, [...] rehacen el mundo.

ADRIENNE RICH

La historia de la humanidad comienza con la invención de la escritura, allá por el 3500 a. C. en Mesopotamia y Egipto. La Prehistoria comprende el conocimiento en el tiempo previo, en donde no se encuentran registros escritos, pero sí de otro orden, como yacimientos funerarios y pinturas rupestres que, como se verá más adelante, hoy nos muestran el protagonismo femenino en el arte primigenio y en la misma hominización. Es decir, en el proceso que aconteció para que mamíferos primates, pasasen a ser hombres y mujeres.

La primera obra escrita de naturaleza literaria es de una mujer sumeria, sacerdotisa mayor y además princesa y poeta, **Enheduanna**: el poema a su diosa lunar, Inanna, en el que le pide protección frente al asedio de Lugalanne. Enheduanna, cuyo nombre significa 'ornamento del cielo', vivió entre los años 2285 a 2250 antes de Cristo, siguiendo fuentes de investigadoras como Roberta Binkley (1998), Clara Janés (2015) o Nieves Muriel (2022).

Sin embargo, durante mucho tiempo se ha mantenido **un gran secreto** sobre las obras femeninas. Y se ha creído que las primeras obras escritas eran posteriores, citando en concreto el poema épico de Gilgamesh, de alrededor del 2100 a. C. en la antigua Mesopotamia, y que relata la historia de este rey de Uruk, un héroe legendario que buscaba la inmortalidad, y cuyas tablillas de arcilla fueron descubiertas en la antigua ciudad de Nínive (Irak) en el siglo xix. A esta le siguieron obras griegas como *La Ilíada* y la *Odisea* y los textos sagrados del Antiguo Testamento, ya del siglo viii a. C.

Antes o después, de lo que no cabe duda es que, desde entonces hasta nuestros días, el cuerpo, la cultura y las preferencias de cada sexo son particulares, y que tanto tiempo interpretando la historia en versión masculina, **llegado es el momento de preguntarse, ¿dónde estaban las mujeres?** ¿Por qué no hablan ellas, ni de ellas en los manuales de historia, sociología, economía, filosofía o antropología hasta tiempos muy recientes?

En las últimas décadas somos las mujeres las más lectoras y una legión las escritoras, por lo que llegada es la hora de conocer nuestra historia y las interesantes lecciones que podemos extraer de las trayectorias que se han conseguido conservar. Todas de una gran utilidad en este siglo extraño. Partiremos del primer beso con el que la mujer engendró la lucidez de la consciencia, gracias al amor que dio paso a la individualización de cada ser (para nombrarnos y amarnos), a la aparición de la protuberante cadera que permitió el paso del cráneo *sapiens* a través de la pelvis femenina, hasta llegar a las corrientes de pensamiento que, desde el siglo i hasta el xxi de nuestra era alumbran y aspiran a formas de vida más saludables y plenas para ellas.

Por todo ello, abrimos este debate como otras autoras lo hicieron primero, recopilando biografías e investigaciones muchas recientes, de la historia de las mujeres, que es igualmente la de la humanidad; sobre la base de evidencias científicas y a partir de fuentes no solo escritas, sino además, del arte y otros vestigios materiales. También de fuentes indirectas —lo que unas y otros han contado—, **para superar los secretos, las mentiras y los silencios sobre la vida y los avances femeninos, que han acompañado la elaboración de la historia, la Prehistoria y los procesos de humanización.**

En esta tarea, serán fundamentales las palabras de las propias protagonistas, como actoras y relatoras de la acción social. Por ello, para conocer lo que esconden los silencios y esa perspectiva propia de la historia y el pensamiento humano, se emplearán los nombres de autoras y autores en las citas bibliográficas, junto a sus apellidos, con lo que se puede percibir más claramente la **diferencia sexual**, y como poder superar el sexismo, incluyendo las voces de ambos sexos.

Sobre mentiras, secretos y silencios (1978) es el título de una de las obras cumbre de **Adrienne Rich**, poeta e intelectual estadounidense, cuyo prólogo denuncia una **gran mentira** o fraude que perjudica gravemente a las mujeres de todas las épocas. Se trata del prejuicio, y el perjuicio que supone, abordar nuestra historia como si cada autora fuese 'la primera en....', también como si cada protagonista fuese 'única'. Porque toda persona lo es, pero también tiene su genealogía, antecedentes y enseñanzas que brindarnos; cuánto más las mujeres, encargadas de la transmisión de la vida y la cultura desde el principio de los tiempos. Obviar herencia e historia es negar referentes necesarios para vivir, entender lo que nos pasa y crecer. Por eso necesitamos recordar que todas formamos parte de la crónica de la humanidad y contamos con una responsabilidad con las que llegan al mundo más tarde, para que puedan sentir la grandeza de nacer mujer, como lo hacen sus hermanos, y no incurran en los mismos errores, por no conocer su historia.

Llegado es el momento en el que no puede seguirse negando el elenco inagotable de personalidades femeninas de referencia, nombres algunos de ellos más bellos aún junto al relato de sus dueñas, que desde la Antigüedad nos han precedido y que ahora nos traen sus secretos a través de fuentes escritas y libros viejos, pinturas, mosaicos, monedas, murales, figuras, joyas, sepulturas, grabados, entre otros objetos, y en donde ha quedado patente su trabajo y sus estrategias vitales.

Encontrarlas es una dulce tarea de investigación, que suele convertirse en una adicción sana de la que ocuparnos, para seguir descubriendo hechos, anécdotas, autoras y heroínas que nos llevan unas a otras. En ocasiones por las relaciones entre estas, y muchas otras veces gracias a felices casualidades, coincidencias mágicas encadenadas, hallazgos providenciales o, sobre todo, suerte, porque, pensarnos, nos sienta bien, mejora el albur y el ánimo.

Había sido Adrienne Rich la primera lectura de juventud con la que conecté con el tema de las mujeres en la historia y el pensamiento occidental en la antigua Facultad de Ciencias Políticas y Sociología a finales del siglo XX. Casualidad o un primer guiño del destino ha sido que el aniversario de su partida un 27 de marzo, coincidiese con el inicio de este libro. Que como ya digo, es una suerte de *Historia interminable*, siendo este el primer volumen.

El objeto de esta tarea no es otra que continuar con la relación de *affidamento*[1] con la que poder crecer orgullosa de ser mujer, a salvo de victimismo interesados, tanto como de experiencias indeseadas, que surgen por ejemplo cuando, forjando los sueños de juventud, ignoramos por dónde van los de algunos hombres adultos cuando se acercan a las adolescentes, para las que el sí, no es sí, porque su deseo despierta más despacio y todavía no conocen la diferencia sexual en cuestión de expectativas. Algo que, personalmente aprendí no con prohibiciones, sino con las enseñanzas de maestras y amigas mayores con las que poder profundizar en muchos temas. Es decir, evitando así perder el eje, el timón del propio deseo y proyecto, cuando el ambiente lo que sugería era agradar a otros, por ejemplo con voces que predicaban una iniciación sexual muy tardía en los años sesenta, o precoz llegados los ochenta, y no al ritmo de nuestros ciclos y endorfinas del deseo que tienen sus propios tiempos.

---

[1] Palabra sin traducción al castellano que nombra una práctica política de la Librería de Mujeres de Milán, y que significa propiciar la confianza, el reconocimiento recíproco de la autoridad y el apoyo entre mujeres, en la obra *No creas tener derechos*. Madrid, Horas y horas, 1991.

Una reflexión y juicio crítico que agradezco a mi familia y a mis monjas seglares en la adolescencia, cuando no había educación mixta en España, y llegué a Santander. Y que con arreglo a la docencia experiencial de las Teresianas, nos animaban a recostarnos en una gran piedra para contemplar los frescos de bisontes prehistóricos en el techo en las Cuevas de Altamira, en medio de una oscuridad que imponía mucho respeto. Era el momento de contacto con el pasado: 'La experiencia del hombre primitivo', nos decían.

No preguntábamos por las mujeres, ni siquiera ya, cuando a los 13, dos de mis amigas, Chicho y Paloma, eran buenas pintoras, y otras dos escribíamos y habíamos comenzado a ganar premios literarios juveniles. Y la quinta, Cristina pronto le concedieron la primera beca otorgada a una mujer para formarse como directora de orquesta en Viena. Pensábamos entonces, erróneamente, que todo estaba conseguido con el acceso a la educación superior. Pero esa interiorización de la invisibilidad femenina no nos permitía ser demasiado críticas con lo que se esperaba de nosotras, todavía. Se daba una contradicción en las expectativas sobre la importancia de estudiar como los hombres, de ser encantadoras y esenciales para nuestras familias, pero con la finalidad de ser madres y esposas, de pensar 'sin dar la nota', humildes, pasando desapercibidas.

Además, frente a ese tipo de dudas sobre el protagonismo de las mujeres, ya estaba el ejemplo de Isabel La Católica en política y la gran **Madame Curie** para superar cualquier sospecha de machismo en cuestión de ciencia o de otro orden. Hoy sabemos que NO, y que, a pesar de los pesares de cada época, **ya hubo muchas otras 'primeras mujeres' (casadas, viudas y solteras) en hacer cosas relevantes para la humanidad, e incluso poner en cuestión el imperativo matrimonial como opción única.** O bien el ingreso en un convento cuando eran arrojadas del mercado de los amores. Desde la Antigüedad, algunas mujeres y ciertos grupos de ellas sortearon el estado civil —que representa

Figura 1. Marie y Pierre Curie en 1896.
AIP Emilio Segrè Visual Archives,
Physics Today Collection.

los derechos del padre, del marido y del Estado sobre nosotras y nuestras criaturas—, como beguinas, albigenses, gnósticas, entre otras. No sabemos si también las ejecutoras de aquellas pinturas rupestres, realizas al tiempo que criaban, transmitían la lengua y cultivaban el campo. Pero sus manos habían pasado desapercibidas para nosotras, haciéndolas del hombre primitivo, aquellas pequeñas manos coloreadas de rojo en la piedra con las que medíamos las nuestras idénticas, en la Cueva del Castillo de Puenteviesgo, también en Santander, y de las que dicen son las primeras de todas las conocidas en el mundo con 40 000 años de antigüedad.

Y así se han sucedido con la escritura de este libro experiencias extraordinarias al ir encontrando la huella y la voz femenina en obras o citas anónimas, soslayando la misoginia que ocultaba las gestas más asombrosas. Un camino en el que cada hallazgo es como parte de un puzle, que es la historia no contada de la mitad de la especie, en el que cada pieza nos acerca a una imagen más nítida. Un mosaico que se completa casi, casi, por sí sólo, a partir de un primer paso y, por último, un tercer encuentro, que concluye cuando rompiendo **el gran silencio** de los libros de historia y en cada episodio del pensamiento humano sobre el trabajo de las mujeres, llana y sencillamente preguntamos: **¿Qué hacían las mujeres?**

Habíamos comenzado fotocopiando en primero de carrera documentos llegados de otras estudiantes de Estados Unidos y compañeras alemanas con las que íbamos contactando. Y las fotocopias del libro de Adrienne aparecieron en el preciso momento de fundar los incipientes seminarios para el estudio de la historia y el pensamiento de las mujeres, creados por las estudiantes en la Universidad Complutense de Madrid. Lo llamamos *La Asamblea de mujeres*, lo que era en realidad un encuentro de estudiantes de diversas carreras y niveles que comenzábamos a reunirnos para aprender más, intercambiar información y a veces denunciar algún problema. Y uno de los asuntos que abordábamos era la invisibilidad de ellas en los textos y las asignaturas universitarias, así que, ni cortas ni perezosas, realizamos un informe crítico para la reforma educativa (LRU, 1983), que mandamos por registro oficial al Ministerio de Educación y Cultura mi amiga y maestra Ana Mañeru y yo, para que no quedásemos excluidas en los nuevos planes de estudios universitarios.

La crítica no debió servir de mucho, cuando después de cuarenta años de grandes cambios sociales y tres reformas legislativas en educación universitaria, una de las asignaturas que impartimos en Economía sigue ocultando a la mitad de la población llamándose *Comportamiento del consumidor*... Y tiene gracia, porque hemos sido y seguimos siendo en buena medida las encargadas de 'hacer la compra'. Una incapacidad de ver la realidad femenina, o ginopía, que sin embargo nos ayudará mucho para obtener materiales de lo que no se ve pero ocurría, con los que nutriremos nuestra historia. Pronto llegaron las primeras ponencias sobre el sexismo en el pensamiento occidental en la Universidad Autónoma, en el seminario de Estudios de la Mujer, promovido por la socióloga y hoy premio *Príncipe de Asturias* María Ángeles Durán.

Al llegar al mundo de la empresa y la investigación, perdimos el contacto las compañeras, pero ya habíamos experimentado algo realmente interesante, como era vivir en una Universidad que era verdaderamente una comunidad de aprendizaje, para el trabajo futuro y para la vida, en donde los consejos se enseñan con los hechos: la Universidad vivencial como siempre la habíamos soñado. Es decir, para ser persona, no un cúmulo de credenciales teóricos para medrar y en donde se aparca el conocimiento y el sentir de más del 50 % de la humanidad. Incluso cuando se emplea el calificativo de Estudios de Género, haciendo fluido y fútil el sexo, reduciéndolo a caracteres sexuales secundarios, o genitalidad. Cuando el sexo se encuentra en cada parte del Ser, igual que, separar cuerpo, mente y cultura de un humano es imposible y ridículo. Es decir, el sexo, el ser mujer, es algo inmenso, lo ocupa todo, cada célula de nuestro organismo desde antes de nacer no es solo cuestión de elección, sexo fluido o de fluidos. La cultura de las mujeres a lo largo de la historia, no se circunscribe solo al ámbito doméstico y muestra una forma de estar en el mundo y de crecer como persona. Porque es el cuerpo femenino expresión del nosotr@s, antes que del Yo. Una puerta privilegiada a la humanización necesaria.

Y llegamos al mundo del trabajo. Los inicios laborales son duros, pero faltaban consejos y referentes, cuando comenzando a trabajar en Recursos Humanos en una entidad financiera de gran tamaño, veíamos cómo las becas para estudiar máster nunca llegaban a las empleadas. Así como, que una vez que lo financiábamos con nuestros ahorros, las ofertas de empleo eran solo para jefes de personal, y en consecuencia, al llamar a las empresas nos decían que el anuncio era de jefe, no para jefas. Eso me hizo recapacitar sobre la importancia de nombrar en femenino. **De evitar** la ocultación de las mujeres en nuestras palabras, pero también la necesidad de que surja sin imposición, porque el lenguaje es aquel que adopta la gente, no el poder. El que enseña la madre, la expresión más idónea para transmitir el pensamiento, lo que sale sin esfuerzo. Pasa entonces por no ocultar, ni ocultarse, por pensarse y expresar el deseo, antes que **por sobreponer artículos de forma obligada.**

Algunos compañeros de aulas terminaron siéndolo de los nuevos partidos parlamentarios, que cortocircuitaban el paso de sus compañeras más valiosas cuando había que negociar con el ministro, en el movimiento de estudiantes. Fueron estos mismos los que más adelante promovieron leyes sobre los asuntos que incumben sobre todo a las mujeres, y que a veces nos plantean muchas dudas, cuando no desbarajustes e inequidades. Por ejemplo, la ley del sí es sí citada, o el permiso de paternidad y por más tiempo, sin que los padres sean por ahora los que amamantan, mientras no subroguen la lactancia, los encargados de sufrir los puntos de las cesáreas, la dolorosa episiotomía, o de cargar los biberones auto-exprimidos que con nuestra leche llenamos para volver cuanto antes al trabajo 'igualitario' —que no equitativo—. Así ellos también pueden disfrutar de las criaturas. Porque muchas hemos prescindido del postparto o del postoperatorio tras la cesaría y el permiso de maternidad, y hasta de las vacaciones, para no perder empleos, o no ser cuestionadas por mermar el rendimiento de los equipos de trabajo por ser mujeres. Hemos trabajado en campos y ciudades durante menstruaciones dolorosas, o menopausias asfixiantes, y lo seguiremos haciendo, solo que ahora ese esfuerzo ha perdido el valor moral del orgullo de ser progenitora, mujer y abuela.

Y al otro lado del arco político, otros y otras colegas de facultad, quienes legitiman el rapto de la maternidad de mujeres pobres, muchas de ellas en granjas de países deprimidos, para tener descendencia cuando ya es tarde, no se puede o para elegirla a la carta y antinatura lo que la naturaleza no permite. Como en un supermercado de carne. Mientras tanto, muchas compañeras habían hipotecado el sueño de ser madres en espera de la estabilidad laboral, paradójicamente por el prejuicio laboral de que pudiesen serlo. Años más tarde se conocerían estadísticas de absentismo en el trabajo, en las que cuantitativamente eran más significativas las bajas masculinas a causa del deporte y otras prácticas de ocio, que las femeninas relacionadas con los propios ciclos vitales (maternidad, lactancia, menstruación y menopausia), esos que no se pueden ni se deben mentar, pero sí obviar (por lo visto). Cuando en verdad son estas etapas femeninas y cada una de nuestras células (xx), una gran y divina diferencia, a la postre el orgullo del servicio a la especie y la supervivencia social.

En las últimas cifras oficiales las contrataciones femeninas ya superan a las masculinas; sin que pueda decirse lo mismo de los indicadores en términos de mayor calidad de vida para las mujeres, que ahora no tenemos tiempo de tratar, pero sí de dar una pista: el gran número de familias monomarentales. Y este es otro gran silencio, porque trabajar el doble y en muchas ocasiones mejor por ejemplo a tenor de los resultados académicos, y en el ámbito público y privado (haciendo de padre y madre), no es exactamente lo que nadie imaginaba como una liberación, ni por autorrealización, sino más bien, todo lo contrario. Aún mucho menos lo es no aceptarse ni asumir las formas naturales, por ejemplo ponerse o quitarse pecho a discreción. Entre otros aspectos, porque pareciera que cuanto más nos exigimos, menos se nos reconoce y más nos quejamos… **¿Qué es lo que estamos ignorando?** Para contestar a esto puede ser muy útil la aportación de nuestras protagonistas.

El malestar con la igualdad no equitativa no puede negarse y son muchos los libros y artículos de autoras que lo ponen de manifiesto. Sin embargo, se aprecia cierto silencio, por no ser de la opinión dominante, sobre cuánto 'nos aparca y oculta' el concepto de género, cuando queremos decir equidad, en vez de igualdad, cuando queremos decir, de las mujeres, y no 'de género'. De modo que, para no entrar en la dinámica perversa del victimismo o la queja, el discurso que, según predica el psicoanálisis, es siempre el del otro, el del deprimido, el de la otra parte que oculta nuestro discurso, es recomendable objetivar nuestras apreciaciones como en un laboratorio. ¿Cómo?

Nombrando. Incluso nombrar los problemas suele ayudar a superarlos mejor, y estos procesos tienen dos nombres, que al contrario de lo que suele ocurrir, pueden ganar dichos en castellano. Un ejemplo: el *mansplaining* (explicación de corte machista/masculino), cuando se interrumpe una intervención de una mujer, para aclarar algo de forma paternalista y condescendientemente, con apariencia de completar o ayudar, y con la mala idea o don natural de ponerla nerviosa. Y se complementa con el *manterruption* (interrupción de corte machista/masculino), que consiste sencillamente en interrumpir, en no dejar terminar un argumento o una frase, normalmente cuando habla una mujer, por parte de los hombres y de otras mujeres secuaces, como las llama la filósofa Mary Daly (2022), para que queden sin sentido sus argumentos, poner en duda su competencia o asumir un protagonismo innato, por eso de que uno pisa a quien puede. Son nuestras mujeres históricas un ejemplo, de no dejarse pisar, y de escuchar la voz de otras mujeres.

Porque ser mujer y mucho menos ser feminista no conjuga con mostrarse beligerante, exacerbada continuamente, incluso o sobre todo, pisando las palabras de otras mujeres, o sin dejar que hablen, que brillen. Si es un error la guerra de sexos importada de la lucha de clases, más aún lo es la **guerra de sexos** extensiva a unas mujeres contra otras, porque los argumentos provienen de discursos varoniles anticuados, y no traen liberación alguna; y si en cambio otros como el discurso ecológico, por 'naturaleza', de la madre que nutre y da vida y salud.

Nombrar es liberar, sanar y poder trabajar las experiencias, por eso la palabra ha sido aliada de las mujeres, en la afición sana de hablar por hablar, y en su estrategia de encontrar la palabra justa para defenderse o atacar. Así podemos poner nombre a las interrupciones citadas. La primera, *interrupción blanca,* es la condescendiente, cuando nos interrumpen con voz de padre o madre, para reforzar lo que decimos; la segunda, *interrupción negra,* cuando el único fin es chafar una intervención y quedar 'por delante'; y la tercera, la *redinterruption,* o *interrupción roja,* que consiste en decir justamente la palabra precisa para socavar la valía de una dama. Para Juana de Arco o Elena Céspedes fue la palabra 'travestida', por usar ropa de caballero para poder estudiar y guerrear, y que era el término preciso del código inquisitorial para que se activase el garrote vil. Para otras como cátaras o alumbradas era la de 'herejes' la que contribuía a 'encender la hoguera'. Y calificativos más modernos son el de 'plagiadoras de sus padres', por ejemplo, para la grandiosa obra humanística y médica de Oliva Sabuco, inventora de las mascarillas y de asuntos más profundos, o 'de loca', a nuestra reina Juana, que era la más cuerda, o a la princesa de Éboli, la que mejor sabía lo que quería. Y es interrupción roja porque es una alarma para no tomarse a broma, cuando el sabotaje va directo al corazón, por detrás o a la cara.

¡Jaque a la reina!, como titulan sus libros autoras diversas para tratar los mecanismo que fomentan injusticias tremendas contra personajes históricos femeninos. Y que, aun así, consiguieron salirse con la suya, y ese fue su legado. Cómo deben tomarse medidas rápidas, para que no se repitan, porque en la lógica de la violencia, quien permite una agresión, está dejando paso a otra mayor y más inmediata.

También sabemos que en el ámbito público y más convencional, circunscrito solo para hombres hasta tiempos no muy lejanos, la participación femenina no ha sido bienvenida, por lo que algunas heroínas se han encomendado a otras mujeres como excusa, empleando visiones marianas para contribuir a grandes causas en una sociedad tradicional (teocéntrica). Juana de Arco para salvar a Francia, Santa Teresa de Jesús para abrir estableci-

Figura 2. Retrato de la reina Juana I de Castilla (1479-1555). Maestro de Geschiedenis van Jozef (ca. 1500). Kunsthistorisches Museum.

mientos de religiosas y ayudar a personas necesitadas. O Sor María de Jesús de Ágreda desde la clausura en su torno conventual, para 'enderezar' el mal gobierno de Felipe IV, que estaba echando a perder la hegemonía española en Europa; como se comprueba en el libro de la correspondencia entre ambos (1630-1640). De forma análoga, Isabel la Católica mentó a sus antecesoras las reinas castellanas en su investidura para defender sus derechos dinásticos frente a su esposo Fernando, como ya se verá.

De igual modo, en la sociedad actual, denominada hipermoderna, nos servimos a veces de la ciencia para apoyar nuestra opinión, o en todo intento de dar legitimidad, influencia o de hacer entrar en razón: ciencia estadística, ciencia histórica, ciencia jurídica... Lo cierto es que las soluciones para nuestro bienestar no se arreglan solo con ciencia, y sí con el hecho de **no sentir la necesidad de demostrar nada**, y utilizar palabras y referencias propias, para expresar lo que en verdad nos importa. Empezando por que las niñas no deban preocuparse en hacer igual o mejor lo que siempre han hecho los hombres, sino en aprender y disfrutar de lo que solo nosotras podemos hacer mejor, bien si se trata de jugar al futbol o correr vaquillas, e incluso en esto último han sido protagonistas las mujeres desde las sociedad minoica (3300 a. C.) como muestran frescos y grabados, o en las ciudades medievales en su conducción a los mataderos de madrugada, para que los cornados no se cruzasen con mayores o con la infancia.

En este sentido, la máxima a seguir sería escucharse y escucharnos el corazón, antes que el ego de quienes más brillan en medios, en los poderes y a otros parapetos de medición de la persona y la valía en los que no encontrarse. Los mismos que antes medían a las mujeres a través del recato y la castidad para el control de sus cuerpos, y ahora a través del peso. El corazón que es el que nos advierte de quienes **agreden y matan más que antes, porque temen perder el control (y no por perderlo sin querer cuando se enfadan con las mujeres).**

Es obligado recordar lo obvio, en tiempos de construcciones partidistas y fingidas, como que no somos iguales, como tampoco las mujeres son buenas por serlo, ni los hombres por lo contrario. Si bien, ya veremos a lo largo de esta breve historia, todas hayan tenido sus causas, las expresasen o no y de forma frívola o profunda, como nos recuerdan los escasos pensamientos de mujeres que se han recogido en libros de citas. Tal que las atribuidas a la diseñadora Coco Chanel, del tipo: *¡No pierdas tiempo 'chocando contra' una pared, con la esperanza de transformarla en una puerta!* Porque de otro modo, *La verdad no puede decirse, porque es inefable —imposible de nombrar— o nefanda —que causa horror—* (cita atribuida a María Zambrano). Sea como sea, llegado es el momento para desempolvar algunas importantes:

El cuerpo, en lo que se ve y en lo que no, hasta en cada una de nuestras células es lo que nos define y determina como mujeres, sus etapas con un 50% de mujeres con reglas, embarazos y menopausias tortuosas, algunas de nosotras en las tres ocasiones. Y todo para tener la capacidad de crecer mujer, engendrar, amamantar y alcanzar mayor sabiduría, tras el gran tabú: el cambio a la libertad en lo que es ahora, con nuestra esperanza de vida, la mediana edad. Es así y no para disfrutar todos de la descendencia, como se dice con el permiso de paternidad, sino el momento de soberanía exclusiva que es poder alumbrar la vida. Que no se compra, ni se alquila en granjas de subrogación, ni se sustituye sin delito.

Y si en cambio, la leche materna 'se auto-exprime' para ayudar a otras mujeres a criar, a dar la luz en cualquier circunstancia, como siempre se manifiesta la existencia, luz y alegría a la comunidad que ilumina el rostro de la verdad, más allá de la sociedad de consumo y para ser bellas en cualquier etapa vital.

La verdad que son silencios y secretos máximos en tiempos de una hipersexualización, que conjuga con un gran analfabetismo sexual. Porque como es privativo el don de procrear, lo es la libertad de las mujeres para saber decir no al deseo ajeno, como sí a su placer que es distinto, único, escondido, más intenso y externo. Independiente, no interno, g, ni h, como quiere creerse. El que no pasa por el peligro del ultraje o el embarazo no deseado. De ahí la radicalidad machista de la ablación. Es la libertad sexual la de siempre, la ley del propio deseo, como la que no pasa por ningún canal, ni siquiera el de parto, ni necesita de otro cuerpo, es autónomo, secreto y silencioso. Como son múltiples las puertas al estímulo también diferente, no pura genitalidad.

Por último, no es la capacidad de reproducción la causa de la opresión de las mujeres, sino el hecho de tener que obviarla para poder trabajar o hacerlo con dobles y triples jornadas. También tener que negarla como soberanía privativa de nuestro sexo, a cuenta del género neutro o el alquiler de vientres a gusto del consumidor, o diluirla con la teoría de los 35 géneros, en una construcción social como reza la biblia del Feminismo mayoritario de Simone de Beauvoir, cuando propuso el lema: «La mujer no nace, se hace». Cuando lo que nos une y construye es la diferencia corpórea ineludible, reproductora de los cuerpos y con ello de las sociedades, su cultura y riqueza no contabilizada, ni hoy en día reconocida.

Unos tiempos, los de nuestro cuerpo con los que alinearse, una forma de vivir cuando no nos empeñamos en vivir con los tiempos de los cuerpos de otros. Por ejemplo con la sexualización y la sexualidad prematura a la que se ven abocadas las niñas mucho antes de que corran las hormonas del deseo por su sangre, y que han dado lugar a embarazos adolescentes que han lanzado las tasas de fallecimientos durante el parto. Como el estrés en avanzada las de enfermedades cardiovasculares antes minoritarias en las mujeres. Tampoco resulta del todo natural el individualismo impenitente que viste nuestra época… contrario a la representación del dos en una. Siendo la gran mentira en resumen, querer ser o que seamos, lo que no somos, y que la verdad tangible no se respete, si queremos que las cosas funcionen. Como funcionan las parejas de todo orden cuando es el proyecto y el respeto a la diferencia y no el egoísmo o la competencia lo que impera, a cuenta de liberaciones, géneros y otros inventos. Lo que no va a ser el fin de la historia de las mujeres, sino el fin de estas y otras mentiras históricas, para empezar a escucharnos el corazón.

Y escucharse pasa por dar paso a las recién llegadas y respetar la autoridad de las veteranas, el tiempo de palabra y la palabra en femenino. Frente a la locura de ese tener que compararse, y es natural el desánimo, la autoinculpación, los síndromes inventados como 'el de la Impostora', cuando no te reconoces en tu propio éxito y protagonismo, o 'el de Pigmalión', cuando los prejuicios de los demás dando por hecho que no vales, no los permiten. Algo que ocurre porque hacerse una mujer madura, como hacerse un hombre maduro es complicado sin referentes y más difícil aún, cuando las expectativas sociales son tan altas y además, contradictorias: Disfrutar, adelgazar, trabajar, ahorrar, viajar, procrear…

En resumen, podemos descubrir en los silencios de muchas protagonistas de nuestra historia, que libertad y autoridad femenina no son asuntos recientes. Y que incluso, en las épocas más oscuras, entre iguales y sin hacer mucho ruido se dieron grandes avances sociales, obras femeninas y trayectorias de gran valía, estratagema, esta de la discreción, de gran valor para una vida plena. Que ya lo decía Ovidio: «Bien vivió quien bien se escondió». Y este poeta romano es digno de mención, no solo por prevenirnos de abusos y envidias, sino porque, a pesar de la mentalidad de su tiempo, equiparaba el derecho a la conquista en ambos sexos en el *Arte de amar* (en el siglo I a. C), caracterizando a sus personajes femeninos como Medea, Penélope o Dido, con gran personalidad y una autoridad que les era negada en su época.

Puestas a elegir, que cada una siga la *ley de la política del deseo*, de salirse con su proyecto vital a su manera, con la soberanía de ser y hacerse mujer, sin demorar la realización a expectativas ajenas, tomando nota de las estrategias y los resultados de nuestras antecesoras como mejor camino. Y para eso es elocuente, al investigar nuestra historia, la riqueza de contenidos que encierran las mentiras vertidas o los secretos sobre las razones que presiden las hazañas y los comportamientos de las mujeres, que llegaron a virar el rumbo de las cosas y el destino de las naciones.

Mujeres a las que ya no podemos percibir ni como excepciones ni como víctimas, sino como protagonistas; tampoco exclusivas porque fueron y son muchas. Y ello porque en esta timba que es la sociedad de la información —su albur y su poco halagüeño futuro inmediato—, queramos o no, ya estamos todas unidas: por nuestra capacidad generadora y regenerativa de nuestro tiempo en femenino que es circular, plural y menos individualista; unido a la Madre Tierra que todo lo envuelve. Tiempo que es metáfora de esperanza, en el cuerpo y el corazón de toda mujer.

Nacer mujer abre la posibilidad a una forma de ser, de sentirse y de estar en el mundo. Queramos o no. Ser feliz siéndolo requiere pensarse conforme a los propios deseos y expectativas, como tantas lo han hecho a lo largo de la historia, ayudadas por la vida en relación y la experiencia de antecesoras y maestras. Porque somos generadoras, pero el mundo es complejo. Para ello contamos con referentes de nuestra historia, las motivaciones ciertas y las propias palabras de las protagonistas sobre su modo particular de decidir y de realizarse.

Así, se comprobará que **la autoridad, la libertad y la autoconciencia no son un tema reciente, sino que su carácter histórico es la pista para comprender por qué no podemos estar satisfechas con los tiempos y papeles irreconciliables que vivimos en la actualidad.** Han sido legión las mujeres que han protagonizado grandes obras y logros en la cultura, la historia y la ciencia con un pensamiento propio y, en la mayoría de los casos, el hecho generalizado de trabajar, procrear, educar y participar en lo social desde los inicios de la humanidad.

Tampoco es asunto reciente, pero si superable, hacerlo todo a la vez, quedarse con lo bueno de nuestro sexo sin reafirmaciones 'del género' que nos oculta, entendido como ser igual que los hombres, en las cosas y el discurso de los hombres. Por suerte, hoy es más sencillo ahondar en fuentes muy diversas, para conocer las opiniones y contingencias que nuestras predecesoras vivieron, ya sin victimización, ni deformaciones fantasiosas que nos dibujan como víctimas, o lobas solitarias, mujer genérica en vez de diversas, con una valentía que no es excepcional o solo excepciones históricas. Porque durante milenios **gracias al dolor y el orgullo privativo de nuestros ciclos** (de fertilidad, procreativos, de lactancia y de sabio climaterio) y obras, recreamos la humanidad.

CAPÍTULO 1

DE LA COSTILLA DE ADÁN A LA CADERA DE EVA

Solo se vive una vez, pero si lo haces bien, es suficiente.

MAE WEST

1.1. La historia de las mujeres

Suele considerarse que el estudio en las universidades de la Historia de las mujeres se produce antes de que estas pudiesen regresar a sus aulas desde las prohibiciones a su acceso desde el Renacimiento. A partir de la Historia Social con la escuela de los Annales y la *Revista de los Annales* —de historia económica y social— fundada en Estrasburgo en el año 1929, surge una nueva corriente historiográfica. Estos autores anteponen a la tradicional Historia Política, que solo trataba las contingencias del poder y los gobernantes, el estudio de los procesos históricos y económicos y de los cambios sociales.

Sin embargo, este planteamiento no es del todo correcto, dado que como puede comprobarse no han sido pocas las reinas, validas y gobernantas que a lo largo de la historia han sido. Y que ampliar la perspectiva a lo social y económico, no siempre ha conseguido que se hablase de la historia de las mujeres, en ocasiones por no incluir el ámbito doméstico, en la mayoría de las veces por no hablar de nuestros oficios y la presencia femenina que se ha producido en la mayoría.

Lucien Febvre, fundador de dicha escuela, es el primero en considerar negativamente dichas divisiones disciplinarias, afirmando que «*no hay historia económica y social. Hay historia sin más, en su unidad. La historia que es, por definición, absolutamente social*» (1982).

Es por tanto la historia que no habla de toda la humanidad, a veces en editoriales de prestigio, una disciplina poco científica, y es de justicia reconocer que, hasta que la presencia femenina en la academia no ha sido significativa, no se ha producido un intento de equidad en el enfoque, ni en la historia, ni en el resto de las ciencias sociales y naturales. Es un fenómeno, por tanto, que también se da en otros ámbitos de conocimiento. Como se va comprobando, por ejemplo, en la disminución de la desproporción en el estudio de las enfermedades femeninas, frente a las masculinas. No obstante, ellas desempeñan solo dos de cada veinte trabajos STEM (ciencia, tecnología, ingeniería y matemáticas). Pero no en estudios sanitarios, que en España, según un estudio sectorial de FACME[2] (2022), fueron el 70 % de las matrículas en estudios universitarios de Medicina en el año 2020; según datos del Ministerio de Educación.

En antropología física ocurre otro tanto: gracias a los estudios de 1971 de Sally Linton podemos conocer el papel de las primeras homínidas en las sociedades primitivas. Seis años después, las historiadoras norteamericanas Merry E. Wiesner-Hanks y Susan Stuard publicaban *Hacerse visible: las mujeres en la historia europea* (*Becoming Visible: Women in European History*)[3]. Ambos trabajos soslayan ese hueco que la historia social no llega a salvar, sobre el trabajo y la vida de las mujeres, como considera Milagros Rivera, cofundadora del Máster en Estudios de la Diferencia sexual y de la revista *Duoda* en la Universidad de Barcelona.

---

2   La Federación de Asociaciones Científico Médicas (FACME) agrupa a 46 sociedades científicas de ámbito estatal de cada una de las especialidades médicas legalmente reconocidas en España.

3   En 1977 fue editado por Renate Bridenthal y Claudia Koonz. La tercera edición de 1998 es de Renate Bridenthal, Merry E. Wiesner-Hanks y Susan Stuard.

Los textos habitualmente cuentan con una gran pobreza de informaciones a tenor de la escasa recopilación de fuentes sobre las actividades femeninas.

Por ello es importante destacar que en muy pocas décadas se produce una auténtica revolución, un incremento exponencial de fuentes, sobre todo de autoras y de expertas que van ocupando posiciones estratégicas. Sociólogas como María Ángeles Durán han contabilizado la aportación económica del trabajo femenino en la economía doméstica, a partir de su trabajo en 1988 *De puertas adentro*, publicado por el Instituto de la Mujer de España. O la citada Milagros Rivera, recopilando la *Historia de la diferencia sexual*, para un replanteamiento de un nuevo paradigma de Historia Humana (1994).

Como es evidente, el genérico masculino de 'el hombre' o el neutro de la perspectiva de género, o el género fluido de la teoría *queer* sobre el ser humano, no atienden a las vivencias y la vida de las mujeres. De este modo, bajo el lema 'la mujer nace' se invierte la sentencia clásica de Simone de Beauvoir de su obra *El segundo sexo* (1949). Como si naciésemos incompletas o imperfectas, o indefinidas, en vías de merecer ese ser neutro que termina proyectándose a través de los valores del masculino universal, y no nuestro ser, personal, orgulloso, sereno, vital y consciente, que no se encuentra en la academia del pasado, ni en modas más recientes capaces de 'disolvernos' en las infinitas posibilidades de construcción del género.

Por el contrario, la diferencia sexual es la que ilumina un nuevo espacio, sobre el aporte femenino en distintos estratos de la sociedad, del reparto sexual de funciones y de la economía. El resultado es un conjunto de hallazgos que no se agotan, y que no podríamos haber imaginado hace apenas unos años o unas décadas, cuando nos enseñaban la Historia y la Prehistoria.

1.2. Mujer salvaje y las tres mentiras de la costilla de Adán

Si miramos alrededor en nuestras casas, en la televisión, en cualquier época histórica, vemos a mujeres produciendo, creando por doquier y cambiando el mundo. Es decir, que mientras la historia es contada con 'las gafas' ajenas, la miopía, o mejor dicho la ginopía, impide ver lo esencial de nuestras contribuciones, y por más que hagamos. Y eso empezando por algunas teóricas como Judith Butler (*Deshacer el género*, 2004) y su teoría *queer*, para la que el obstáculo sería la propia identidad femenina. De otro modo opinan y han demostrado autoras del feminismo de la diferencia como Luce Irigaray (2007), cuyas enseñanzas llegan a las nuevas generaciones, como un soplo de brisa en una tarde de agosto.

La antropóloga Margaret Mead (1901-1978), tras sus investigaciones sobre la diferencia sexual en diversos pueblos indígenas en Nueva Guinea durante las décadas de los años veinte y treinta del pasado siglo, llegó a la conclusión de que los '*roles de género*' son muy variados en las distintas culturas.

Pionera en la introducción de este término en la literatura científica, en su estudio de 1935, *Sexo y temperamento en tres sociedades primitivas*, defendió la idea de que los roles sexuales son maleables en función de los distintos contextos económicos y socioculturales. Hija de dos profesores universitarios, Edward Sherwood Mead, referente en la educación financiera, y Emily Fogg Mead, socióloga, Margaret Mead estuvo casada tres veces, siendo sus dos últimos maridos y su hija Mary Catherine Bateson también antropólogos. Y en este ambiente intelectual cabe imaginar el interés de una de sus intervenciones más controvertidas, cuando fue preguntada por un estudiante en una de sus últimas conferencias, sobre cuál consideraba el primer signo de civilización de la humanidad. A lo que Margaret respondió: «Un fémur fracturado y sanado…».

En la vida salvaje, un fémur nunca cura, porque solo puede hacerlo de haber alguien que se preocupa del cuidado «del herido

Figura 3. Adán y Eva. Lucas Cranach
(ca. 1538). Wikimedia Commons,
Dominio Público

o herida». El fémur curado como símbolo de humanidad podría contar con grandes posibilidades de tratarse del mejor órgano corporal para representar el triunfo del proceso de hominización, por ser la empatía y el amor, no solo cuestión de apego, sino además de cultura, que es 'el pegamento' que genera y vertebra las sociedades. Y es más probable que hubiera una mujer detrás de la capacidad humanizadora y sanadora del fémur primero.

En la teoría creacionista que parte del Antiguo Testamento, fuente de las tres religiones monoteístas más importantes, la 'aparición de Eva' a partir de la costilla de Adán, las hace bastante cuestionables. Para empezar, por el carácter simbólico de las mismas, en segundo lugar porque en las Escrituras se habla además de otra mujer primera, Lilith. Y por otras contradicciones sobre el estatus que se daba a las mujeres y la inexactitud de la traducción de estos versículos del Génesis. Algo que, sin embargo, ha legitimado una conceptualización deformada de la diferencia sexual.

Sobre este asunto, el profesor de literatura bíblica de la American Jewish University de California, Ziony Zevit, se preguntó: *What Really Happened in the Garden of Eden?*, ¿Qué ocurrió en verdad en el Paraíso? (2013). En su libro concluye que la costilla de Adán carece de significación simbólica en la tradición judía, tratándose de un error de traducción y siendo más plausible la de 'hueso peneano o báculo', y que justificaría que, posteriormente, Adán, siguiendo las Escrituras, se dirigiese a Eva en los términos propios de la lógica mágico-pagana de 'huesos de mis huesos'. Porque de la observación de dicho anexo óseo en el varón humano, a diferencia de los otros primates y mamíferos, surge la consciencia del papel del varón en la función reproductiva, que habría dado lugar a sociedades patriarcales, y con ello a las religiones monoteístas, en donde el Dios suplanta la centralidad de la Diosa madre del mundo, o bien los coros de dioses de ambos sexos de las tradiciones paganas.

Zevit estima que se ha producido una traducción inexacta del término '*tselaot*', que no sería 'costilla', sino un eufemismo del órgano viril,[4] que justificaría mayor énfasis en las diferencias sexuales entre homínidos y primates, tal que el papel de la erotización masculina en la sexualidad y la reproducción humana, a diferencia del resto de mamíferos, que requieren y cuentan con un miembro vertebrado para la articulación de la cópula reproductiva. Hueso peneano que los machos perdieron en el proceso de hominización, con el desarrollo de la comunicación, el amor y el control del instinto sexual. En este sentido figurado que defiende el experto, el término *tselaot* (como plural de 'tsela'), no solo sería utilizado en la Biblia como hueso saliente, que no es el caso de las costillas, sino también podría referirse al concepto

---

4   Zevit justifica este dato con el hecho de que en la Biblia siempre se habla del órgano viril con eufemismos similares, como «carne», «muslo», «mano», «talón», del mismo modo que no se habla de manzana, sino de «fruto», «árbol de la vida», siendo artistas como John Milton (1608-1674) con *El Paraíso perdido* los que popularizaron esta idea.

de 'habitación' o 'estructura adyacente a un edificio de tamaño mayor'. En cualquier caso, un ámbito inferior o secundario.

Estos argumentos serían coherentes con la consideración de los textos semíticos sagrados como relato de un pueblo que busca su espacio 'o tierra prometida' con un patriarca al frente, para practicar el sedentarismo. Es decir, un hito en ese tránsito de las sociedades comunitarias de la Diosa, y papeles sexuales más equitativos, hacia otro modelo patriarcal, con el descubrimiento del papel del padre en la génesis de la especie.

En los mitos creacionistas anteriores a las religiones, es la mujer la generadora primera y única de la humanidad, tal que, en la mitología griega, en la que Gea alumbra a Urano (el Cielo), que a su vez la fertiliza, dando lugar, primero a los Titanes y Titánides (Ceo, Océano, Hiperión, Jápeto, Críos, Tea, Rea, Temis, Mnemosine, Febe, Tetis y Cronos), y más tarde a los Cíclopes y los Hecatónquiros o Centimanos. En este sentido, sin poder ser exhaustivas en este espacio, cabe citar otra serie de mitos y relatos a escala internacional. Para la cultura china primero fue el caos, del que apareció el Pangu, cuyo nacimiento parte del huevo cósmico y del que se formó la tierra a partir de la separación del Ying y el Yang con su hacha, dejando paso a su vez a la división primera de tierra y cielo.

Por su parte, van formulándose mitos fundacionales de las religiones claramente androcéntricos, también en el hinduismo, en donde se habla igualmente de un dios origen de todo, Púrusha (o Prayapati) y, asimismo, un huevo del que sale el ser humano. O en Japón en donde el relato guarda bastante paralelismo con el occidental del Edén, y que trata de un principio de dioses que crean dos seres divinos, un macho, Izanagi, y una hembra, Izanami, cuya voluntad queda subordinada. Esta pareja, a su vez, tuvo dos hijos imperfectos, debido, prosigue el mito, a que a ella se le ocurrió manifestar su deseo carnal hacia Izanagi, antes de que él lo hiciera hacia ella.

Al volver a intentar Izanagi el encuentro sexual con Izanami, esta le muestra su subordinación estando callada, disimulando y esperando a manifestar su agrado a que este lo hiciera, con las palabras míticas: 'mujer tú me gustas' para mostrarle a ella de este modo su aquiescencia con la mirada que da permiso para que ella pudiera abrir la boca. Porque de otro modo 'cuanto más hablase, más perdería'.

Como puede comprobarse, argumentos que sedimentan grandes culturas sobre la base del silencio de la cultura femenina y la desaparición del protagonismo de las mujeres, y de las diosas primigenias. Y de un mundo comunitario y colaborativo, a otro de propiedad privada, y que comienza en la esposa, y se resumen en la dicotomía, de la Lilith primera y obviada por libre, y la Eva doméstica y cabizbaja por una culpa nunca aclarada porque no existe. Esto es así a excepción de las enseñanzas de Buda, que consideraba que el mundo no tiene origen, porque siempre existió, pero que como tal no puede ser pensado.

Igualmente en la órbita de dioses sexuados, vivieron los pueblos célticos, «patriarcales, aunque siempre tuvieron las mujeres un papel superior al de otras comunidades de este tipo». Ellas no permanecían en sus casas recluidas y compartían con los hombres asueto, vida pública, trabajo, incluso la guerra, como nos ha llegado información de la lucha de la ciudad de Salmántica (actual Salamanca) contra el saqueo de las tropas de Aníbal (Mª Luisa Pericot, 1985:14). Tenían un matrimonio monógamo y reminiscencias de costumbres matriarcales que se mantuvieron en la península ibérica, como ser el hombre quien dotaba a la mujer y estas las que heredaban. Adoraban a dioses como Marte (Ares en Roma), dios de la guerra, para el que se sacrificaban animales y personas. Al igual que a diosas de la fertilidad como Poemana, en la zona galaica, o al dios astado Cernunnos, en la meseta hispana, representado con cuernos de ciervo, la serpiente y los brazos en alto; y a las Matres, divinidades que tienen una función protectora con la naturaleza y la vida humana (Josep Mª Fullola, 85:19).

34

Pero recordemos que el tiempo, según teorías del cambio social de finales del siglo xx, no siempre es evolutivo. En cuestión de religiones, baste recordar dos modernas, como la mormona y la cienciología, que mantienen una versión cosmológica, sobre un patriarca universal. La cienciología, además, guardaba su relato creacionista en secreto, que requiere para ser revelado a las y los nuevos integrantes, algunas condiciones, al modo de ritos de paso. Algo con lo que ha terminado la era digital, con la difusión del relato en redes. Este se refiere a un padre, Xemu, progenitor de la Confederación Intergaláctica, que hace 75 millones de años trajo miles de personas a la tierra en naves especiales a lugares próximos a volcanes, y que son el símbolo de este grupo.

La Iglesia mormona, sin embargo, no habla de orden galáctico, porque la tierra surgió de la materia preexistente y es parte de otros muchos mundos habitados y de gran cantidad de cuerpos celestes gobernantes, como el planeta Kólob, que existe cerca del trono de Dios. A lo que la ciencia pudiera darles la razón en un aspecto particular y es que la vida a la tierra pudiera haber llegado desde el espacio por medio de meteoritos, que habrían traído los primeros 'azúcares', como apuntan investigaciones recientes. Algo que entronca con el carácter sagrado que en muchos pueblos de España se le ha dado a 'la piedra de rayo' o hacha neolítica, a la que se le atribuyen poderes sagrados y curativos en la cultura popular. Se trata de piedras negras y bien pulidas provenientes del espacio, o sea, meteoritos, de los que en ocasiones se hicieron figuras femeninas, deidades que pasaron en algunos casos a ser cristianizadas, del interés incluso de congregaciones como la cisterciense y la Orden del Temple, y que son las que hoy conocemos como 'Vírgenes Negras' (Ana Valtierra, 2019, 2021). Un aspecto de la antropología de las religiones que sobrecoge, y cuyo origen conocemos y se volverá a tratar con las fuentes de compañeras historiadoras del arte femenino.

Finalmente, a la luz de las teorías sobre la evolución de la especie, puede quedar desmentida la parábola de la 'costilla de

Adán' y su embaucadora y desdichada Eva, errática por cargar sola con la culpa de todos, y obligar por comerse una manzana a vagar a toda la especie eternamente y a parir con dolor a su propio sexo. Y es lógica psicológica de la violencia machista, hacer sentir culpable a la víctima, para de esa forma justificar lo injustificable y mantener el dominio.

Sin embargo, es una evidencia que los seres humanos, hombres y mujeres, nacen de mujer. También que la subordinación femenina a través de la interpretación y práctica de las principales religiones monoteístas (cristiana, judía y musulmana) ha subvertido este hecho, en tanto las tres parten del mismo libro sagrado: el Pentateuco, formado por el Génesis, el Éxodo, el Levítico, el libro de los Números y el Deuteronomio.

Así, el relato de 'la costilla de Adán', queda sobreseído con la doctrina cristiana y la práctica del cristianismo primitivo, e igualmente en los Evangelios en distintos versículos, por ejemplo en el Génesis, 2, 21, en donde se afirma una misma y única misión para hombres y mujeres, así como una dignidad idéntica. A ello se suma en el Génesis 1,28 el mandato divino en plural: «Creced, multiplicaos, llenad la tierra y dominadla; ejerced dominio sobre los peces del mar, sobre las aves del cielo y sobre todo ser viviente que se mueve sobre la tierra».

Según la tradición judía y citada en la Biblia en Isaías 34: 14: «Los gatos salvajes se juntarán con hienas y un sátiro llamará al otro; también allí reposará Lilith y en él encontrará descanso». Es decir, habría existido una mujer anterior a Eva, más díscola y autónoma, que no nació de la costilla de nadie, siguiendo la interpretación rabínica recogida en el Génesis 1, 27: «Creó Dios al hombre a su imagen, a imagen de Dios los creó; varón y hembra los creó» (Biblia, 1992).

El mito de Lilith, que abandona al único varón sobre la tierra, Adán, sin amigos y apesadumbrado, se cree tiene su origen en la civilización sumerio-acadia, para la que la primera mujer surge en el seno del caos primigenio. Porque Lilith signifi-

Figura 4. Lilith. John Collier
(1892). Atkinson Art Gallery
and Library, Southport,
Merseyside, Inglaterra.
Wikimedia Commons,
Dominio Público.

ca espíritu o aliento (Graves y Patai, 1986: 8), y habría sido la conductora del alma hacia la sabiduría y la inmortalidad. Y por eso se la representaba con alas y el báculo del poder y la victoria (además de con la serpiente a través de la *Epopeya de Gilgamesh* hallada en el actual Irak, la narración escrita más antigua que se conserva y primera referencia escrita a Lilith en torno al año 2150 a.C.); como símbolo de conocimiento y regeneración (González López, 2013). De ahí, asimismo, que se utilicen estos dos símbolos para ilustrar la ciencia, contradiciendo las tesis de los padres ilustrados, que se apropiaron de esta, atribuyendo a las féminas 'ser solo naturaleza' (ver Celia Amorós, *Hacia una crítica de la razón patriarcal*, 1991).

Pero de modo similar se ha empleado la serpiente como representación del inframundo que Lilith había conseguido atravesar, y del que venía. Produciéndose una dualidad arquetípica, que reinterpreta el mito adoptado por los hebreos en su cautiverio en Babilonia de la mujer malvada, creada del polvo igual que

Adán, la primera mujer que abandonó a su compañero, convirtiéndose desde entonces en innombrable y depositaria de todas las cualidades demoníacas (González López, 2013).

Adán y Lilith nunca hallaron armonía juntos, pues cuando él deseaba yacer con ella, Lilith se sentía ofendida por la postura reclinada que él exigía. '¿Por qué he de yacer yo debajo de ti? —preguntaba—. Yo también fui hecha con polvo y, por tanto, soy tu igual'. Como Adán trató de obligarla a obedecer, Lilith pronunció el nombre mágico de Dios, se elevó por los aires y lo abandonó (Graves y Patai, 1986: 79).

Al parecer, Lilith en realidad solo representaba a las «mujeres cananeas a las que se permitía una promiscuidad prenupcial», que eran objeto de todos los temores de los hombres hebreos de aquella época. Razón por la que «los profetas censuraron a las mujeres israelitas en repetidas ocasiones, por seguir las prácticas cananeas» (Graves y Patai, 1986: 82). Una dualidad que para Graves es el de una sociedad de poder patriarcal y otra de poder matriarcal en los inicios, pero que no está tan clara en el conjunto de la literatura académica. Una dualidad maniquea en la representación de Lilith en la mitología de la cultura occidental, como mítica mujer alada en conexión con el éxito, los ángeles, las hadas, el conocimiento y la divinidad, que puede observarse en el relieve que se conserva en el Museo Británico de Londres (El Socorro de Burney), y que data de 2000-1950 a. C. A ella se opone, por el contrario, su representación en la cultura griega como una sirena, la mujer con cola de pez o con escamas, que representará el fracaso, la noche, el inframundo y lo prohibido (González López, 2013).

Estas tendencias binarias se acompañan de la categorización peyorativa y antagónica de las mujeres, tipo **Eva-Lillith, María-Magdalena,** etc. Este tipo de atribuciones ha sido una constante a lo largo de la historia, sobre todo en mitos y leyendas, y muy acorde con el control del poder sobre las conductas y las creencias, a veces para el uso perverso de la radicalización de la que ya hemos hablado. Sin embargo, es el tres y no el dos el número sagrado desde credos muy distintos (gnósticos, pitagóricos, celtas con el trisquel, católicos con la Santísima Trinidad), procesos dialécticos y creativos (tesis, antítesis, síntesis), número de la suerte y de la naturaleza: macho, hembra, criatura.

1.3. Cadera e inteligencia

> Si algo no te gusta, cámbialo. Si no puedes cambiarlo, cambia tu actitud, ¡pero no te quejes!
>
> Maya Angelou

En el proceso por el cual se transformó progresivamente un linaje de primates en el *Homo sapiens*, y que tiene el nombre de antropogénesis, son muchas las teorías sobre en qué consistió, y cuál fue el detonante, o el conjunto de ellos, que consiguieron que la luz de la inteligencia iluminase la mente humana. Y todas las hipótesis barajadas apuntan a la centralidad del apareamiento, en los argumentos ya referidos en el capítulo anterior, tanto del lado de la ciencia, como de la religión y la cultura.

Entre ellos, tuvo bastante interés en el siglo pasado la teoría del sociólogo francés Edgar Morin (nacido en 1921), expuesta en su obra *El paradigma perdido* (1972:182). Según Morin, la verticalización del homínido permitió a la pareja humana el acoplamiento frontal en el momento de mezclar sus genes y dio lugar, a su vez, a la individualización al mirarse y al apego entre cónyuges, a la aparición del amor y, con ello, de la inteligencia. Este razonamiento no es extraño cuando se comprueba los problemas cognitivos en quienes sufren abandono infantil. De modo que dicha teoría construccionista, se basaría en la importancia del amor que personaliza y construye dinámicas de sociabilidad. Y como contrapartida, la mujer, a diferencia de las hembras antropoides, contará con un placer del que estas carecen, y que es «sumamente profundo y espasmódico» (1972:182). Y añadiríamos además, expandido por todo el cuerpo y autónomo, gracias al clítoris, en comparación con el placer masculino, concentrado, acumulativo y más dependiente de la pareja.

De igual forma, se produce el reconocimiento personal y se hacen extensivas al varón las caricias de la hembra a las crías, y luego desde este hacia la progenie por intercesión de la madre. 'Un reconocimiento' que con los siglos será legal y en propiedad de las crías por parte de su padre y de las mujeres, con el ejercicio de la violencia física y simbólica, para que estas cumplan el imperativo androcéntrico de la monogamia.

Sin embargo, a diferencia de los relatos míticos y religiosos, las teorías científicas de la hominización no son mutuamente excluyentes, porque es lógico pensar que hayan contribuido en el proceso diversos factores y que aparezcan nuevos elementos en estudios futuros. Lo que sí conviene destacar en todas ellas es cómo **evoluciona el conocimiento y florece la verdad cuando se incluye el papel femenino en la evolución y en la investigación. Así, se pasa de una aportación masculina y androcéntrica en donde el factor fundamental es el ejercicio del poder y la fuerza (cazando, violando, no obedeciendo en el caso de Eva), a otras versiones que basadas en evidencias destacan el papel de ambos sexos socializando, amando, educando, cazando.** En especial, la gran labor de las madres en la socialización, con la transmisión del lenguaje, el amor, la cocción para favorecer la ingesta y digestión de los alimentos, etc. Son investigaciones que ponen de relieve la influencia de la interacción social y las estructuras familiares a partir de los estudios con primates de Jane Goodall (nacida en 1934) y Sarah Blaffer Hrdy y su libro *Madres y otros* (2011), que muestran el gran papel de la crianza cooperativa y la educación en el desarrollo de las sociedades humanas. Así como los vínculos evolutivos entre simios y humanos estudiados por las primatólogas Dian Fosey (1932-1985) o Alison Jolly (1937-2014).

Esta última investigadora, en su obra *Lucy's Legacy: Sex and Intelligence in Human Evolution* (1999), trata la relación entre sexo e inteligencia en la evolución humana, y cómo los factores biológicos, por ejemplo, la selección sexual y las diferencia sexual, han influido en el desarrollo de la inteligencia a lo largo de la historia. También reflexiona sobre como la evolución del cerebro y los procesos cognitivos han conseguido un éxito adaptativo tan notable.

Sally Linton, por su parte, **cuestiona el modelo tradicional del cazador-proveedor (y avizor, añadiríamos), señalando que existen pruebas sobre la caza y el uso de armas por parte de las mujeres. La antropóloga norteamericana pone en cuestión las teorías que presentan a las mujeres primitivas pasivas (1979:41)** y cabizbajas debido a la lactancia, porque en vista de otras teorías modernas, hay que señalar la importancia de andar erguidas para ver lo que pasa y aprender la leyes del entorno: «Es sesgado, y totalmente irracional, creer en un primer o rápido desarrollo de un modelo en el cual un macho es responsable de 'sus' hembra(s) e hijos». En cambio, ellas y sus hijos e hijas eran la célula social más importante (**familia matricéntrica**), que compartirían viandas, dadas las mayores necesidades alimenticias en tanto que se iba prolongando el periodo de dependencia de los vástagos (ver Martín Casares, 2006).

Así pues, **ambos sexos contribuirían a la defensa de las tierras, la caza y la conquista de otras más fértiles, con mujeres cazadoras y guerreras que han sido inmortalizadas con arcos y flechas a través de los murales trogloditícos** (Francisca Martín Cano, 2016). Esto ocurriría en sociedades de diosas madre y trabajo colaborativo, aunque no necesariamente matriarcales, ni de dominación de las hembras sobre el resto, como no parece posible por la fuerza, ni es deseo de las mujeres de antes y de siempre.

Autoras como Carol Ward, doctora en 1986 en antropología y zoología por la Universidad de Michigan, o Karen Rosenberg (Universidad de Delaware), desde la antropología física (ver publicaciones de 2001), han estudiado el proceso de humanización y su relación con la pelvis en la locomoción bípeda y en el parto. Y más recientemente, Holly Dunsworth, bióloga por la Universidad de Rhode Island, ha analizado las presiones evolutivas que han influido en la forma y el tamaño de la pelvis femenina y, por tanto, en el surgimiento del cerebro homínido de mayor tamaño. Concluyendo que la diferente altura de hombres y mujeres y la anchura de la cadera femenina tienen que ver con «los diferentes niveles de exposición y expresión de los estrógenos, que causan diferencias sexuales en el momento del cese del crecimiento de los huesos largos, y que se deben a las diferencias sexuales en las fisiologías reproductivas evolucionadas. En todos los cuerpos humanos, la fertilidad depende de un delicado equilibrio de estrógenos» (2021).

Argumentos muy parecidos ha mantenido el investigador Enrique Campillo, mostrando que en todos los demás animales, el comportamiento sexual es diferente que entre hombres y mujeres, para lo que cuentan con una fuerte justificación evolutiva (2005). Campillo considera que es muy posible que el orgasmo sea exclusivo de la hembra humana, e inexistente en el resto de las especies, lo que habría contribuido a un mayor apego, a incrementar las posibilidades de fecundación con cada encuentro, y a que las mujeres seleccionasen mejores parejas y más evolucionadas, más atentas. Favorecería sobre todo el apareamiento cara a cara, como característica exclusiva de la especie humana, y el mantenimiento del Eros en el tiempo, no solo privativo de las temporadas de celo como en los otros primates.

Todo ello dio lugar a una socialización de la progenie y a una cohabitación también más prolongada. Sería, finalmente, el apego, el amor maternal (antesala del conyugal y filial por ese orden), el artífice de esa luz que dio el Ser a la pareja *sapiens*.

42

En cambio, de la ausencia del amor parece explicarse el retraso intelectual y la desestructuración de la personalidad, incluso conductas autolesivas, de aquellos sujetos que crecen sin madre y sin cariño. En tanto el apego a la madre determinará el desarrollo emocional, el aprendizaje de conductas autónomas, la personalidad.

Si la falta de amor y atención deriva en la disminución de la inteligencia, incluso del tamaño de las personas, es de suponer que la alimentación cocinada tras el cuidado del fuego que realizaban las mujeres en la Prehistoria, junto a una lactancia más prolongada, habría favorecido el desarrollo de la capacidad cerebral del bebé homínido. Al mismo tiempo, y siguiendo la citada teoría del profesor Enrique Campillo (2005), la evolución hacia una cadera amplia en las hembras habría posibilitado el alumbramiento de crías con mayores dimensiones craneales y por tanto más inteligentes.

Ninguno de los grandes cambios morfológicos, neuroendocrinos y metabólicos producidos a lo largo de millones de años de evolución para el desarrollo de nuestro cerebro hubiera servido de nada si, a su vez, la cadera femenina no hubiese permitido parir el enorme cráneo que lo contiene. Y algo más, el calor del fuego cuando combustiona la madera y del calor físico y de los manjares de las excursiones cinegéticas, bien cocinados. Todo ello habría acontecido tras la expulsión de los homínidos del verdor paradisíaco y la abundancia alimentaria de las selvas (tipo self-service) que no requerían cazar, cultivar, ni cocinar. Un viaje hacia las sabanas intertropicales debido al gran cambio climático allá por el Mioceno (época geológica que abarca desde hace 24 millones de años hasta hace 5 millones de años).

Por otra parte, el erguimiento de la columna en ambos sexos, como muestra en sus investigaciones **Karen Rosenberg** (2021), les permitió elevar la vista para encontrar el sustento carnívoro en la lejanía de las llanuras, ya lejos de la espesura de la selva, desertizadas por las altas temperaturas. Así las y los homínidos desarrollaron una visión más clara de los procesos naturales, otra de las primeras causas argumentadas que contribuye al desarrollo de la inteligencia.

Con antelación, **Mary Leakey**, arqueóloga y paleoantropóloga británica, había descubierto los primeros homínidos en el año 1959, un australopiteco (*Australopithecus boisei*),[5] en la garganta de Olduvai (Tanzania). Este hecho creó un gran revuelo en la comunidad científica, sorprendida por tres avances pioneros:

1. El descubrimiento de fósiles clave para conocer una evolución más temprana de los homínidos, que ayudaron a reconstruir la historia de la especie.
2. El éxito de conseguir junto a su marido concienciar en Tanzania y otros países del mundo de la importancia para las comunidades y la sociedad de cuidar el patrimonio arqueológico.
3. El logro de ser una de las primeras en superar la barrera con la que contaban las mujeres en esta área de conocimiento, antecesora de una genealogía posterior de paleoantropólogas.

Por tanto, **la afirmación 'hombres y mujeres somos iguales' no es cierta, sino más bien una entelequia,** una fantasía decir que física y mentalmente somos iguales, y quizás, a veces, una mentira interesada. Cada célula de nuestro cuerpo da cuenta de la diferencia sexual, el mero análisis genético, anatómico, psicológico y conductual desde el nacimiento así lo demuestra. Y es a partir de estos cómo se produce la construcción social de la identidad, y no al contrario. Por otra parte, asegurar que es el elemento masculino sobre el que nace la especie, o el varón la pieza central del surgimiento y desarrollo de la humanidad es la segunda falta a la verdad. Hace ya siglos que ha quedado desmontado el mito

---

5   En honor a Charles Boise, mecenas del matrimonio formado por Louis y Mary Leakey.

creacionista sobre la Eva que parte de la costilla de Adán y que no se corresponde con la traducción de las Escrituras, las evidencias científicas, ni con el protagonismo de la mujer en la génesis de la especie. Porque el papel de la mente, el cuerpo y el trabajo femeninos en la evolución humana ha sido y sigue siendo crucial y, además, la interpretación científica de escritos y vestigios arqueológicos cierra una antigua brecha entre ciencia y religión.

El relativismo cultural describe un mundo en el que los papeles sociales de hombres y mujeres se distribuyen de formas diversas según cada sociedad. Sin embargo, los relatos creacionistas como el de la «costilla de Adán», han legitimado la subordinación femenina durante siglos y siglos.

Algo que no se corresponde exactamente con las Escrituras sagradas y tampoco con las teorías científicas y el importante papel del cuerpo, la personalidad y el trabajo femenino en el proceso de hominización y para la evolución de la especie hasta nuestros días.

CAPÍTULO 2

MUCHAS DIOSAS EN UNA
Y UNA GENEALOGÍA FEMENINA

> Y así, estado de paz verdadera no habrá hasta que la vio-
> lencia nos sea cancelada de las costumbres, hasta que la
> paz no sea una vocación, una pasión, una fe que inspire
> e ilumine.
>
> *Los peligros de la paz*, MARÍA ZAMBRANO

2.1. Por qué lo llaman igualdad
cuando queremos decir equidad

El conflicto de sexos es traído al siglo XXI nada menos que desde el siglo XV, como extrapolación del discurso del conflicto de clases enunciado por Nicolás Maquiavelo (1469-1527), considerado fundador de la ciencia política moderna.[6] Como también del pesimismo antropológico antes que Hobbes (1588-1679), el cual dicen que afirmaba, 'que el hombre es un lobo para el hombre', aunque lo cierto es que esta frase no aparece en su obra clásica *Leviatán*.

---

6   Maquiavelo, en los *Discursos sobre la primera década de Tito Livio*, trata por primera vez el conflicto entre los distintos grupos sociales. En primer lugar, la aristocracia. En segundo lugar, los «ciudadanos» o «burguesía», que viven en las ciudades y poseen bienes. En tercer lugar, la «plebe», aquellos que viven en las ciudades pero no poseen bienes y, por lo tanto, no tienen derecho a participar en la vida política de la ciudad. Y por último, el campesinado.

Con posterioridad, en el siglo XIX Karl Marx desarrolla la teoría del conflicto de clases, que si en la sociedad industrial contribuyó al desarrollo de la sociedad civil y los derechos de la clase trabajadora, hoy ha sido llevado a una guerra entre hombres y mujeres. La guerra de sexos es, por tanto, una importación de la antigua ideología del conflicto de clases, en cuya formulación poco contamos las féminas.

Ya sea por la derecha o la izquierda, los partidos políticos pretenden ocupar todo el espacio de la política, siendo la actividad parlamentaria solo una pequeña parte de ella, y la política en sí, el arte de la convivencia, que sustituye las relaciones de poder sobre las mujeres y la descendencia del patriarca tradicional. Ese era el verdadero sentido de la célebre sentencia 'lo personal es político', que asumió una generación de mujeres en los años setenta, la feliz convivencia, o mejor la independencia, antes que vivir en el conflicto. Ya que lo personal es el ámbito en donde se siembra la salud y la bondad en todo lo demás. En cambio, la indignación no es actitud sana, y además denota mentira, porque nadie te miente más que el que pretende con crispación polarizarte, da igual el -ismo que utilice, porque las emociones corren por el 'cerebro reptiliano' del instinto animal y engañan a la razón. Como es también un hecho que en un conflicto nadie puede ser feliz, ni tener una vida amable, ni tampoco pretendiendo ser lo que no somos.

Simone de Beauvoir, que hizo mucho por la causa femenina, y vayan mis disculpas por delante, con todo, hizo flaco favor con el imperativo «¡La mujer no nace: se llega a serlo!» (1949). Como si fuésemos incompletas, o tan torpes de negar la evidencia: mujeres nacemos, mujeres somos, como mujeres vivimos, ayudamos a nacer y a morir y morimos.

De otro modo, la mujer haciéndose y la pareja, cada cual como la entienda, en pugna permanente, pareciéramos siempre en una dialéctica de la construcción/destrucción, tal que la piedra que Sísifo subía a la cumbre para que cayera por su propio peso y así volver a empezar una y otra vez su duro ascenso. Un eterno retorno, una asignatura pendiente muy trabajosa, y que se aleja cada vez más de aquella concepción clara de ser y amar aceptando como cada una sea, sacando del corazón etiquetas. Nada más lejos de nuestro interés, porque nacer mujer es sobre todo, certeza.

Mayor problema surge cuando, al mismo tiempo, intentamos compaginar esta guerra de sexos con el amor romántico a la carta, en quiebra en una sociedad de consumo en la que todo es presente antes que proyecto. Así la pareja como empresa de dos, basada en las endorfinas del enamoramiento primero, ya no es posible. Sin embargo, como apoyo emocional, pareciera más necesaria que nunca. A fin de cuentas, y en palabras de María Zambrano: «Somos soledades en convivencia» (1965). O, como asimismo es obvio: solo la vida es solitaria, porque nacemos y morimos acompañadas, de la madre al menos, y de quienes nos quieran o esperen más tarde.

Es esa libertad femenina del ser, no del tener o no tener, ni entendida como autonomía para la satisfacción de deseos, ni la independencia de todo lazo, sino compañía sin soledad; relaciones como intercambio y reconocimiento. Y es la historia de las mujeres desde sus inicios, un aprendizaje de ser, de libertad femenina para generar y regenerar el mundo. Un ejercicio de soslayar las ausencias, refutar calumnias, sambenitos, perspectivas políticas interesadas o sencillamente mentiras. Porque para la libertad son muy necesarios referentes ciertos, que nos ayudan a afrontar los grandes retos y conflictos que otras lograron superar.

Podríamos citar como ejemplo de libertad la forma de explicar y dejar atrás los conflictos bélicos de la politóloga **Hannah Arendt** (1906-1975), de cómo reconocer y evitar el autoritarismo o extraer soluciones prácticas de grandes pensadores de su siglo. En la obra *Hombres en tiempos de oscuridad* (1968), Arendt reflexiona sobre el pensamiento de figuras que vivieron en la convulsa primera mitad del siglo XX: entre otros, el filósofo y psiquiatra Karl Jaspers, la escritora Isak Dinesen, el filósofo Walter Benjamin, o el dramaturgo y poeta Bertolt Brecht, abriendo ese camino hacia adelante, que es la construcción de la paz.

También la filósofa **María Zambrano** (1904-1991) postuló la libertad del ser, a través de la *razón poética*, que aúna filosofía y poesía, razón y sentimiento, que es lógica, más ciencia, buena administración pero con corazón. Una corriente de pensamiento, de gran actualidad, sobre el verdadero problema de una sociedad altamente burocratizada, tecnologizada y que esclaviza al ser humano: La intelectual y filósofa ya formuló tempranamente el término Nueva Era, en este sentido de razón, en su obra escrita con 16 años *Un lugar de la palabra: Segovia* (1965).

Una lista interminable de féminas de acción y/o pensamiento que a lo largo de la historia han sido. Listas de significados difícilmente clasificables por la inteligencia artificial o la gestión de grandes bases de datos (*big data*) que la alimentan, y que ya están aquí para que el algoritmo pre-seleccionado nuble el verdadero sentido de lo humano, que no es el número, la medición, la cantidad, el dato con valor de mercado, sino el sentido: **Teresa de Ávila**, **Juana de Arco**, las madres de todos los tiempos, administrando recursos escasos durante milenios, que es la misma definición de Ciencia Económica. Influyendo asimismo, y sobremanera, en las pautas para un consumo más ético y razonable, en la educación para la salud y la higiene, y comprometidas con una visión del mundo más ecológica, humanitaria y pacífica, en conexión con la nueva generación Z, aquella que nace en los años en torno al cambio de milenio (siguiendo los primeros estudios al respecto de Chistian Scholz y Anne Rennig, 2019).

Y al recopilar las fuentes de pensadoras y destacadas mujeres en la historia, no encontramos tanto partidismo como en el pensamiento androcéntrico, ni el resentimiento o el victimismo acostumbrado de la deformación del feminismo de nueva ola; sino valentía, pensamiento libre y, en muchos casos, crítica con todas sus consecuencias. Una sabiduría muy útil para estos tiempos de conformismo y zozobra, en los que 'no hacer mudanza', como recomendaba Santo Tomás para las crisis, ya no es posible, porque en temas como degradación ecológica, el cambio climático o la carrera armamentística, pareciera que no hay, a la vista, soluciones. Y en este entorno, las cifras, las declaraciones y cada mujer como metáfora de esperanza en cada mente y en cada vientre seguimos hacia adelante.

Conocer la historia de las mujeres, muchas y diferentes, **requiere por tanto una mirada 'fuera de la caja'**, una nueva perspectiva:

1. Sin duda/Desde luego/Por supuesto, para nombrarnos en plural porque no somos la misma, —ni nosotras mismas cuando pasa el tiempo— ni en distintas culturas o áreas geográficas.

2. Al margen de las ideologías maniqueas producidas por otro enfoque y para otros, que tan poco acuerdo aportan en este futuro inmediato de alto riesgo para la supervivencia de la especie.

3. Lejos del pensamiento único, que antes era androcéntrico y machista, y ahora credos diversos que disuelven lo femenino o secuestran la maternidad y siguen violentando a las mujeres y a sus criaturas además de al planeta.

Frente a la ideología que es toda percepción particular sobre una realidad, siempre han estado la sabiduría de la experiencia, la investigación por amor al conocimiento —que es sexuado, porque lo son las mujeres y los hombres que investigan— y la búsqueda de sentido de la vida de todos los seres que pueblan el mundo… y la evidencia que no tiene réplica. Frente a las percepciones androcéntricas del mundo, se encuentra el universo simbólico de la madre, que es la que mira con el mismo rasero a todos los seres de su familia, más allá de su orientación política o vital. Que intenta aglutinar, no catalogar, ni dividir o enfrenar entre sí.

La diferencia biológica existe y también la cultural y educacional, pero no hay que elegir entre una y otra porque eso sería entrar en un falso dilema de los que tanto enseña la filósofa y teóloga Mary Daly (1928-2010); y de los que debemos huir porque solo buscan desorientarnos y fragmentar la realidad.

2.2. Qué sabemos en verdad sobre el matriarcado

La palabra matriarcado proviene del término latino *mater*, 'madre', así como de la palabra griega *archein*, 'gobernar', un tipo de poder, coercitivo, como todos, del que todavía se cuenta con pocas evidencias empíricas de su existencia. Esta última palabra aún tiene otro significado: origen o comienzo. Un concepto, matriarcado, todavía cuestionado (Barfield, 2000; Harris, 1977) por la propia antropología feminista contemporánea (Eller, 1995; Olivia Harris y Kate Young, 1979; Goettner-Abendroth, 2003; etc.), en tanto no se consiga más información para sustentarlo.

Sí se cuenta, en cambio, con datos sobre sociedades matrilineales en las que los lazos genealógicos siguen el linaje materno, de madres a hijas (o de matrilinaje), en las cuales el prestigio social y los bienes se heredan por línea materna, más que paterna (aspecto documentado por Murdock, 1967). En éstas, las mujeres suelen desempeñar un papel central en la organización social y familiar, incluso la autoridad puede provenir más del tío materno que del padre (avunculocales), pero no de las mujeres sobre los hombres. Y en donde la administración de la economía familiar por parte de estas, en ciertas regiones, sería un ejemplo apropiado de equidad, si la autoridad formal y la legalidad en el uso de la violencia no permaneciesen en manos del varón.

Sociedades matrilineales conocidas son los minangkabau en la isla de Sumatra, una comunidad musulmana en Indonesia de más de cuatro millones de personas, cuyas tradiciones ancestrales —denominadas adat— sitúan a la madre en el centro. También los mosuo, en la provincia de Yunnan (en China), una etnia de aproximadamente 40 000 personas y que durante siglos ha vivido en las orillas del lago Lugu, que son catalogadas por la BBC como el 'reino de las mujeres', pues las féminas pueden elegir pareja a lo largo de su vida. Otras sociedades que se organizan en clanes matrilineales son los hopi, 19.300 miembros nativos del noroeste de Arizona, o los iroqueses, confederación de tribus nativas americanas en la región de los Grandes Lagos de Estados Unidos.

Como se ha visto en el capítulo anterior, podría afirmarse que el origen del *Homo sapiens sapiens* fue la transformación física y cultural que, gracias al amor y la colaboración entre sexos, consiguió una mejor adaptación a los grandes retos climáticos y productivos ante el cambio de hábitat. Y que se reconoce por manifestaciones morfológicas (pérdida del vello, aumento de la capacidad craneal, cambios en el esqueleto y los órganos sexuales), culturales como el desarrollo del lenguaje, un comportamiento dirigido a una crianza más prolongada y una sexualidad distinta al del resto de primates, con mayor interacción personal y amorosa las homínidas.

Perdido el paraíso, que no representaba la inteligencia, el erotismo, ni la incipiente organización social, sino todo lo contrario, desaparece la vida comunitaria, Eva errática y Lilith autónoma, produciéndose el éxodo de las gentes con el gran Moisés y 'su báculo' al frente, hacia un 'nuevo Edén', con tierras propicias para el cultivo y mejor clima. Fundando patrias y naciones, tal y como Yahveh le prometió a Abraham en el Génesis 12: 1-5:

> Vete de tu tierra y de tu parentela, y de la casa de tu padre, a la tierra que te mostraré. Y haré de ti una nación grande y te bendeciré, y engrandeceré tu nombre, y serás bendición. [...] Tomó, pues, Abraham a Sarai su mujer, y a Lot, hijo de su hermano, y

todos sus bienes que habían ganado y las personas que habían adquirido en Harán, y salieron para ir a tierra de Canaán; y a tierra de Canaán llegaron.

Con estos argumentos, el Antiguo Testamento debe ser entendido en el marco del viaje de las doce tribus de Israel gobernadas por los patriarcas, en busca de la Tierra Prometida en la que poder establecerse y desarrollar la agricultura intensiva con arado hacia el 1250 a. C. Tal como apunta **Gerda Hedwig Lerner** (1920-2013), impulsora de la primera cátedra de investigación historiográfica sobre historia de las mujeres, en 1968 en el Sarah Lawrence College de Nueva York.

En su obra sobre el origen del patriarcado, y haciendo un acercamiento a la antigua Mesopotamia a través de fuentes primarias (2017), evita todo tipo de victimismo, así como concepciones ideológicas sobre la existencia o no del matriarcado. Y se centra en profundizar en lo acontecido para la consecución, desde entonces, de un orden patriarcal que posterga a mujeres, jóvenes, no primogénitos, etc., y hasta qué punto podría afirmarse que perdura o no en nuestros días.

Así desaparecieron las creencias sobre pueblos naturales felices, y sus diosas que glorificaban la importancia del don generativo de las mujeres, el sexo fuerte y sagrado por excelencia, y que en la sociedad clásica evolucionarán hacia la creencia en diosas y dioses múltiples y en parejas y genealogías. También relacionados con las fuerzas de la naturaleza (creencias animistas), al considerar ahora la importancia procreativa de ambos miembros de la pareja humana y la hegemonía de poder de la fuerza en las nuevas relaciones económicas. Por último, las religiones monoteístas consagran el patriarcado, que proyecta el papel central del varón en la figura de un Dios Padre único y todopoderoso, primero en la génesis y supervivencia de la especie, que legitima la propiedad del macho sobre las nuevas tierras, las mujeres, el trabajo, los frutos de ambos y de los vientres de ellas.

Ante la pancarta conceptual que abre este capítulo, de la costilla de Adán patriarcal, o bien la cadera de Eva que aglutina la interpretación científica desde los más diversos campos de las ciencias sociales y experimentales, queda tan solo recordar este gran hallazgo que supone la importancia del papel de las mujeres en los cambios culturales y morfológicos de la especie y la influencia de todo ello en el surgimiento de la cultura. Ellas transmiten la lengua materna, que no vernácula (de donde se nace), y están al cuidado de niños, mayores y enfermos.

Sin embargo, este argumento venturoso sobre el rol femenino en la educación y la crianza, y el éxito del amor y la monogamia en la conformación de la familia como sustento de la cultura y el orden social que ha llegado hasta nuestros días, no tiene que ver con el origen de la humanidad que han imaginado otros antropólogos clásicos, tanto funcionalistas, como estructuralistas. Levi-Strauss, por ejemplo, consideraba el rapto de las mujeres de otros pueblos como el origen de las guerras, una práctica precisa ante el tabú del incesto y la necesidad de más guerreros en las tribus prehistóricas. Tabú que, para este autor y otros como Sigmund Freud, se ha considerado el inicio de la cultura.

Y autores como Marvin Harris van más allá, culpando a las propias mujeres, a través de su tarea de crianza y socialización primaria, de los genocidios y feminicidios primitivos y actuales. Según Harris, en su obra clásica *Vacas, cerdos, guerras y brujas: los enigmas de la cultura* de 1974 (1980), en las sociedades humanas, el mando sexual depende del control de la tecnología de la defensa y la agresión y que por su fuerza corresponde a los hombres. Las mujeres, mientras tanto, vigilan la crianza, y a través de ella pueden modificar cualquier estilo de vida que las amenace. Un control que sólo pueden poner en práctica sobre los varones de su propio grupo, no con el adversario. Motivo por el cual las mujeres se ven obligadas a criar varones fieros en contextos de guerras continuas; un fenómeno que se conoce como «amplificación de la desviación», porque cuanto más feroces sean los hijos varones, más guerras se producirán, y más se necesitará nueva descendencia y varones más feroces. A la vez aumentará la violencia sexual contra las mujeres, su explotación y la poliginia (práctica cultural y forma de matrimonio en la que un hombre puede casarse con más de una esposa, pero estas no pueden tener más de un marido).

La socióloga **Riane Eisler** considera, en cambio, el estado anterior al patriarcado más pacífico, siguiendo hallazgos arqueológicos. Sitúa en la isla de Creta el último ejemplo de una sociedad basada en la cooperación, «las relaciones humanas de los habitantes de Creta, hace 7000 años, se basaban en el principio de vinculación y no en el de superioridad», porque la sociedad pre-patriarcal no era violenta ni jerárquica, sino de colaboración entre grupos etarios y sexos. Por ello esta autora considera que urge cambiar el mundo violento en el que vivimos por otro, inclusivo, justo y pacífico. Un estilo de vida que el trabajo de la doctora Eisler demuestra fue posible durante miles de años de Prehistoria, debido a que cuando los niños y niñas crecen en ambientes de dominación y no de cooperación, reproducen rígidos roles sexuales (1989, 2021). De lo que puede sintetizarse que son sobre todo las madres fundamentales en la transmisión de los valores civilizatorios en la especie, y bastante improbable su deseo de criar hijos para la guerra, sino más bien para todo lo contrario; o en todo caso para la defensa.

2.3. El culto a la Diosa en los cinco continentes

La diferencia sexual en el surgimiento de la especie puede ser concluido con la cita del entomólogo y sociobiólogo Edward Wilson (1993) o historiadores como Rudolf Otto (*The Idea of the Holy*, 1917) que, entre otras/os autores, consideran que la característica principal que acompaña a los yacimientos de los homínidos evolucionados es el hecho de contar con elementos religiosos y funerarios. Es decir, la fe, la trascendencia, demarcaría el inicio de la humanidad. Y entre esos primeros vestigios religiosos lo más común es encontrar divinidades femeninas, en yacimientos de los cinco continentes. Antes de dejar paso a las deidades masculinas y, como en el antiguo Egipto, el pueblo celta o el Imperio romano, a mitologías conjuntas y parejas sagradas.

La Diosa a través de la arqueología se ha mostrado de formas diversas, algunas muy diferentes de la feminidad arquetípica tradicional, y ligadas tal que a la soberanía, la guerra o la caza, la autonomía, la sexualidad y la fortaleza (Shahrukh Husain, 2001:6). Sin embargo, los hallazgos más significativos que parten del Paleolítico destacan su función maternal y distintos arquetipos de feminidad, que han constituido la prueba mundialmente extendida de la existencia de una diosa madre universal. Estas figurillas de distintos materiales se han hallado, por ejemplo, en excavaciones en el valle del Indo y en la cultura minoica en la Creta pre-micénica con una datación alrededor de dos milenios antes de Cristo. Precisamente, esta última es reconocida por algunos autores/as como la primera cultura matriarcal de la historia. Si bien, es más probable que fuese matrilinial y matrifocal (en donde la madre era la cabeza de familia). En cambio, no es hasta el Neolítico (h. 10 000 a. C.) cuando comienzan a encontrarse, en estas y otras áreas, estatuillas masculinas.

Sobre este tema, **Marija Gimbutas** es la arqueóloga del siglo xx que ha revolucionado la comprensión moderna de las edades de Piedra y de Bronce (1991), seguida en el xxi por otras autoras como Jean Shinoda Bolen (2002), Riane Eisler (2021) o Clarissa Pinkola Estés (1993). Gimbutas, como Marshack en su *The Roots of Civilization* (1972), ha considerado que las figuras femeninas representan a una Diosa mítica de la tierra, sus ciclos, la fertilidad y la naturaleza (Husain, 2001:13). Sería el arquetipo de la Gran Madre que se mantuvo en la isla de Creta hasta el segundo milenio antes de Cristo. De esta cultura minoica se ha sostenido la hipótesis de que se trataba de una sociedad matriarcal y que, según documenta Gimbutas, se representaba la Diosa con una doble hacha que evolucionó a partir de la mariposa, símbolo habitual del alma. Habría pervivido hasta el segundo milenio (a. C.), cuando las consecuencias de una erupción volcánica la debilitaron hasta el punto de que la isla fue invadida por Micenas y la civilización minoica desapareció para ser sustituida por la sociedad micénica patriarcal.

Lo que es menos conocido es que, en esta primera fase de diosas de la fertilidad, como las de **Lespugue** (Francia) y **Willendorf** (Austria) entre las más famosas, es que habrían sido las mujeres las productoras de dichas estatuillas. Siguiendo a Le-Roy McDermott (1996), una vez estudiadas las distorsiones más significativas en la forma de los ombligos, senos y los vientres dilatados de estas figurillas, se ha descubierto que los tres son compatibles con la observación del propio cuerpo en mujeres embarazadas.

A esta ampliación del papel de las mujeres en los ritos sagrados primigenios se han unido más recientemente las teorías sobre pinturas rupestres como las de Altamira, que afirman que las manos pintadas pertenecerían a mujeres de las tribus cazadoras del Paleolítico superior. Como también en la cueva de las Manos (en la Patagonia argentina) con más de dos mil siluetas de manos en negativo de ambos sexos fechadas en el año 7350 a.C., de las pinturas rupestres más antiguas de América.

Es decir, confirmando que habrían sido ellas las ejecutoras principales, hasta en el 75 % de los frescos rupestres de España y Francia, según el arqueólogo de la Universidad de Pensilvania Dean Snow (Hughes, 2013). Un hecho muy sencillo de comprobar si tenemos en cuenta que las mujeres, a diferencia de los hombres, tenemos los dedos índice y anular de aproximadamente la misma longitud. De modo que la representación de la mujer primitiva esbozando pinturas rupestres es la correcta, y toda vez que es más probable que fuese ella la encargada de estas tareas. Parece lógico que las mujeres permanecieran en los campamentos criando, pintando y cuidando el fuego, mientras los hombres se encontraban de caza o guerreando.

Lo cierto es que en muchas culturas encontramos divinidades femeninas. En la República China persiste la creencia en un matriarcado legendario durante la Prehistoria, del que permanecen numerosas divinidades locales y espíritus femeninos del agua. Entre ellas, **Nu Kua**, la diosa madre del orden cósmico, Tian Hou, la del mar y protectora de los pescadores y **Kuan Yin**, la de la misericordia, una de las más populares para los budistas, y que tiene su igual en la cultura japonesa, Kwannon, y Yakami, quien mató a la serpiente marina para la que sacrificaban jóvenes doncellas. En estos viejos rituales primitivos de Japón tienen un papel muy prestigioso las Mikos, que eran sacerdotisas en los templos sintoístas, tanto en lo espiritual como en lo político.

De igual forma, hay que destacar a la diosa afrobrasileña del mar Iemanjá, a **Pacha Mama**, que simboliza la tierra-madre de los pueblos andinos y a Sedna, la madre-océano de los esquimales.

Incluso en Australia, considerada tierra antigua de guerreros, destacan creencias aborígenes primigenias que giran en torno a la Primera Madre o Divina Ancestra, y las cuevas son consideradas vientre de esta, pobladas de espíritus que se encerraban en ellas para reunirse con la Diosa, hasta el momento del próximo nacimiento (Robin Morgan, 1984, 148). Porque es la tierra «el útero divino del que todo nace y al que todo regresa para seguir el ciclo de la Naturaleza», esta vez siguiendo a Pepe Rodríguez en su libro *Dios nació mujer* (2000), y sobre el que habrá que volver en el último capítulo para tratar las implicaciones de esta lógica en la nueva Economía Circular, y la vocación regenerativa de la mujer a lo largo de la historia, y como puede comprobarse también en la Prehistoria.

Entre los maoríes (etnia polinesia que se estableció en Nueva Zelanda) la Primera Madre se asocia además de a las grutas, con los volcanes. En su mitología Mahuea es la diosa que descubrió el fuego, que les regaló y enseñó a utilizar. Tuvo una hija, Hina, que nació en las profundidades de una cueva volcánica que era su hogar, y que prosiguió con las enseñanzas de su madre mostrando al pueblo cómo construir hornos y cocinar alimentos. Un aspecto muy importante, porque no conviene olvidar que fue precisamente el cocinado de los alimentos uno de los pasos cruciales que hicieron avanzar a las tribus de homínidos hasta el *Homo sapiens sapiens*. Como afirma Ann Gibbons en su obra *The First Human* (2007), gracias a ello consiguieron evolucionar hacia cuerpos más esbeltos, con dientes más pequeños, un sistema digestivo más reducido y cerebros más grandes.

Una especie la nuestra, que el historiador Yuval Noah Harari denomina 'de cocineros' por la importancia de la 'domesticación' del fuego hace unos 300 000 años, por el *Homo erectus*, neandertales y el *Homo sapiens*, que empleaban lumbre de manera cotidiana, cocinando y digiriendo muchos alimentos que no podían comer en su forma natural, crudos. Y «el cambio de química de los alimentos cambió asimismo su biología. La cocción mataba gérmenes y parásitos que infestaban los alimentos» (*Sapiens. De animales a dioses*, 2015). Y, sobre todo, el hecho de necesitar menos intestino grueso y delgado para digerir la comida procuró la desviación de ese consumo corporal de energía y tiempo de digestión, al desarrollo del cerebro.

No debe sorprender, por tanto, que se considerase diosas a las maestras de la agricultura como es el caso de la griega Deméter o la romana Ceres y a las que hubiesen enseñado a prender y conservar el fuego a los humanos: Hestia, la diosa griega del fuego del hogar (la Vesta romana), o Chantico, la del fuego de cocina y las estufas del hogar. De lo que no cabe ninguna duda es que, durante muchos siglos, han sido las mujeres las encargadas de prender, avivar y conservar el fuego. Especial mención merece la diosa celta del fuego del hogar o del fuego de transformación, Brigit, hija de Dagda, relacionada con el Sol y al mismo tiempo diosa de la sabiduría, la poesía y la adivinación, y de ahí el emblema de la triple espiral céltica o trisquel, por su forma de tres

Figura 5. Objeto de culto llamado égida y dedicado a la diosa egipcia Sekhmet. Walters Art Museum, Baltimore, EE.UU. Wikimedia Commons, Dominio Público.

espirales enlazadas. Es decir, una representación del ciclo eterno de la vida, el renacimiento y la resurrección de los muertos, que se encuentra en muchas tumbas de este pueblo, y hace del número 3 un recordatorio mágico de esta cultura. Así como lo es en la cristiana, a través de la Santa Trinidad, que en forma de triángulo representa el movimiento continuo y la perfección de lo acabado, cuyo vértice superior indica el ámbito celestial.

Espacio aparte merece la diosa del fuego egipcia Sekhmet, que poco cocinaba y mucho peleaba con su padre, según el mito. Podría decirse que tanto como las mujeres jóvenes de la segunda mitad del siglo xx con los suyos. Representada por una cabeza de león y un largo vestido rojo, puede portar un disco de sol (como hija de Sol Ra), así como en su cabeza un cetro y una serpiente en cada mano. El mito refiere que los hombres quisieron derrocar a Ra y este envío a Sekhmet, la leona de furia devastadora, que quiso destrozar a la humanidad. Cuando su padre le ordenó detener la matanza, se negó y Ra para evitar más muertes hizo que toda la sangre que Sekhmet bebía se transformase en cerveza, hasta que se emborrachó y quedó desmayada en un camino. Cuando des-

pertó, volvieron a ella sus sentimientos compasivos. Y en conmemoración de este mito, el Nilo se tiñe de rojo cada año.

En general, en la práctica cultural de los pueblos de la tierra,
las diosas suelen simbolizar la regeneración de la vida, los ciclos
naturales y la abundancia. Sus ritos, muy arraigados en las gentes
del campo, fueron sustituidos o superpuestos por otros cultos,
como en Europa ocurre con las advocaciones a la Virgen María cerca de fuentes salutíferas, promontorios o cuevas, que han
mantenido la centralidad femenina y el sentido que le habían
dado pueblos más sensibles a las fuerzas telúricas.

Ejemplos de supervivencias paganas pueden encontrarse en
las enigmáticas y ya citadas vírgenes negras, de culto fundamentalmente medieval, pero que anclan sus raíces en imágenes hechas con meteoritos o bien piedras pulidas por el hombre y la
mujer prehistóricos, según distintas teorías. Son las ceraunias o
'piedras de rayo', que se creía eran regalos de los dioses (según
la arqueóloga Pilar González Serrano, 2017), y que provenían de
los rayos y por lo tanto del cielo. En los cinco continentes se les
dio nombres relacionados con los poderes sobrenaturales que se
les atribuían y con interpretaciones supersticiosas o religiosas:
'piedras de trueno' en Japón, 'mallas de Thor' en Suecia, 'flechas
de Dios' en Hungría, 'flechas de rayo' en India y 'dardos de hada'
en Irlanda.

Una de las divinidades más antigua es Cibeles, la Madre tierra, diosa de la fertilidad adorada desde el Neolítico en Anatolia
(Turquía). En concreto el centro de su culto estaba en el monte
Dídimo en Pesinunte (Frigia), en donde cayó del cielo un betilo[7]
negro y cúbico (un meteorito denominado Kubele), en el que

---

7   Un betilo es una piedra a la que se rinde culto como símbolo de una divinidad. La palabra proviene de beith-el, que significa la casa o morada del
dios. *Sacra Saxa: Creencias y ritos en piedras sagradas.* Actas del Coloquio
Internacional celebrado en Huesca del 25 al 27 de noviembre de 2016 /
editadas por Martín Almagro-Gorbea y Ángel Gari Lacruz. Instituto de
Estudios Altoaragoneses, 2017.

Figura 6. Isis alada. Tumba de Seti I (KV17).

se consideraba que residía la diosa. Los marineros frigios difundieron su culto por las riberas del Mediterráneo, hasta el punto de que en el 204 a. C. fue llevada a Roma durante la Segunda Guerra Púnica (según fuentes de la historiadora Ana Valtierra, 2019).

Posteriormente, muchas figuras religiosas se pintarán de negro, en especial las que veneran la fecundidad, como negro es el color de las tierras más fértiles (Ana Valtierra Lacalle, 2019). Y del mismo modo que en Egipto según documentos del siglo III se veneraba a Isis negra, símbolo de fertilidad y regeneración; o a Osiris, que también podía ser representado de color como símbolo del renacimiento y la resurrección.

El culto a Isis Negra, con su hijo Horus en el regazo se difundió tras la conquista de Egipto por Alejandro Magno y estuvo muy extendido en el Mediterráneo durante el Imperio romano. En cada región se fusionó con las principales deidades locales, como es el caso de Deméter Melania (o Deméter negra), diosa

griega de la agricultura, que se encontraba en una cueva de Figa-
lia (Arcadia, actual Grecia).

Con la llegada de la cultura guerrera de los kurganes en el
IV milenio a. C., el culto a la Gran Diosa, más pacífica, quedó
relegada a un segundo plano en las nuevas sociedades. La hipótesis de los kurganes (túmulos) fue elaborada por Gimbutas. Las
invasiones de sociedades nómadas patriarcales guerreras (desde
4500 a. C. hasta 2900 a. C.) desplazaron a las culturas matriarcales locales. Provenientes de las estepas, desde el Volga hasta
el Dniéper, los Balcanes y el Danubio, se fueron expandiendo
favorecidos por haber domesticado al caballo y contar con carros
de dos ruedas. Estas invasiones fueron producidas por cambios
en las condiciones climáticas.

Miles de años después, la Gran Diosa será sustituida por las
advocaciones relacionadas con la Virgen Madre (Valtierra Lacalle, 2019:17). Tanto fue así que la adoración a estas imágenes
de María llegó a considerarse herejía en la España anterior a la
ocupación musulmana. En general, en toda la península ibérica,
y con la influencia posterior en el continente americano, se cree
que esta devoción mariana fue más fuerte que en cualquier otro
país católico romano, debido al establecimiento en el pasado de
colonias cretenses ginocráticas. Un hecho que quedaría demostrado por los famosos toros de piedra encontrados en Guisando
(cerca de Ávila) y la arraigada tradición de la tauromaquia (Robin Morgan y Lidia Falcón, 1993), símbolos de la cultura minoica cretense, y no por su raigambre masculina, al contrario de
lo que pudiera creerse. Yacimientos en los que no faltan figuras
femeninas de bronce, como en las ruinas prerromanas en Despe-
ñaperros y Castellar (ambas en Sierra Morena), y damas sagradas
como la del Cerro de los Santos (Albacete) y la Dama de Elche.

Es decir, 'un juego de toros', no de lidia, femenino en su
origen cretense, que se refleja en distintos grabados de mujeres
toreando, medias lunas que presentan cornamentas y el toro sagrado pintado bajo el trono de la maga Pasifae en los mosaicos

romanos de Zeugma (actual Turquía). Como se anticipaba en la presentación, en el Medievo, cuando mozas y mozos conducían al amanecer el ganado vacuno desde las dehesas en las afueras de las ciudades al matadero, poniendo a salvo a la infancia y a las personas mayores que aún dormían y no pueden correr tanto.

Por otra parte, la aparición de vírgenes María en grutas o lugares apartados durante la Reconquista, fue interpretada como casualidades mágicas o milagros, y pasaron a forman parte de muchos mitos fundacionales y advocaciones de las poblaciones actuales. Vestigios del sentido sagrado del elemento femenino que pueden encontrarse tanto en el folklore procesional español, como en todos los confines de la tierra, y que la antropología clásica, con James Frazer a la cabeza, demostró en su obra *La rama dorada* (1890). Para dicho autor las diversas ceremonias religiosas de siega y de trilla responden a ritos que llegaron del antiguo Egipto a Europa, practicados hasta la época preindustrial. Y podría añadirse que siguen ocultos en danzas y ritos en muchos pueblos de España hasta la actualidad.

Se trataba de rituales de conexión con «el espíritu del Cereal», que practicaban en la Antigüedad los pueblos de creencias animistas, ya que se pensaba que tal espíritu estaría en la última gavilla trillada, a través del cual la madre tierra renacía en el centeno, y como arquetipo de abundancia y regeneración, reinaba. Es decir, los antiguos pueblos europeos contaban con religiones naturales, centradas en el culto a los vegetales, en especial el árbol y el cereal, que consideraban que tenían alma (Brigitte Jordan, 1978:53, James Frazer, 1974:33). Estos rituales han quedado impregnados en muchas de las danzas folklóricas españolas (Rosa Olmos, 1974; Caro Baroja, 1988; Ángeles Rubio, 2021), que cuentan con claras supervivencias animistas, con las que los pueblos atraían dones del Cielo, como buenas cosechas y ganados, o alejaban desgracias por medio de la magia tradicional.

Ésta podía ser de naturaleza *homeopática o imitativa*, según la cual, «lo semejante produce lo semejante o que los efectos se asemejan a sus causas»; por ejemplo en las danzas de paloteo en las que se golpea con madera el suelo insistentemente y unos palos contra otros en el norte de España. Sería el caso del *Paloteo del Ay, ay, ay* (con el nº 282 en el *Cancionero Segoviano* de Agapito Marazuela) de la Villa de Caballar, en Segovia; hoy en día interpretado también por mozas del grupo de danzas, en el que se simula el trabajo en las tierras y se golpea más enérgicamente y con más insistencia que en otros pueblos en las fiestas religiosas. O la tradición de plantar un gran tronco entre los mozos en las plazas (el Mayo) en la mayor parte de los pueblos de La Rioja, por ejemplo, hasta el siglo pasado. Así como los castells humanos en Cataluña, que simbolizan el crecimiento de los árboles y las cosechas.

La creencia en *la magia contagiosa* de los pueblos originarios asoma en el presente. El principio de que «las cosas que estuvieron en contacto actúan a distancia», es la base de tradiciones como con el castañeo o el paloteo de nuevo, que al chocar de la madera atraerían la forestación de dónde partieron o, del mismo modo, los saltos con alpargatas de esparto o cáñamo en la sardana, la jota aragonesa, navarra y castellana, rodeadas de lazos de colores. En todas ellas destaca el componente femenino fertilizante de los campos: las cintas de colores en los carros de la cosecha, o los lazos y faldillas en la indumentaria masculina de los danzantes.

Por último, los *ritos solares* coadyuvan a la «llegada del sol para madurar las cosechas, dar luz durante el día y hacer crecer el pasto y el grano. Son innumerables los ritos para este fin, incluyendo en la Antigüedad las danzas sacerdotales, o sea, los sabios de la tribu, quienes imitaban el ciclo del sol en el cielo, formando círculos, entre muchos otros pasos y figuras apropiados al desarrollo de la naturaleza» (Lucile Armstrong, 1986), como en el sufismo. De modo similar en el caso de los danzantes de zancos de Anguiano, o la Gaita de Cervera del Río Alhama, dos localidades en La Rioja, interpretadas por varones, con faldillas los primeros, y los segundos con mantones con cintas de colores, ambas con distintas danzas circulares y giros muy bruscos y arriesgados. En donde, por último, la ejecución viril de bajar cuestas escarpadas o girarse con la bandera de la patrona con cintas contrasta con las indumentarias repletas de elementos femeninos sagrados, como en tantas danzas campesinas de la cosecha.

Para resumir, seguiremos de nuevo a Marija Gimbutas (1921-1994), la citada arqueóloga y antropóloga lituano-estadounidense, que tanto ha contribuido a la comprensión de unas etapas de gran importancia para conocer el verdadero relato de la historia y la Prehistoria de las mujeres. En su trabajo *Diosas y dioses en la Vieja Europa (7000-3500 a. C.),* ha demostrado que, a través del significado de las figurillas simbólicas femeninas, se representa de forma universal a la Diosa madre única de la humanidad y objeto de culto en toda ella. Con todo, rechaza la existencia de un matriarcado en las culturas de la Gran Diosa, y de forma anterior y opuesta al patriarcado, ya que según sus estudios en ningún momento las sociedades en las que hubo un gobierno de mujeres se impusieron a los hombres, ni hubo un dominio de estas sociedades sobre otras (Fernández y Garalganza, 2018).

Estas tesis fueron apoyadas por la comunidad científica, así como el fin de dicha cultura europea, a tenor de las migraciones indoeuropeas, como fue desarrollado en la teoría de los kurganes de Gimbutas, confirmada por genetistas y biólogos, como el italiano Luigi Luca Cavalli-Sforza. No obstante, y a pesar de negar el matriarcado, las conclusiones de dichas investigaciones de Marija Gimbutas fueron calificadas de 'feministas' con gran desprecio en la academia, debiendo defenderse ella diciendo: «Nunca he sido una feminista y nunca había pensado que estaría ayudando a las feministas» (Cristina Biaggi y Donna Wilshire, 1994). Y en efecto, con estas palabras la autora eludía el prejuicio sobre sus resultados científicos, que no contentarían ni a unas ni a otros, pero que daban con la verdad, frente a las ideologías, que como tal se opone a la naturaleza de las cosas, con una percepción, por definición, sesgada de la realidad.

Se comprueba, por tanto, el culto a la Diosa creadora y

con ella a la fertilidad, en los cinco continentes. Se ha documentado principalmente durante el Paleolítico, en ese estado originario comunitario, más colaborativo y pacífico, favorecido por la también menor competencia por los recursos naturales y territoriales, y el tamaño de pequeñas comunidades naturales. Sin embargo, nada testifica que fuesen matriarcados a todos los efectos. Es decir, en los que las mujeres se apropiasen del poder, las personas y su trabajo. O quisieran hacerlo.

Empero, más fantasioso que empírico, pero más reconocido, el escritor de novela histórica e investigador de mitos, Robert Graves, en su trabajo de 1948, *La diosa blanca* (en nueva edición, ampliada y corregida de 2014), narra cómo en Europa y Oriente Próximo existían culturas matriarcales que adoraban a una Diosa Suprema y que reconocían a los dioses masculinos solo como sus hijos, consortes o víctimas para el sacrificio. Y estudios recientes muestran la gran importancia concedida a Mami Wata, una divinidad panafricana relacionada con las aguas, los pescadores y los emigrantes. Por ello se la considera protectora de siempre, no guerrera, en la diáspora negra, especialmente hacia América. Y cuando los emigrantes salen en cayuco o en patera hacia puertos europeos, lanzan alguna ofrenda al mar (granos de arroz, cuscús u otras cosas) o se dirigen a un altar de la diosa, antes de marchar del país o salir de viaje (Ubaldo Martínez Veiga, 2013). Es la protección espiritual y ubicua de la madre, que nunca nos abandona.

Del mundo primitivo **se han encontrado vestigios de diosas en los cinco continentes**, figurillas que ensalzaban la fertilidad y en las que el elemento femenino se consideraba sagrado.

De aquel momento primigenio de glorificación de la Diosa y la maternidad, y asignación igualitaria de las funciones sociales, pueden extraerse importantes lecciones en nuestros días, si bien tras el trabajo de grandes antropólogas **no puede inferirse la existencia de un matriarcado**, como hoy se pretende creer o rehabilitar. Algo que ni ha podido ser demostrado, ni coincide con las expectativas de las mujeres, como madres, con mayor vocación a lo largo de la historia por su compromiso con el futuro de la sociedad.

Pero sí se puede establecer una historia y una genealogía femenina que parte de unas sociedades más colaborativas en el reparto de tareas. Una llamada a la posibilidad de un mundo más equitativo y amable para ambos sexos, más natural, solidario y en conexión con la naturaleza, la única lógica que hoy puede sanarnos.

CAPÍTULO 3

TRABAJO Y ASUETO DESDE LA ANTIGÜEDAD: DEL RAPTO DE LAS SABINAS A LA *LEX OPPIA*

La revolución comienza con una sonrisa.

Teresa de Calcuta

3.1. Del rapto de las sabinas a la regulación del trabajo doméstico

Los relatos creacionistas cumplen en las religiones un papel muy relevante para la interpretación del orden cosmológico, que confieren sentido a cada sociedad, como ocurre con el de Adán y Eva para las tres grandes religiones monoteístas: hebrea, cristiana y musulmana (por orden de aparición). Otro tanto sucede, con los mitos fundacionales, a la hora de explicar el origen de los pueblos, las ciudades, su autoconcepto y los ritos comunitarios que los fortalecen. Algunos como la leyenda de la Loba Luperca que amamantó a los fundadores de la ciudad de Roma, los hermanos Rómulo y Remo, pasaron a ser parte del patrimonio inmaterial de la humanidad a través de la expansión del Imperio Romano.

Son relatos con los que se trata de legitimar intereses dinásticos dentro de un orden social establecido y que sitúan el foco en la vida de una pequeña parte, más poderosa, de la población. Pero que, desde una nueva perspectiva, nos brinda la oportunidad de conocer mejor la vida de las mujeres. Al menos sobre su conceptualización en lo que afecta a los procesos culturales y la historia, como ha sido el hecho cierto del rapto de mujeres y no solo en la Antigüedad. Ya que, en este caso, la investigación científica pone en duda las fechas asignadas (s. VII a. C.) y los mismos hechos.

Al parecer, una discusión fratricida entre los hermanos, ninguno de los cuales contaba con el derecho de primogenitura al ser gemelos, condujo al asesinato de Remo y al reinado de Rómulo, que daría nombre a la ciudad. Rómulo nombró *senatores* a los primeros cien *patres* (padres) que llegaron al lugar, cuyos descendientes fueron los *patricios*.

El segundo problema patriarcal se planteó, al sucederse las llegadas de más emigrantes, y todos ellos varones. Rómulo pensó, en buena lógica, que la ciudad, si sus fundadores no tenían descendencia, no duraría más que una generación. Así que, en prevención de tal desastre, los romanos enviaron 'celestinos casamenteros' en busca de mujeres procreadoras a las ciudades cercanas. Éstos fueron ajusticiados por intentar perpetrar semejantes raptos, habituales en la Europa del Neolítico, y también en la Antigüedad, según documentó entre otros el historiador griego Herodoto, en este caso por parte de piratas o aventureros.

En cambio, las habilidades sociales dan muestras de civilización, y Rómulo superó la pronta primitiva de rapto de las damas. A grandes males, mejores soluciones —debió pensar—, y al igual que los adolescentes actuales cuando desean 'conocer chicas', decidieron hacer una fiesta en casa. Encargó organizar unos juegos a Neptuno con la excusa de invitar a sus vecinos y sus familias, sin otra idea que 'tomar' durante la celebración a una hija de cada uno de los invitados, que fueron mayoritariamente sabinos.

Viéndose en tal emboscada y en minoría, sin más que poder hacer, los sabinos huyeron, y como en los tiempos actuales de post-verdad (parece que las cosas no cambian tanto), los romanos acusaron a los sabinos de ofensa a su gran hospitalidad porque sus intenciones eran buenas, casarse con sus hijas —todo ello siguiendo a Plutarco en *Vidas Paralelas* (*Rómulo*, I, 14, 2-6)—.

Sin embargo, las sabinas permanecieron beligerantes pasados los días y los meses, negándose a dejarse tocar y a convivir con sus raptores. Porque como muestran enterramientos prehistóricos, de siempre las mujeres han luchado, y siguen luchando contra este tipo de ultrajes.

Al comprender los romanos que por las malas no convencerían a las jóvenes, lo hicieron por la vía del cuento romántico, y tal como sucede aún hoy en día en muchas relaciones. Les hicieron ver que serían cariñosos hasta el fin de sus días y buenos maridos como correspondía a los miembros de un pueblo elegido por los dioses. Y, para que así constase, lo celebraron de forma oficial, desposándose con ellas, y el primero Rómulo, su rey, con la más noble y bella: **Hersilia**.

Además de bellas, las jóvenes sabinas eran muy listas, mucho más que muchas que las hemos sucedido, porque pusieron una condición para contraer matrimonio: no realizarían ningún trabajo 'doméstico', excepto ocuparse del telar y ser gobernantes de cada hogar. Es decir, amas de casa, pero sin las arduas labores domésticas, que en aquella época se extendían a criar a los hijos, tejer y elaborar la ropa de los miembros de la familia, cultivar los huertos de donde abastecer las cocinas de las casas romanas, limpiar y cuidar el gineceo y el fuego, cuidar de los abuelos y abuelas, etc.

Por tanto, fueron **las sabinas las pioneras, probablemente, en hacer ver y valer la gran carga que supone el trabajo que en cada época se ha considerado 'del hogar'.** También **pioneras en la lucidez de pactar de antemano, a modo de capitulaciones matrimoniales, lo que, a su entender, no corresponde a sus funciones como madres y esposas,** y que «en días que se dicen nuestros» (Milagros Rivera, 2005) y no lo son del todo, junto a la separación de bienes, sigue siendo lo más recomendable para las mujeres que opten por vivir en pareja.

En resumen, una discusión al elegir su emplazamiento con resultado de fratricidio y un rapto múltiple para resolver la creación de una ciudad-Estado, que eran hechos comunes en la Antigüedad. No tanto enmendar el relato con el gesto 'moderno' del toque romántico, que supone la promesa de cariño y atenciones con las jóvenes sabinas, antes de acceder a sus cuerpos y al fruto de éstos, y nombrarlas reinas de la casa (más no de ninguna otra cosa salvo consorte, a Hersilia). No es adecuado extrapolar los valores y emociones presentes al estudio y relato de la historia, y valga el anacronismo por nuestra admiración a las sabinas que prefirieron una vida más holgada y tranquila a permanecer en defensa de una estirpe, la de los sabinos, que no las había defendido en su momento. Su tiempo, el del padre y del hermano sin código de la caballería posterior, no era de arriesgar su vida por la de sus mujeres.

Y si no puede esperarse precisión de un mito legendario, podemos conseguirla en la seguridad de que estos relatos construyeron importantes arquetipos, que han operado en la historia y en el subconsciente colectivo, y siguen haciéndolo en las relaciones sociales de nuestros Estados de Derecho. Dando forma a lo que se considera diferencia entre los sexos y también trabajo político. Desde las romanas posteriores, que se entiende descendientes de romanos y sabinas, defenderán sus derechos con oratoria cuidada.

Porque, finalmente, sabinos y romanos serían aliados, gracias a la intervención de las sabinas —que, además de astutas, fueron conciliadoras—, cuando suplicando a los sabinos que no atacasen a sus cariñosos maridos y ya padres de sus hijos e hijas, detuvieron la guerra entre ambos pueblos. De esa forma, evitaban daños para sus familiares, la orfandad de su progenie y, por tanto —siguiendo a Tito Livio (1, 13, 3)—, ponían política y paz en donde no había más que 'estado de naturaleza'.

Desde entonces, existen ritos —no solo en la península itálica— como aquellos en los que antes de la boda el novio 'se lleva' a la chica de la casa de sus progenitores o bien la novia no debe pisar el suelo la noche de bodas cuando entra al lecho nupcial en brazos de su marido, rememorando y 'blanqueando' así el mito fundacional del rapto en la sociedad patriarcal. Este perdura también en otros hábitos como el vestido blanco, como muestra de propiedad del cuerpo femenino, o las despedidas de soltero —o, aún peor, las de soltera—, que válgame que falta hacen en la sociedad de consumo, en la que la juventud es libre de salir todos los días y el matrimonio es un placer más, provisional y con un contrato sexual consentido por ambas partes. Y aún, así, buen momento para recordar que, aunque no lo parezca en las formas, en el fondo es muy importante que las expectativas que nos lleven al tálamo nupcial, o de cualquier orden, sean mutuamente acordadas y garantizadas. Por eso de que, a veces, un primer sí pueda pensarse que será para siempre.

Nunca hay verdadera historia del todo feliz. Cada princesa y cada Cenicienta —así nombrada por el contacto con las cenizas del hogar—, y también cada sabina o romana, tienen sus arquetipos contrarios. Y **Tarpeya**, sacerdotisa vestal, hija de Espurio Tarpeyo, comandante de la ciudadela, representó el papel arquetípico de mujer abyecta. Porque en medio de la contienda entre romanos y sabinos, empleando su ascendencia, salió por la puerta de la ciudad para negociar con las tropas de los sabinos y dejarles pasar, a cambio de lo que llevaban 'en su brazo izquierdo'. Al parecer, brazaletes de oro, aunque finalmente fueron sus pesados escudos, que volcaron sobre el cuerpo de la vestal hasta matarla, a pesar de haberles ayudado.

Claro que la violencia machista y los actos punitivos sin juicio ni defensa privan a la historia de la versión femenina o, al menos, de algunos matices para aclararla. Porque si *Roma traditoribus non praemiat*, los sabinos, al fin y al cabo, pretendía salvar a sus hermanas e hijas. También hay que contemplar la posibilidad de que la incauta Tarpeya no viese tan grave librar a su propio sexo de sus raptores, que las mujeres pudieran volver con sus familias y, de paso, *facturar* por el arriesgado servicio. De otro modo, ¿cómo iba a poder partir de Roma cuando sus soldados descubriesen el oprobio? Una sentencia muy repetida en la cultura occidental, «Roma no premia a traidores», vuelve a ser formulada en el año 139 a. C. cuando el procónsul Quinto Servilio Cepión (139 a. C.), contestó a tres hispanos —Audax, Ditalcos y Minuros— que intentaban cobrar la recompensa que el romano les había prometido por asesinar a su jefe, nada menos que el caudillo lusitano Viriato. Y, en efecto, es una cita protectora, en el buen sentido del patriotismo y de la madre tierra, que nos da la vida.

3.2. Feministas desde el siglo ii a. C. hasta el vi d. C.

La historia hace acopio de relatos en los que las mujeres fijaban sus competencias en su hogar (que podía ser la corte) o en el convento y, mucho menos, decidiendo sobre el curso de los acontecimientos colectivos, que ya lo dice el refrán-aviso, por suerte hoy ya desaparecido de libros y tertulias: «la mujer decente no tiene historia».

La responsable del enunciado anterior es la historia que se estudia desde el colegio porque cuando a mediados del siglo xx, y aún más tarde, escuchábamos todo esto, también se nos enseñaba latín en la escuela, e incluso la madre de alguna compañera trabajaba en partidos democráticos. Y fue en esas clases de latín, lamentando que no fuese inglés para entender mejor las canciones, en donde conocimos el caso de las madres romanas y su rebelión en 'sede parlamentaria' (como hoy llamaríamos al Foro), para la derogación de la Lex Oppia (215-195 a. C.).

Aprobada en el 215 a. C. a partir de la propuesta del tribuno de la plebe Gayo Opio, dicha ley imponía a las mujeres más ricas (en total, 1400), además de pagar un impuesto por sus herencias, no poseer más de media onza de oro, no poder ir enjoyadas o en carruajes de caballos a más de media milla de la ciudad, si no era para acudir a un acto religioso. Se establecían asimismo, serias limitaciones a su gasto en joyas o para utilizar vestidos de gran colorido, y otras cortapisas a la libertad femenina. Por todo ello salieron en manifestación todas juntas para exigir su derogación.

La Ley Opia, según el trabajo de Alejandra Sentís (2020:1), había supuesto severas restricciones en los bienes y libertades de las mujeres romanas de la élite, «lo que provocó que veinte años después de su promulgación tuviera lugar un movimiento organizado liderado por ellas». La movilización obtuvo gran apoyo social, sobre todo de las féminas como es lógico.

Las matronas salían a las calles de Roma de forma multitudinaria, por más que estaba mal visto que las mujeres abandonasen sus gineceos, o partes de la casa para uso de las mujeres, que compartían en convivencia, separadas de las destinadas a los maridos. Tal como si fuese una profanación de los espacios públicos reservados solo para los hombres, o al menos así lo entendieron los más conservadores (Viviana Kühne, 2013: 48). Mientras tanto, en el Foro se producía el famoso debate entre Catón, representando a la facción conservadora contra de la derogación de la Ley Opia, y Valerio, y este último, con muy tibias explicaciones centradas en el beneficio para los varones, porque el principal escollo era evitar, para todos ellos, a través de los viejos valores, «el advenimiento de una generación de mujeres ricas —e ingobernables—» (Viviana Kühne, 2013: 42).

Un discurso contradictorio el del peligro del poder económico de las mujeres, con la prohibición de comprar y portar joyas y atuendos lujosos, en tanto si se gasta no se ahorra. Lo que nos lleva a pensar que es el mismo hecho de disfrutar libremente y en grupo o la mera ostentación de la propiedad, lo que resultaba menos asumible para el sexo poderoso. Por el contrario, el confinamiento y la abnegación, el espacio que desean para ellas.

La contienda parlamentaria para su derogación se entabla entre Valerio, paternalista y conciliador, y el senador Catón, que representaba el voto a favor del mantenimiento de dicha ley machista, con un discurso misógino en contra de los derechos de las matronas.

Catón siguió argumentando la necesidad de separación de los ámbitos masculino-público y femenino-privado, por lo que resultaba inadecuado y un insulto que las mujeres en ningún caso se interesasen por las leyes que se aprueban o derogan (Liv. 34, 2, 10), incluidas las de su incumbencia. Por otra parte, insistió en que el mayor gasto suntuario iba en detrimento de los hijos y maridos, por lo que habría que atajarlo (no se nombraba a las hijas, las madres o las hermanas). Valerio Máximo, en defensa de las matronas, destacaba de la Ley Opia su carácter caduco, porque fue una medida de austeridad para financiar la segunda guerra púnica, promulgada veinte años atrás en una situación de emergencia, y no con vocación de ser una ley permanente, que además discriminaba a las damas romanas, frente a las extranjeras.

Catón, en su incapacidad empática, estaba convencido de que «el deseo de las mujeres no se pararía en la igualdad, sino que acabaría desembocando en la supremacía» (Cuena Boy, 2017: 170) y la subordinación de los varones. Y era por ello su principal preocupación que las matronas se implicaran en asuntos políticos, sentando un mal precedente: «Y yo en mi fuero interno no llego a establecer si es peor el hecho por sí mismo o por el precedente que sienta» (Liv. 34, 2, 4), y prosigue: «se trata de que aboliendo una ley debilitéis todas las demás» (Liv. 34, 3, 4). «Ahora hacen peticiones en público a los maridos de otras y, lo que es más grave, solicitan el voto respecto a una ley» (Liv. 34, 4, 18).

Las revueltas de las matronas romanas por la derogación de la Ley Opia han sido consideradas «la primera manifestación femenina de la Antigüedad» (Alejandra Sentís, 2020:172), así como «la más sorprendente manifestación del poder de las mujeres en toda la historia romana» (Richard Bauman, 1992: 31). La ley tenía por objeto principal frenar la creciente riqueza de las matronas, a través de la recuperación de los valores tradicionales precisos, y no otros, como por ejemplo el confinamiento en sus

Figura 7. *Virgilio lee la Eneida a Livia, Octavia y Augusto* (1812), de Jean-Auguste-Dominique Ingres. Museo de los Agustinos, Toulouse.

gineceos, que no se recogía en dicha ley y, sin embargo, se propone a modo de ampliación. Con ello se evitaría la nueva posición de poder político que su enriquecimiento les estaba confiriendo, y que consiguieron de forma espontánea precisamente en el momento en que se manifestaron y disertaron junto al Foro.

Finalmente, las intervenciones en las que se enfrentaron verbalmente a los triunviros que pretendía imponer esta ley fueron contestadas por un grupo de mujeres encabezado por **Hortensia** (madre adoptiva de Bruto y más conocida por ser genial oradora), **Julia** (la madre de Marco Antonio) y **Octavia** (la hermana de Augusto). Sobre la primera es justo reconocer el aprendizaje de la retórica de su padre, el orador Quinto Hortensio, como también su destreza para argumentar y ser escuchada, con razonamientos tales como que ya habían sido sustraídos para la guerra hermanos, maridos e hijos de las matronas, y que en cualquier caso, las mujeres no ganaban honores por contribuir a ella. De modo que tampoco debían pagar aquel impuesto suplementario.

Finalmente, fue Hortensia la artífice de la derogación en el año 195 a. C. de la *Lex Oppia*, con lo que **puede constarse que la agrupación de las mujeres en defensa de su estilo de vida y sus derechos no es cosa reciente, y si un hecho que ha sido ocultado o teñido de otros cometidos**, como veremos en revueltas posteriores y sucesivas. Mientras, Catón el Viejo, poderoso y reticente, se lamentaba en estos términos: «ahora, nuestra libertad, vencida en casa por la insubordinación de la mujer, es manchada y pisoteada incluso aquí en el foro» (Liv. 34, 2, 1-2).

La separación de los ámbitos masculino-público y femenino-privado era un aspecto determinante en una sociedad en la que existían serias diferencias sexuales y estamentales. Las relaciones sexuales no estaban mal consideradas porque, desde su perspectiva estamental y androcéntrica, el sexo era un regalo de Venus y un aspecto asociado con la prosperidad del Estado. La prostitución era muy común y la virginidad estaba mal vista en los varones. Se aceptaban las relaciones homosexuales, siempre que se cumpliese el particular estatus de dominación por parte de los patricios y que no 'fuesen humillados' en roles pasivos. La virtud (*virtus*) era el ideal masculino consistente en la autodisciplina, asociada con la palabra *vir* (hombre), de donde deriva el término viril (Rebbeca Langlands, 2006). Por el contrario, la hipersexualidad y el amaneramiento de los varones eran censurados.

El ideal femenino, en cambio, era la *pudicitia*, de castidad y modestia; estaba muy mal considerado que las romanas no fuesen vírgenes al llegar al matrimonio y las matronas solo debían tener relaciones sexuales con su marido con fines procreativos. Al tratarse los matrimonios de acuerdos de interés más que amorosos, se prestaban a devaneos al margen, con la condición de que no se supiesen y se perdiese así el honor. Esclavas y esclavos, sirvientes, plebeyas y plebeyos o extranjeras y extranjeros no tenían honra ni honor, así que podían ser usados y abusados desde una edad temprana.

La estructura económica y política de cada época y sociedad ha permitido unos márgenes distintos de autoridad sexual y marital. Y si en Roma el hombre podía ser infiel en público, la mujer debía serlo en la clandestinidad. Las penas, de tipo tributario, se solían imponer a la mujer y a su amante: la confiscación de hasta la mitad de los bienes del adúltero y una tercera parte de los de la mujer infiel y la mitad de su dote. Sin embargo, en la Antigua Grecia, cada ciudad contemplaba unas costumbres que, en el caso de Esparta, eran muy específicas por su especialización guerrera. Así la infidelidad conyugal femenina no estaba penalizada, porque se priorizaba la natalidad a toda costa, para suplir las pérdidas de efectivos en los ejércitos; tampoco era causa de divorcio. Además, siguiendo a Estrabón (Geografía, VIII), se trataba de algo muy común.

Esta es la historia de las matronas romanas, en torno a 1.400 mujeres nobles que, según se nos dice, pero no está claro, apenas si les estaba permitido salir del ámbito de su gineceo, tomando un protagonismo nada excepcional. Y sobre este último nos llegan nombres propios de reinas y princesas del Imperio durante este periodo de la historia en Hispania que no pueden ser olvidadas, por fidelidad a la verdadera historia, y por cuanto su reinterpretación a la luz de sus acciones pueden darnos algunas pistas sobre qué es lo que ocurre y cómo defenderse, cuando las mujeres salen victoriosas. Por ejemplo, en el caso de **Gala Placidia**, que no puede ser considerada víctima, por más que fuese vilipendiada, y tratada de traidora, por conseguir la paz y el fin de las hambrunas en duros periodos por las guerras entre el pueblo romano y el visigodo, contribuyendo a la cristianización de ambos y a situar a sus hijos como emperadores. ¿A quién le importa entonces el qué dirán con tanta gloria?

Otro ejemplo para citar es el de **Helvia** (nacida en el año 20 a. C. en la actual Arjona de Jaén y fallecida en Roma). Fue madre del gran filósofo estoico Séneca, que educó a Nerón, y esposa de Marco Anneo Séneca (el Viejo) el Retórico de Córdoba. Su matrimonio se celebró bajo la fórmula *sine manu*, por la que el padre mantenía la tutela de la esposa; de esta forma la mujer gozaba de mayor independencia y podía administrar sus propios bienes. Tras dar a luz a su tercer hijo, Lucio Anneo Mela, consiguió el derecho de ser libre de cualquier tutela, marital o paterna, gracias al *ius trium liberorum*. Séneca, durante su exilio en Córcega decretado por el emperador Claudio, dedicó a su madre la obra *Consolación para Helvia*, allá por el año 47. En ella relata los grandes infortunios que esta había sufrido y señala lo injusto que era que las féminas, siendo tan inteligentes y valerosas, no pudieran acceder al mundo de la política.[8]

La princesa imperial **Marciana Augusta** Ulpia (50-112), hermana de Trajano, el primer emperador hispano nacido en la provincia de Itálica (actual localidad sevillana de Santiponce), vivió en armonía y entrañable amistad con Pompeya Plotina, su cuñada. Ambas recibieron del Senado el título y los honores de Augustas, a pesar de la negativa de Trajano. Hacia el primer lustro de la nueva centuria, tanto Ulpia como Plotina usaban ya el título de 'Augustas'. Plinio el Joven (61-115) les dedicó un famoso panegírico en el que se alaba su discreción, virtud y buena relación, que las dotaban de gran autoridad e influencia, a pesar de los prejuicios de la época sobre el gobierno de las mujeres, y de tampoco ellas quererlo.

Paulina Domicia fue la hermana del emperador Adriano (70-130). Nació en el seno de una de las familias de mayor prestigio de la Bética, también en Itálica. Alegre y de gran rectitud moral cuentan en tiempos que no lo eran, y que contrastaba con las costumbres de su hermano, con un carácter débil y envuelto en problemas a causa del derroche y las deudas. Sus desencuen-

---

8   Edmundo Fayanás, «Helvia Albina, la matrona hispanorromana». *Nueva Tribuna*, 2016.

tros motivaron que ella no pudiera llegar a ser Augusta, aunque sí muy respectada en su tiempo.

Por último, porque es imposible en la historia de las mujeres terminar, conviene destacar la vida de la citada **Gala Placidia** (388-393), hija de Teodosio I el Grande junto a su segunda esposa también llamada Gala. Ambos unificadores del Imperio Romano Oriental y Occidental, y tercer emperador nacido en Hispania, concretamente en la villa de Coca en Segovia (Gallaecia por entonces). Gala Placidia fue hija, hermana (de Honorio y Arcadio), esposa, madre y tía de emperadores, así como gobernanta en momentos de regencia con una terrible crisis económica, política y social de un Imperio romano que tenía ya los días contados. Fue descrita por los historiadores como mujer muy apta para el gobierno, inteligente y sensata. Pablo Orosio en el siglo v dejó estas palabras: «mujer ciertamente de agudo ingenio y suficientemente honrada gracias a su espíritu religioso» (*Hist. Pag*, 7.40.2). Doble mérito si atendemos a las vicisitudes que tuvo que atravesar.

Con solo veinte años fue hecha prisionera por los visigodos de Alarico (410) durante el sitio de Roma y cuatro años más tarde contrae matrimonio con su sucesor, el rey Ataúlfo, del que tiene un hijo (Teodosio). En el saqueo de la ciudad imperial Gala era un tesoro más, que los visigodos consideran canjear en las negociaciones, pero que finalmente permanecerá con ellos al casarse con Ataúlfo, que establece su gobierno en la primera capital hispana de los visigodos, Barcino (la actual Barcelona).

Por desgracia, la aristocracia visigoda no ve con buenos ojos esta relación, y acusan a su rey de dejarse influenciar por Gala, que buscaba el avenimiento y la paz entre ambos pueblos. En el 415 apuñalan por la espalda a su majestad Ataúlfo en las cuadras reales de Barcino. Es entonces Sigerico el nuevo rey y en tan solo siete días de reinado somete a Gala a todas las humillaciones posibles, trasladándola con cadenas y descalza junto a los esclavos, mientras atraviesa el duelo por el fallecimiento de su marido y de su hijo Teodosio siendo este todavía muy joven. Después de un año de lamentaciones consigue regresar a Roma, para ser intercambiada por 6000 modios de trigo romano, que salvaban al pueblo visigodo del hambre.

Así pues, tras el asesinato de Ataúlfo es devuelta a su hermano el emperador Honorio; es decir, de un imperio a otro en guerra. Y este vuelve a casarla en contra de su deseo con el anciano general y futuro emperador Constancio III, que siempre la pretendió, y de nuevo enviuda en 421. De este matrimonio nace Valentiniano, que será nombrado emperador del Oriente romano en el 425, y mientras es niño pudo ser Gala regente eficiente (Fernández y Tamaro, 2004), si bien como toda su vida, incomprendida.

Falsas acusaciones de haber conspirado con los visigodos contra Honorio y Roma la llevan a buscar refugio en Constantinopla. Sin embargo, diversas fuentes de autores contemporáneos (Fuentes Hidalgo, 2004) apuntan que incriminar a Gala Placidia resultó una verdadera operación propagandística, para justificar los desastres militares de Roma en Occidente. Se la acusa de provocar la muerte de Estilicón y de culpar de traición a su prima Serena, que fue condenada a muerte.

La pregunta lógica, que ahora queda en nuestro tintero, gira en torno a cuáles serían por entonces los ámbitos de acción de las otras mujeres, que no eran ricas, reinas, ni parientas de emperadores, ni casadas con patricios, ni de estirpe legendaria, y a lo largo de todo el Mediterráneo... La respuesta sobre ámbitos de libertad desconocidos puede descubrirse en el estudio del asueto en las termas, que se extendían por el Imperio y que han llegado hasta nuestros días. Las fuentes sobre la vida cotidiana en el Imperio informan de la rígida ley familiar que dota al *pater familias* de todas la prerrogativas (divorcio, repudio de mujeres e hijos, herencias, autoridad...) prototipo de núcleo patriarcal legal y otras realidades en torno al teatro y otros espacios lúdicos.

Leyes diversas de las ciudades romanas apuntan asimismo,

a la discriminación de plebeyos, campesinos y también mujeres. Comprometiendo a las hijas a edades muy tempranas, sin libertad de movimiento, etc. Sin embargo, existían muchas ocasiones en que las féminas contaban con momentos de asueto y vida social, para frecuentar el templo, el teatro, comprar, incluso las termas, en donde pagaban tres veces más ellas y en horarios intempestivos al amanecer según documentos en Hispania (Javier del Hoyo Calleja, 1985).

A cambio las termas proporcionaban a las romanas un espacio placentero para hacer ejercicio, disfrutar, relacionarse y hablar entre amigas. Contaban además del balneario con servicios de belleza con tratamientos para la piel, peinados y masajes, aunque no para las de todos los estamentos sociales. Constaban de Apodyterium (vestuarios), Frigidarium (de baño frío y descanso), Tepidarium (zona de relación y baño templado), Caldarium (zona de piscinas o bañeras calientes) y Sudatorium (de vapor y sauna).

Inicialmente, como ámbito público las termas eran exclusivas para hombres, y al irse construyendo «*therame muliebres*» o «*balnea muleabria*»,[9] fueron generalizándose los baños mixtos o bien en distintas franjas horarias. Siguiendo a Marta González-Herrero (2018:74): «*En la Historia Augusta el tema de los baños mixtos es objeto de cierta atención. Se atribuye haberlos prohibido a Adriano, Marco Aurelio y Severo Alejandro, frente a la permisividad de Cómodo, Heliogábalo y Galieno*». Señala esta autora que Marcial se mostraba categórico en lo inadecuado que era para una mujer tomar el baño en unas termas mixtas; contando con múltiples evidencias de cómo hombres y mujeres, incluidas matronas y casaderas, se bañaban juntos desnudos.

Y, aun así, eran centros de libertad femenina en una cultura en donde su marginación formaba parte del ordenamiento jurídico y de las costumbres, como se comprueba en epitafios del

---

9   Mientras que el origen de los *balnea* está en el baño público griego (balaneion), las *thermae* son una fusión de éste con el *gymnasium*.

siglo II tal que en Ostia Antica (puerto de Roma) en estos términos (recogida por Marta González Herrero, 2018:73):

> A los dioses Manes. [---]nia Sebotis, hija de Publio. Quinto Minicio Marcelo, hijo de Quinto, de la tribu Palatina, para la más querida, la más diligente y la más casta esposa, quien nunca quiso salir en público o a las termas o a ningún otro sitio sin mí, a la que desposé virgen a la edad de catorce años, con la que tuve una hija, con la que he pasado el dulce tiempo de la vida, quien me hizo feliz. Preferiría que estuviera viva.

Y nos referimos no tanto a la subordinación, como a costumbres que, por hallarse hoy penalizadas, no dejan de suponer un peligro y una humillación de las niñas, por más que fuese interiorizado como hecho habitual. Porque **no es el consentimiento el paso que debe conferir legitimidad a las relaciones, para que sean sin humillación y sin dolor, es el deseo y la edad para que este pueda ser sano y libre.** En tanto, el cuerpo femenino preadolescente puede sufrir serias lesiones con relaciones o la muerte durante el parto antes de su madurez, y sobre todo no estar capacitado, ni sentir necesidad de placer, por ausencia de las endorfinas que los proporcionan.

Del mismo modo que una escolar puede acceder en la actualidad a prácticas sexuales ilegítimas, por modas e hipersexualización del entorno, sobre todo, virtual, sin que por ello deba entenderse como libertad sexual femenina, sino como fraude moral de los adultos que lo defienden y delito de quienes lo practican. Y es este el colofón, de **porqué son tan importantes las sabinas,** que se rebelan contra el rapto y el matrimonio si no tienen en consideración sus tiempos y apetencias concretas, como paradigma de que la política del deseo femenino no es cuestión de reafirmación, sino de la salud, en el sentido más amplio, que solo brinda la libertad. Por la misma razón que es una negligencia parental no enseñar a las niñas a protegerse y defenderse de abusadores, acosadores y violaciones.

Ensayos e iniciativas para terminar con la inequidad entre sexos, se conocen desde la antigüedad, y son tema de relatos mitológicos y parte de las políticas desplegadas por las mujeres de todos los tiempos. Se recoge en papiros del Egipto Faraónico, así como textos del Imperio romano. Y merecida es la mención de la **emperatriz Teodora** en Bizancio (501-548), por su gobierno junto al emperador Justiniano, después de su paupérrima juventud en la que tuvo que trabajar de actriz y comediante. Todo lo cual sus enemigos exageraron para difamarla.

Una labor consistente en una sarta de mentiras en una biografía póstuma redactada por Procopio de Cesarea, y de la que, por razones obvias, no pudo defenderse. En ella se incurre en lo pornográfico, llegando a afirmar que ambos emperadores eran verdaderos demonios que él mismo había visto elevarse y volar por los tejados. Y que conviene traer a colación, por considerarlas un debut magistral, de las acusaciones con las que con mayor continuidad se ha procurado empañar las obras de las grandes mujeres: la obscenidad y los supuestos poderes paranormales, como se verá en otros casos más adelante.

Sin embargo, otras fuentes más adeptas que llegan hasta nuestros días destacan que Teodora participó en las reformas jurídicas y religiosas de Justiniano, involucrándose con especial ahínco en la legislación de los derechos de las mujeres, prohibiendo la prostitución forzosa y los burdeles que no la cumpliesen. Asimismo, reformas legislativas en relación con los derechos femeninos en caso de divorcio, propiedad y herencia, custodias, el permiso para el matrimonio entre nobles y plebeyos, y la derogación de toda sentencia de ajusticiamiento de mujeres en caso de adulterio, al tiempo que instaura la pena de muerte para violadores.[10]

Tan magna labor legal fue completada con una obra social para la protección de la salud de las mujeres, y en espacial la conducente a rescatar a muchas adolescentes de la prostitución,

---

10   Estas leyes quedan integradas en el *Corpus Iuris Civilis*.

con medidas como la donación de dotes para que las jóvenes pudieran encontrar marido. Creó un convento para la rehabilitación de las prostitutas en la parte asiática de los Dardanelos, el estrecho ubicado entre Europa y Asia, llamado *Metanoia*, «Arrepentimiento» (Lynda Garland, 1999); y sobre el que sus enemigos extienden el rumor de que el acceso de las beneficiarias no fue voluntario, y que aquellas mujeres preferían 'la vida fácil'. Un asunto que no extraña a juzgar por el debate que sigue polarizando criterios sobre la regulación de la prostitución, ya bien entrado el siglo XXI.

A pesar de esta, y otras calamidades que llegarían, por ejemplo, en España hasta nada menos que el año 1964 con el Concilio del Vaticano II, en el que se abole el débito conyugal,[11] se habrían de dar hasta entonces, espacios femeninos de libertad, creación y autoconocimiento.

3.3. La gran mentira civilizatoria sobre el trabajo de las mujeres

Conocer la verdadera historia de la humanidad exige destacar el hecho de que **las mujeres siempre han trabajado**, en el hogar y fuera de este; en la Prehistoria como se ha visto en el caso de las mujeres de Altamira, del Antiguo Egipto y de las matronas romanas; por cuenta propia, ajena, o en la economía comunitaria (por ejemplo, en las obras religiosas como la sacerdotisa Tarpeya, también en las pías, sanitarias y de ayuda en sus pueblos).

Tampoco es algo reciente, ni emancipatorio de por sí el trabajo fuera de casa, si no es justo, o es solo para cuidar a otros y otras y sigue acompañado de dobles y triples jornadas. Considerar el esfuerzo y el valor monetario de la economía doméstica ha sido un asunto teórico y anecdótico desde la sociología, siendo

---

11   Recogido en el Código de Derecho Canónico de 1017.

lo más común la absoluta subestimación del trabajo de las mujeres 'como ayuda' a sus maridos, dando a luz nuevas vidas, en el ámbito del hogar (tejiendo, criando ganados, cosiendo, cocinando, etc.) o ayudando gratuitamente en el trabajo comunitario en el que fueron y son mayoría (ONG, órdenes religiosas, voluntariado en sanidad o ayuda al desarrollo, etc.). Trabajos no considerados a efectos retributivos, sobreentendidos, cuando suponen una rémora para la calidad de vida y el desarrollo de carreras profesionales de forma equitativa.

Cargas domésticas, que son la alimentación y la limpieza al menos, pero también atender a familiares con necesidades especiales y en general un *totum revolutum* de dobles y triples jornadas que las sabinas quisieron evitar y nosotras no sabemos cómo, y que comprenden desde las reuniones de los colegios, los médicos de mayores y jóvenes, o la organización de fiestas y compra de regalos, etc. Un reloj de arena sin tic-tac, tic-tac, sumatorio que se llena pronto, para seguir la jornada con menos energía, menos tiempo para la formación, el autocuidado, para dormir, las relaciones de calidad y la focalización en méritos y proezas particulares. Solo ser mujer en su lado más triste.

Así ha fluctuado la apropiación del salario o los productos del trabajo familiar, y del patrimonio heredado, según épocas y zonas geográficas, siendo en muchos casos las mujeres administradoras y en otras correr a cuenta del marido, o de las congregaciones para las religiosas. Por ejemplo, no estaba permitido en el Antiguo Imperio romano, mientras sí era posible en el Egipto faraónico la administración del salario y los bienes por parte de las mujeres, así como la formación para el empleo y otros muchos 'adelantos'. De donde sin duda puede surgir el recelo de los historiadores romanos a la genealogía de mujeres como Cleopatra, que no fueron una, sino cuatro.

La gran **Cleopatra VII Thea Filopátor**, última gobernanta del Antiguo Egipto, nacida el año 69 a. C. sobre la que se cierne el mito y el odio del Imperio romano, de ella se sabe que era

Figura 8. Busto de mármol de
Cleopatra VII de Egipto de ca. 40-30
a. C. Altes Museum de Berlín.

una gran erudita, comandante naval, lingüista, autora de tratados médicos y, sobre todo, gran diplomática. Estuvo casada tres veces (Ptolomeo XIII, Ptolomeo XIV y Marco Antonio) y mantuvo una relación amorosa con dos excepcionales generales romanos (Julio César y Marco Antonio). Cuatro siglos después de su muerte, todavía se la veneraba junto a su estatua en Philae, un centro religioso de peregrinación al sur de Egipto. **Cleopatra Selene** VIII (40 a. C.-6 d. C.) fue su única hija. **Cleopatra Thea**, reina del Imperio sirio (nacida en el 164 a. C.), y **Cleopatra de Macedonia**, hermana de Alejandro Magno y regente de Epiro (Grecia). Las cuatro mantuvieron su soberanía, aún, cuando las circunstancias no eran idóneas.

En el antiguo Egipto, niñas y niños aprendían a escribir, sobre todo si eran de clases altas, y las mujeres ocupaban puestos como empresarias, sacerdotisas o escribas en diferentes categorías de la administración del Estado. A excepción del periodo del Imperio Nuevo, en el que la administración corría solo a cargo de hombres. Entre las funcionarias de alto rango han llegado noticias de **Nebet**, visir de la Dinastía VI.

En el Imperio romano y tras la conquista de Grecia en el siglo II a. C., llegaron dos médicas griegas a la ciudad imperial. Grecia era un lugar de procedencia muy considerado para esta profesión, quedando testimonios de otras como Olimpia de Tebas, Sorano de Éfeso, Metrodora y Aspasia de Atenas. Que de este modo salvaban la normativa sobre la prohibición del trabajo de las mujeres médicas en Grecia, a pesar de la cual **Aspasia** introdujo técnicas quirúrgicas muy parecidas a las actuales para las enfermedades femeninas de la embarazada y complicaciones en el parto. Una de ellas de gran importancia para la supervivencia de bebés y madres, para poder mover a las criaturas cuando 'vienen de nalgas' en el parto (Marilyn Bailey Ogilvie, 86). Y **Metrodona** (200-400 d. C.) escribió el texto médico más antiguo conocido de pluma de una mujer: *Sobre las enfermedades y los cuidados de las mujeres.* Como corresponde.

En el Imperio bizantino y en el mundo musulmán, las mujeres fueron libres para dedicarse a la ciencia, pero también de la Hispania romana y prerromana han llegado fuentes escritas con casos de mujeres ejerciendo la medicina; nombres como «la de Tarraco» (también griega pero de nombre desconocido), o en Mérida Iulia Saturnina en el siglo II o III a. C., según información de Carmen Alfaro (2010). De la Mérida hispana han llegado noticias de una actriz de mimo, **Cornelia Nothis**, que deleitaba a los espectadores de la Hispania de la época imperial (II d. C.). Como más tarde lo fuera la emperatriz Teodora (501-548 d. C.) en el hipódromo de Constantinopla antes de llegar a ser la mujer más poderosa de su época. Y es interesante conocer que, «quizás fuera el oficio de mujer mejor representado en la Hispania romana el de productora o comercializadora de vino y/o de aceite, productos procedentes de los olivares de determinados fundos familiares, que a veces las mujeres heredaban», como documenta Carmen Alfaro (2010).

Ya en el siglo xiv la situación profesional de las médicas empeora, y en París, **Jacoba Félicè**, que ejercía de doctora y cobraba por sus consultas, fue juzgada por un tribunal universitario y obligada a pagar una multa, siendo amenazada con la excomunión.

En la Edad Media, las familias urbanas se hallaban inmersas en una pobreza laboriosa, y las mujeres desarrollaron cuantos trabajos fueron capaces a fin de mantener los hogares. Presentes en todos los sectores productivos, fueron administradoras de los negocios familiares, pero también desarrollaron trabajos independientes que, en ocasiones exigían una cualificación sobresaliente. Por ejemplo, para la literatura, durante el siglo x es encomiable el trabajo de **Wallada bin al-Mustakfi** (994-1091), princesa de Al-Ándalus que narró su relación secreta con el poeta **Ibn Zaydún**, con poemas de amor, celos, reproche y sátira.

Y **Lubna de Córdoba** (-984), la esclava cristiana criada en el palacio de Abderramán III en Medina Azahara, y que fue una intelectual sobresaliente y afamada, experta en matemáticas, gramática, poesía, traducción y lectora impenitente. Directora de la biblioteca real de Córdoba, en donde comenzó a trabajar muy joven como copista y oficinista del encargado de esta, el eunuco Talid, de quien aprendió a trabajar en un taller de escribanía, y también con miniaturistas, iluminadores y encuadernadores. Así fue nombrada organizadora de la biblioteca, hasta que su bella poesía le hizo ganar el favor de los poderosos obteniendo su libertad. Trabajó entonces, por su cultura e inteligencia, como secretaria del califa Alhakén II, hijo de Abderramán III.

Durante sus quince años de mandato (961-976) este califa culto y piadoso, fundó veintisiete escuelas públicas, con buenos salarios para maestros y maestras, que también enseñaban a personas pobres y huérfanas. Allí, **Lubna** enseñaba matemáticas, siendo famosa por ayudar con las ecuaciones a la infancia, que la acompañaba hasta las puertas del palacio recitando tablas de multiplicar. Todo ello en las calles de una Córdoba del medievo, en las que Alhaken acogió a los sabios orientales que huían de la represión de los abasidas, contribuyendo con los 400 000 volúmenes de su biblioteca al enriquecimiento de todas las ramas del saber.

En el siglo XIII comienza a crecer el poder de las ciudades, dando lugar a pequeñas industrias que ofrecieron trabajo a las mujeres en bastantes oficios: confección, textil, tapicería, peluquería, venta de leche y otros alimentos, cuidados personales, sanitarios (por ejemplo, comadronas), etc. La mujer pudo salir a trabajar fuera de la unidad familiar. Y si en París se publica la obra *Libros de Oficios*, en donde se informa que, entre los ciento veintiún gremios de la ciudad, había solo dos compuestos exclusivamente por mujeres, su participación en otros es incuestionable (VV.AA., 1971).

Sobre el trabajo femenino en el mundo rural del medievo, Heath Dillard (1993), en su trabajo la *Mujer en la Reconquista*, nos narra ocupaciones en las Villas durante la repoblación castellana, de unas mujeres que participaban en la gestión del patrimonio de sus maridos, comercializaban productos frescos y elaborados, artesanías, tejidos y panadería, así como la regencia de tabernas, también en los puertos de Castro Urdiales o Mallorca o en las almadrabas gaditanas.

María Teresa López Beltrán (1993) recuerda la intervención femenina en las obras públicas haciendo mezcla y transportando el agua, para la construcción de la catedral de Toledo, en los primeros años del siglo XV, amasando, trabajando los tejados igual que otros peones, y en Zaragoza y Teruel como auxiliares de albañilería. Aunque, según diversas fuentes, cobrando la mitad que los hombres en los mismos puestos, por considerar su trabajo 'ayuda' a la economía del hogar y proporcionarla en empleos que eran prolongación de éste, como en las labores textiles que han sido las más generalizadas por el año 1496. Al mismo tiempo, prohibiendo a través de leyes su realización, mientras trabajaban en panaderías, pescaderías y comercios de despacho de vino o «sydra que non este deuvando nin filando so pena de ocho maravedís» (Barcia Herrero, 2007, pp. 44-45).

Y es este hilar el de las mujeres de todos los tiempos: de la Penélope que hila mirando el mar mientras espera profesando la espera célibe del amado Ulises, y de las sabinas que se reservan esta actividad como propia, la representación de los saberes más requeridos a su sexo con los que podían salir del hogar familiar o sobrevivir cuando no lo tenían.

Un hilar y tejer que parte de la madre como símbolo donador de vida, y con ella del vestido y la belleza del atuendo. Y era muy común que en las empresas textiles estuviesen presentes las mujeres en los testamentos, que se dejara la mitad de los bienes a las esposas porque: «la avemos ganado ambos a dos», incluso se permitía continuar a la viuda en los talleres. Pero, lo cierto es que, en la medida que se desarrollaron los oficios 'agremiados', las mujeres en el textil, como también en otros oficios como la medicina, fueron siendo excluidas del aprendizaje formal. De ahí que muchas historiadoras en nuestros días reconozcan la prolongada Edad Media, como una etapa más amable para las mujeres que otras posteriores.

Joan Kelly-Gadol (1928-1982) al comprobar que el Renacimiento había privado a las féminas de espacios públicos de los que sí gozaban en el Medievo (como muestra la gran estudiosa de esta etapa Regine Pernoud, 1909-1998), se pregunta en su artículo de la obra *Woman History and Theory* (University of Chicago, 1984): «¿Tuvo la mujer Renacimiento?» (1977). De este modo fue pionera en enfatizar la importancia que tiene conocer y diferenciar la experiencia de hombres y mujeres para construir una historia equitativa y con calidad científica. Una aproximación realista a los respectivos periodos.

Sin embargo, la pérdida de protagonismo en unos u otros oficios a lo largo de la historia no puede dar lugar a las generalizaciones sobre el empleo que terminan siendo evidenciadas, porque incluso cuando en la Edad Moderna se pierden derechos de formación de las jóvenes en las Reales Fábricas urbanas, o se impide su acceso a la Universidad, encontramos intrépidas damas que consiguieron su acceso.

Es el caso en el siglo xv de la catedrática **Beatriz Galindo**, llamada La Latina (1465-1535), maestra y consejera de la reina Isabel I de Castilla, que estudió en la Universidad de Salamanca, gran humanista, que favorecería la creación de La Casa de la Reina. Un espacio de encuentro de mujeres renacentistas eruditas que abrazaron la cultura al servicio de la sociedad, así como las primeras obras feministas en la península adscritas a la Querella de las mujeres (como la de Isabel de Villena y la de Teresa de Cartagena).

Como profesoras hay que destacar a Francisca de Lebrija, en la Universidad de Alcalá, o **Luisa de Medrano** (1487-1527) en la de Salamanca en sustitución de Antonio de Nebrija, y que consiguieron, de este modo, desarrollar actividades prohibidas para las mujeres en la época. Y ya no sería hasta el año 1888 cuando, entre otras cuatro estudiantes, **Matilde Padrós Rubio** accede a la Universidad, matriculándose por libre y al año siguiente de forma oficial, doctorándose en el 1893, para trabajar en la Enciclopedia Británica (Carmen Colmenar, 1985). Si bien, en 1845, ya lo había hecho **Concepción Arenal** disfrazada de varón, y a la que por sus méritos, debemos dedicar mayor espacio en el capítulo destinado a la educación femenina.

Resumiendo, **debemos confirmar que no es correcto decir ni escribir que las mujeres acceden a los estudios superiores tan solo a partir de mediados del siglo xx**, y sí que las instituciones desarrolladas a **partir del Renacimiento como el Estado absolutista, los nuevos gremios, la Inquisición o la Universidad —que ya existía desde el siglo xii y llegaban a una docena en el xiii—, fueron un auténtico muro de contención del desarrollo personal y profesional de las mujeres.**

Regine Pernoud en su obra *Las mujeres en el tiempo de las catedrales* (2013), asegura que, «el apogeo (de la mujer) correspondería a la era feudal, desde el siglo x hasta fines del xiii [...]; es indiscutible que por entonces las mujeres ejercen una influencia que no pudieron tener ni las damas partidarias de La Fronda en el siglo xvii ni las severas anarquistas del siglo xix».

Es precisamente por efecto de ese Estado moderno absolutista, en el que el poder quedaba concentrado en muy pocas manos, contra nobles y otras capas sociales marginadas o no, por el que las mujeres van perdiendo espacios.

Fronda (*La Fronde*) es un término que hace alusión a los tirachinas usados en las revueltas y movimientos de insurrección acontecidos en Francia durante la regencia de Ana de Austria y la minoría de edad de Luis XIV (1648-1653), que representa como pocos la monarquía absoluta en Europa.

Algo que retoma la actriz y activista **Marguerite Durand** para editar La Fronde (1897-1905), un periódico feminista (diario hasta 1903, cuando pasa a ser mensual), el primero escrito y dirigido por mujeres de renombre en Francia. La publicación recoge las vindicaciones de profesionales que desean que el Gobierno les permita ejercer la abogacía, de mano de mujeres como **Jeanne Chauvin**, o la psiquiatría, **Madeleine Pelletier**, entre otras cuestiones del activismo sufragista y para la reforma del Código Civil.

En España, es destacable el trabajo femenino en las Reales Fábricas, en las que entre otros productos, los tejidos eran hilados por multitud de mujeres, si bien muy pocas querían usar tornos industriales y preferían las ruecas para trabajar en sus casas, porque dejaban mayor libertad (Eugenio Larruga, 1790). Con el paso del tiempo la mayoría de estas fábricas apoyadas por el Estado y controladas por los gremios de cada ciudad (como la Real Fábrica de Seda de Toledo, La Real Compañía de Hilados de Algodón de Barcelona, o la de Valencia), fueron dificultando su contratación, y ellas, asimismo, en caso de poder elegir, relegan la asistencia a estas primeras fábricas automatizadas. De ese modo eludían el control y podían encargarse mejor de la crianza;

las niñas por su parte, una vez concluían su trabajo fabril, se encargaban de ayudar a sus madres y «emprenden las labores caseras, como son coser, hacer calceta, etc.».

A inicios de la década de 1830, ante la insostenible situación para las trabajadoras, los diferentes gremios fueron llegando a acuerdos para erradicar la conflictividad, alcanzado consenso entre mancebos y maestros para «la aceptación del empleo de mujeres en las manufacturas por parte de los oficiales siempre y cuando éste se diese fuera de los talleres y en aquellas tareas complementarias, de menor valor y consideración profesional». En algunos casos, el pacto implicaba la no enseñanza del oficio a las niñas. Se cimenta así la base de un mercado dual, de segregación espacial por razón de sexo y, con ello, de la carrera profesional.

La legislación laboral decimonónica finalmente 'colocaba la puntilla' —y valga aquí la metáfora taurina después de lo tratado sobre las mujeres y los juegos de toros—, porque formularon una nueva definición de trabajo, que comprendía el «realizado habitualmente fuera del domicilio y por cuenta ajena». En 1900 se promulgan las primeras leyes sobre trabajo de mujeres y niños, que hacen explícito este aspecto del espacio laboral, antes que el hecho de ser remunerado o no (Ubaldo Martínez, 1995). Es decir, postergando hasta 1961, por Ley 51/1961, de 22 de julio, de Derechos políticos, profesionales y de trabajo de la mujer, cuando se equiparó algunos derechos para mujeres y hombres.

En 1918, y de forma más tardía en España que en el resto de los países de su entorno económico, se crea la Asociación Nacional de Mujeres Españolas (ANME), expresión de la corriente feminista autónoma. Formada por mujeres del progresismo liberal y del reformismo católico, estaba liderada por **Benita Asas**, quien asumió a partir de los años veinte la defensa del sufragio y de la igualdad ante las leyes, especialmente las laborales.

Sus propuestas exigían la revisión de las leyes discriminatorias en el ámbito familiar y en el ejercicio de nuevas profesiones en la sanidad, en la inspección de policía y en el comercio. No se cuestionaba la división sexual del trabajo público, ni del privado, y se mantenía la idea de trabajos específicamente para las mujeres, como la enfermería, pero también, el acceso femenino a cargos públicos, aunque con restricciones. La tarea de madres seguía siendo central para la ANME, como es lógico, extendiéndose la exigencia del derecho a la investigación de la paternidad, la plenitud de derechos de los hijos e hijas naturales, y la denuncia del maltrato y la violencia contra las mujeres en el ámbito familiar y laboral.

En lo que respecta al trabajo doméstico no remunerado, hubo que llegar hasta el siglo XX para hacer constar el valor social y económico, así como para que se cuestionase el desiderátum por el que se supone que estas tareas son de las madres o/y de criadas con exiguas remuneraciones. Iniciándose su contabilización como aportación a la economía familiar y nacional, por parte de investigadoras como **María Ángeles Durán** (*De puertas adentro*, 1988; *El trabajo no remunerado en la economía global*, 2012).

Mientras se consigue el cambio de la denominación de *Día Internacional de la Mujer trabajadora*, por el *Día Internacional de la Mujer*. Una terminología adecuada desde este punto de vista, teniendo en cuenta que el 75 % del trabajo no remunerado en el mundo, lo realizan las mujeres; lo que en relación con el trabajo del hogar supone de tres a seis horas diarias, mientras el varón suele dedicarle de una hora y media a treinta minutos (Caroline Criado, 2020).

Por otra parte, como se verá más adelante, la conmemoración del *Día Internacional de la Mujer* el 8 de marzo parte precisamente de la manifestación realizada por las mujeres rusas en la Revuelta del Pan de 1917, que dio lugar al inicio de la Revolución Rusa. Es decir, un movimiento de las amas de casa de tintes económicos y de subsistencia, que terminaría dando paso al cambio político, pero eso es harina de otro costal y, por tanto, de siguientes capítulos.

Por ahora, lo que queda demostrado es que, conocer la verdad sobre la historia de la diferencia sexual en el trabajo supone destacar el hecho de que **las mujeres siempre han trabajado en ambos ámbitos**, y eludir mentiras cómo que es un asunto reciente el trabajo por cuenta ajena o no considerar y compensar en su justo esfuerzo y medida el trabajo doméstico.

Así, **Esther Boserup** en *Women's Role in Economic Development* (1970) visibilizó el papel productivo de las mujeres, sobre todo en agricultura, destacando que no se habían beneficiado automáticamente del desarrollo de la industrialización, sino que esta las había relegado a la agricultura de subsistencia o en el hogar, con un impacto negativo para sus condiciones de vida. Sin embargo, hay que reconocer que, más recientemente, se han ampliado las facilidades para el empleo femenino en las zonas rurales, por automatización de los procesos agropecuarios e industriales, en manufactura o transformación de productos, con horarios compatibles con la educación y el cuidado de la infancia.

Este trabajo de investigación de Boserup fue pionero en el estudio del papel de las mujeres en el desarrollo socioeconómico, y más concretamente en el mundo rural. Un ámbito que hoy en día debe enfrentarse al envejecimiento poblacional y la pérdida de servicios básicos, que en campos como los servicios de turismo rural, muy feminizado, representa una esperanza para el trabajo femenino autónomo para que este, a su vez, influya en la repoblación, el desarrollo rural y la conservación del medioambiente. Todo un pacto en acción de las mujeres por la tierra que grita ayuda y nos devuelve esperanza.

Conocer la historia exige destacar el hecho de que **las mujeres siempre han trabajado y han defendido sus derechos**, eludir mentiras como que su esfuerzo fuera de la economía doméstica ha sido un asunto residual o reciente con su acceso a las fábricas en el siglo XIX y XX. El problema reside en por qué **no siempre o en la misma medida**, hemos podido gozar de la propiedad, **el disfrute** y el rendimiento de nuestro esfuerzo. También reconocer los silencios y el gran error de método que supone no considerar la historia que parte de nuestro trabajo en la ayuda familiar, en el ámbito doméstico, político o comunitario. Todo ello debe leerse en términos de una historia de la que tomar nota y disfrutar, evitando luchas extenuantes por 'demostrar' la propia valía, en vez de llegar tan lejos como consideremos, evitando la ansiedad, la abnegación y la sobrecarga de tareas improcedentes. Es decir, como lo han hecho tantas grandes mujeres desde la prehistoria y la antigüedad: las **pintoras de Altamira, las sabinas, Hortensia, Marica Augusta, Gala Placudia, Teodora, Las cuatro Cleopatras, Nebet, Aspasia, Metrodona, etc.**

CAPÍTULO 4

GNÓSTICAS, CÁTARAS, DAMAS DEL TEMPLE Y MARÍA DE MAGDALA

El testimonio de las mujeres es ver lo de fuera desde dentro. Si hay una característica que pueda diferenciar el discurso de la mujer, es ese encuadre.

CARMEN MARTÍN GAITE

Existen diversos grupos religiosos medievales que, en la medida que iban tomando autonomía y dejando de rendir cuentas programáticas y económicas a monarcas y autoridades eclesiásticas, fueron objeto de persecución y exterminio. Es decir, tanto por razones religiosas, como económicas y geoestratégicas. Gnosticismo, catarismo, templarios y beguinas (estos dos últimos con mayoría de hombres y mujeres, respectivamente) fueron los más numerosos y los que nos han legado un patrimonio cultural más notable.

Reconocidos como heréticos a pesar de partir de interpretaciones y ritos del cristianismo primitivo, destacan por una representación femenina con una autoridad y preparación inusitada en tiempos pretéritos y posteriores. También por una libertad de movimiento y asociación que, tanto en ellas como en ellos, les permitía la expansión de su mensaje y ampliar conocimientos y, más aún, miras, en época denominada 'de tinieblas'.

Sus gestas y posterior desaparición han dejado paso a un cuerpo interminable de leyendas y literatura fantástica, de la que es difícil separar el relato ficticio de la historia. Pero cuando nos centramos en esta última y más en concreto en una búsqueda objetiva de las mujeres reales, no de proyecciones caballerescas, nos encontramos con muy gratas sorpresas. Como es el hecho de que, al menos a la luz de la heterodoxia, podemos encontrarnos con un gran número de mujeres que vivieron en libertad, compartiendo misiones y vida, con hazañas encomiables y propósitos que llegan aún, y sobre todo, como referente a nuestros días.

Una tercera característica de estos movimientos religiosos es encontrarse, de un modo u otro, relacionados con la figura de María de Magdala y/o con el Santo Grial en un afán de salvar o custodiar las reliquias cristianas, y como excusa para el viaje. Si bien esa —como otras facetas mágicas de estos grupos— es un hecho consustancial a creencias paganas, más remotas, como se ha visto, y de fe en el poder del contacto (lo que ha estado unido a lo sagrado permanece unido) y las energías de la tierra. Es decir, la reliquia pasa a contar con un valor cultural y antropológico, y es la excusa perfecta para reforzar el mensaje de fe, como también para aglutinar fieles, comercio, comunicaciones y, con ello, la cooperación y el desarrollo económico entre regiones europeas.

Los viajes a santuarios —Tierra Santa, Santiago de Compostela y muchos otros—, en busca del contacto con lo sagrado para la oración y la sanación física y espiritual en montañas, fuentes, grutas, templos en puntos cardinales de fuerzas telúricas, etc., si bien eran una costumbre de carácter precristiano, sentaron las bases para una serie de avances a las grandes conquistas, el comercio internacional, las finanzas y los grandes bloques religioso-culturales que presiden el mundo global en el siglo XXI. Y como permanecen los caminos de peregrinación desde entonces, lo hacen las motivaciones y necesidades humanas en busca de respuestas de orden material y espiritual.

Es cierto que pudieran parecer muy lejanas dichas motivaciones para el viaje y la búsqueda trascendental. No obstante, cuentan con una gran vigencia las fórmulas para articular sus vidas (las de las mujeres y las de los hombres), así como los principios programáticos propuestos de estos grupos sociales no muy alejados, en el tiempo y en los credos.

Suele decirse que el Santo Grial (la reliquia más buscada y mitificada) encierra el gran secreto de la inmortalidad, y sobre todo sobre su naturaleza, que —con el halo de misterio y literatura que le secunda— es complicado determinar si realmente existe. Sin embargo, si elegimos el camino de la evidencia y la confluencia de textos serios y testimonios, sabemos a ciencia cierta que estas órdenes y corrientes religiosas fueron sus custodias y que contamos con sus herederos en España. Sus palabras e interpretaciones, vestigios materiales y consecuencias.

Es importante señalar que coexisten múltiples versiones que fueron posibles sobre la trayectoria del Santo Grial y su naturaleza. Alrededor de este símbolo se han construidos mitos y leyendas fundacionales de pueblos europeos, tales como las artúricas en Gran Bretaña, las cátaras y merovingias en Francia o las templarias en Francia, España, Portugal y en general el mundo mediterráneo desde el Medievo. Con este telón de fondo y el estudio de los caminos culturales que han descrito durante siglos, se realizó en el año 2015 un congreso en Jaca de expertos y expertas sobre la Ruta del Santo Grial, organizado por mi amiga María Victoria Sanagustín, decana de la Universidad de Zaragoza. La ruta transcurre desde San Juan de la Peña en Huesca, donde estuvo depositado el Grial, hasta la catedral de Valencia (en donde se supone que se conserva). Y de la que se llevó a cabo una página web para el peregrinaje, a través de un proyecto europeo y un libro colectivo (Rubio, Sanagustín, 2018), con las interesantes conclusiones que pudimos extraer.

Hay que precisar que el Santo Cáliz, traído de Roma a España por San Lorenzo Mártir, diácono originario de Hispania, allá por el siglo III, consiste en un cuenco menudo en el que Jesús consagró el vino en la Última Cena (que se celebró en un cenáculo y con un ajuar perteneciente a San Marcos, de acuerdo

a diversas fuentes). Según versión de la obra de Robert de Bo-
ron, *Joseph d'Arimathie y Estoire del San Graal*, publicada en el
siglo XIII, y que encaja con otras fuentes fiables, dicho cuenco,
al que se añadieron la base y las asas que lo engalanan, es el que,
según los Evangelios, empleó José de Arimatea para recoger la
sangre de las heridas en el costado de Jesús en la cruz, cuando
estaba junto a su madre, María, y a María Magdalena.

José de Arimatea lo llevó a Roma, donde permaneció hasta
que, ante la persecución del emperador Valeriano a los cristianos, San Lorenzo, que administraba los bienes de la Iglesia, lo
envió a su ciudad natal para evitar que cayera en manos paganas.
Así fue entregado a los prelados de Huesca y custodiado en la
iglesia de San Pedro el Viejo de esta ciudad del 258 al 712. Al año
siguiente y en previsión de los peligros tras la invasión árabe, se
trasladó con la sede episcopal a diversos lugares, como la Cueva
de Yebra, el Monasterio de San Pedro de Siresa en el valle pire-
naico de Hecho o, Huesca, en donde permaneció durante un
siglo. Es decir, sin salir de esos Pirineos a los que también perte-
necían las leyendas cátaras y donde más tarde se refugiarán las y
los miembros del movimiento gnóstico albigense (o catarismo)
del que se dice fueron custodios del misterio antes que la Orden
del Temple, y que pudieron librarse del ajusticiamiento.

El siguiente lugar en el que recaló, y en donde permaneció
desde 1014 hasta el 1045, fue la iglesia de San Pedro del Real
Sitio en Bailo (comarca de la Jacetania en Huesca). Después es
trasladado al valle contiguo, al monasterio provincial de Jaca en
el año 1045 y a la catedral en el 1063. Finalmente, sin salir de
este término, llega al monasterio de San Juan de la Peña, donde
permaneció trescientos años. Un monasterio enclavado en un
alto pico de la cordillera pirenaica, una montaña y una estructura muy similares al castillo del Grial descrito en la leyenda y
el poema sobre la corte del rey Arturo *Perceval* (1180) de Chré-
tien de Troyes y en el *Parzival* de Von Eschenbach (ca. 1210).
Además de ser un hito de la cultura occidental, *Perceval* es el

antecedente de las novelas de caballería y la búsqueda del Grial, a pesar de que Troyes falleció antes de finalizarlo, permaneciendo el misterio. Escribió sus obras bajo el patrocinio de María de Champaña, hija de Leonor de Aquitania, y con ellas contribuyó a la leyenda artúrica y a la construcción de la literatura del amor cortés. Es también autor de las novelas *Erec y Enide, Cligès, Lancelot o el caballero del carro,* e *Yvain, el caballero del león.*

Sin embargo, no acaba aquí el trayecto, porque en 1399 el Grial fue recogido por Martín I el Humano, rey de Aragón, que lo instaló en su residencia del Palacio de la Aljafería de Zaragoza, y más tarde en su residencia de Barcelona. Hasta que un sucesor del primero, probablemente Alfonso V de Aragón, también conocido como el Magnánimo (1416-1458), lo llevó en 1424 al Palacio Real de Valencia, y en 1438, de ahí a donde se encuentra en la actualidad: la antigua sala capitular, llamada Capilla del Santo Cáliz, sita en la catedral de la ciudad. Después de todo este periplo, el cuenco de ágata, según el arqueólogo Antonio Beltrán, se ha fechado en el siglo I d. C. y tras tan complejo pero contrastado recorrido es el que satisface más versiones sobre su historia. En la que llegado es el momento de contar su íntima relación con la historia de las mujeres.

4.1. Gnósticas

Ágape fue la maestra e iniciadora que instruyó a Prisciliano en el gnosticismo, allá por el siglo IV d. C., junto también posteriormente al rector Helpidio. Ambos maestros fueron discípulos a su vez de Marco de Menfis, alejandrino que había venido a Hispania desde Egipto a extender la Iglesia del Espíritu, la que 141 años después de Cristo predicaba el conocimiento (*gnosis*) y el amor. Y es esta dama del ambiente noble y culto, maestra en teología, retórica y literatura del docto futuro obispo de Ávila, Prisciliano, su discípulo.

Nació Prisciliano, probablemente, en la provincia hispana de Gallaecia en el último periodo del Imperio romano, y fue Ágape su maestra en la fe cristiana gnóstica, según los historiadores Jerónimo de Estridón y Sulpicio Severo. Este historiador aquitano (363-425), biógrafo de Martín de Tours y autor de *Chronicorum* (una crónica desde la creación del mundo, escrita en torno al 404) fue muy crítico con esta corriente y con Hispania. Así escribía de Prisciliano en la citada obra en términos muy duros.

> Este, cuando comenzó con la doctrina perniciosa, atrajo a su secta a muchas mujeres nobles y numerosas gentes del pueblo (…). Además acudían a él en bandadas mujeres deseosas de novedades, de fe vacilante y de carácter lleno de curiosidad en todo: pues él mostrando una apariencia de humildad en su rostro y en su aspecto había infundido el respeto y la consideración de todos hacia su persona. Y, poco a poco, la plaga de ese mal había invadido ya a la mayor parte de España.

Lo cierto es que como maestras y como discípulas jugaron un papel referencial en esta corriente de pensamiento y al parecer también en esta época, que pone en evidencia espacios de libertad femenina muy claros. El pensamiento y prácticas de Ágape y Prisciliano se conoce a través de los *Tractatus de Würzburg*, hallados en la biblioteca universitaria de esta población, así como el *Prólogo* y los *Canones in Pauli apostoli epístolas*, todas ellas obras escritas por Prisciliano. Si bien era una forma de cristianismo más exigente aún que el de la Iglesia romana, se diferenciaba de esta por considerar el conocimiento y el amor como camino para la vida y la salvación para la siguiente, y no las obras terrenales de los creyentes.

Prisciliano toma en cuenta todos los Evangelios, incluidos los apócrifos, entre los que se hallan los gnósticos como el de María de Magdala; éstos, escritos en copto, aparecieron, en la aldea de Nag Hammadi, en la parte alta del Nilo en Egipto, en

1945. Y contribuyen a conocer la vida de los primeros cristianos que tomaban como ejemplo estos grupos medievales.

Junto a sus seguidores, Prisciliano celebraba reuniones y comensalías en las que se llevaban a cabo iniciaciones espirituales en la gnosis, conocimiento espiritual secreto, que permite a las personas superar el mundo material y alcanzar la salvación; porque en su pensamiento avanzado todos, damas y hombres, sacerdotes y fieles, podían tener acceso a este don. Por lo que fueron finalmente las obras de estos místicos las más penalizadas, por realizar reuniones en casas de laicos, a veces por la noche, y con la afluencia de muchas mujeres. Y a dichas reuniones en honor a su maestra se les llamó ágapes, como espacio para la práctica espiritual e iniciática.

Hay que añadir que existen muchas fuentes que, además, consideran a Prisciliano iniciador de la ruta jacobea a la tumba de Santiago, mientras las más esotéricas creen que es este obispo el que se encuentra en la sepultura que hoy se cree del Santo.

Finalmente, sus ideas y sus prácticas fueron consideradas heréticas por la Iglesia católica romana y Prisciliano fue condenado y ejecutado en el año 385 por orden del emperador Máximo. Porque a pesar de que sus enseñanzas enfatizaban aspectos relacionados con el trabajo espiritual, la castidad, el ayuno, etc. en los juicios de Tréveris, una de las acusaciones vertidas sobre él fue la de celebrar reuniones nocturnas con público femenino. Así como el hecho de que ellas le siguiesen y de haber tenido una mujer por maestra (Andrés Guillén, 2021), cuando, en realidad, eran prácticas habituales de las damas en la aristocracia tardorromana, y más aún, en el cristianismo originario. Queda claro que en el siglo II era principio práctico, la asistencia femenina, para distinguir la herejía de la ortodoxia (Teja: 226-227).

De modo que no es de extrañar que las mujeres prefiriesen los grupos minoritarios en los que podían participar activamente y defendían su valía y protagonismo en los Evangelios. Al fin de al cabo, a Cristo, parece olvidarse, siempre le seguía un grupo importante de mujeres (Lc 8, 2-3) y sus discípulos, como es el caso de Pablo de Tarso (1 Cor 9, 4-5).

Al contrario que la jerarquía eclesiástica, Prisciliano mira al pasado y da a la mujer el papel que debió tener en los primeros tiempos del cristianismo[12] y en sus obras confirma la equiparación con la que cuentan las almas de unos y de otras.[13] Si bien el gran éxito de unos postulados tan elementales y doctos le costaron la envidia, la delación y la muerte.

4.2. Perfectas cátaras

El catarismo o movimiento albigense es una corriente de pensamiento cristiano de carácter gnóstico que se practicó en Europa Occidental entre los siglos XI y XIII, por los habitantes del Mediodía francés, sobre todo en Languedoc, con el apoyo de señores y señoras feudales vasallos de la Corona de Aragón. Y que posteriormente se diseminó, una vez sufrieron persecución y extermino por parte de la Inquisición, en apariencia...

Los cátaros o albigenses, como los gnósticos que fueron primeros cristianos (s. I-III d. C.), profesaban una creencia dualista: el bien frente al mal, el espíritu frente a la materia, el cuerpo frente al alma, el ser Supremo frente al demiurgo.

Desde esta perspectiva, el espíritu vivía prisionero en el cuerpo humano, atado por las pasiones. Jesús, como ser espiritual, hijo de Dios, habría llegado a la tierra para proporcionar ese camino de salvación a través de sus enseñanzas y del bautismo. Que en el catarismo era el *consolamentum*, que se trasmitía desde las

---

12 Teja 1996, 226-227: «A finales del siglo (el siglo II) se adoptará, como principio práctico para distinguir la herejía de la ortodoxia, la participación o no de las mujeres en el ministerio sacerdotal (...) Y este principio no será nunca abandonado».

13 En *El Canon*, 55, *Las epístolas paulinas*, 78 y en *Liber Apologeticus*, 79 o del *Tractatus Exodi*, 80.

personas más puras entre sus miembros, cátaros y cátaras, mediante la imposición de manos y que era su único sacramento. Ya había dejado dicho Jesucristo que quienes crean en la Buena Nueva impondrán las manos sobre los enfermos y estos sanarán (Marcos 16: 16-18). Así se perdonaban los pecados —un momento de consuelo para las y los feligreses (*consolatio*)— y se convertían en perfectos y perfectas (como les denominaba la Inquisición).

Ironizados por los católicos por el nombre de sus iniciados: *bons hommes* o 'perfectos', y a las cátaras 'perfectas' o *bonnes dames*, no poseían bienes propios ni entendían comercio sexual alguno, pero les estaba permitido el matrimonio y, por no institucionalizado, el amor libre. No consideraban Dios a Cristo, sino como su hijo (*Eón*) adoptado, venido al mundo para enseñar a los hombres y las mujeres el valor del espíritu y el camino de liberación de la materia.

Además, llevaban habitualmente vestimenta negra, no podían matar animales (posibles receptáculos de reencarnación), no juraban y estaban en contra de la pena de muerte. Tampoco debían ir a la guerra, por lo que sobrevivieron a los ataques contra ellos hasta 1209 protegidos por la nobleza occitana, y no por sus hazañas bélicas.

A partir de ese año en que el papa Inocencio III llama a la cruzada contra los cátaros, y durante otros treinta y cinco años, sufrieron una fuerte persecución por herejía y con el fin de conseguir el famoso 'tesoro cátaro'. Respecto a este, podría tratarse de sus fondos colectivos, pero también no faltan autores ni leyendas que mencionan el cuenco de la Última Cena del que este grupo religioso habría sido custodio. Al menos siguiendo la ficción literaria de Dan Brown, en su *best seller* que tanto ha calado en la opinión pública, *El código da Vinci*.

En ese momento, la Corona de Aragón acumulaba un creciente poder en el Mediodía francés y era el principal actor político frente a los reyes franceses que en realidad apenas ejercían influencia en una región en la que los nobles actuaban de manera independiente. Además, Ramón VII, conde de Tolosa, se había casado con la **infanta Sancha** (*1186-†1241), hija del rey Alfonso II de Aragón, lo que sin duda influyó en la ayuda que le prestó su cuñado Pedro II el Católico en la cruzada albigense. Mientras los ejércitos del papa combatían contra los cátaros herejes sirviendo así a la causa de Inocencio III y los franceses del norte, el conde de Tolosa lideraba —junto con otro caudillo cátaro, el conde de Foix— el enfrentamiento con el jefe de la cruzada papal, Simón de Montfort.

En 1213 en la batalla de Muret las fuerzas de Montfort derrotaron al ejército surgido de la alianza de los nobles occitanos con el rey aragonés Pedro II (vencedor contra los almohades un año antes en las Navas de Tolosa y curiosamente con el respaldo espiritual del mismo papa), quien murió en el campo de batalla. Montfort perdería la vida cinco años después, en 1218, en el sitio de Toulouse, golpeado por una piedra lanzada por una catapulta manejada por mujeres defensoras de la ciudad.

Después de la derrota de Muret arrecia la persecución contra los cátaros o albigenses, y es cuando muchos de ellos se refugian en los territorios de la Corona de Aragón, en Cataluña: en el Valle de Arán, Castellbó, Josa del Cadí, o en la Cerdaña, entre otras más zonas meridionales (Ventura Subiráts, 1960; J. Fernández Conde, 1981). Tierras, que en plena Reconquista, no tuvieron dificultad para acogerlos (con Jaime I de Aragón, hijo de Pedro II, además, conquistando más adelante tierras de Baleares y Valencia).

Casi una década más tarde, en 1232, el obispo cátaro de Tolosa, Guilhabert de Castres, se refugió con el mencionado tesoro cátaro en el castillo de Montsegur, situado en la comuna francesa del mismo nombre en el Ariège. En la cima de una montaña a 1207 metros de altura, se consideró un lugar seguro y llegó a ser la sede de la iglesia cátara. A pesar de ello, en 1244, la fortaleza fue tomada por las tropas del rey de Francia tras un largo asedio y 210 cátaros fueron quemados en la hoguera por negarse a renunciar a su fe. Sin embargo, antes de que comenzara dicho asedio, en la Navidad de 1243, el conde Ramón VII de Tolosa (que había perdido ya la causa occitana contra el papa en Muret), junto al comandante de la guarnición Pierre-Roger de Mirepoix y Aicardt y Hugues des Arcis, se escaparon del castillo con el famoso tesoro para ponerlo a salvo. El castillo de Montsegur, propiedad de la cátara **Esclaramunda** de Foix (1150-1215), conocida como la Dama Blanca, fue refugio de las y los cátaros supervivientes, encabezados por Pierre-Roger de Mirepoix en 1242, durante mucho tiempo.

Hasta sus últimos días, Esclaramunda dirigió el oficio cátaro, juntamente con su cuñada **Felipa y otras cátaras como Ermesenda de Castellbó, única hija y heredera del cátaro Arnau de Castellbó.** Mujeres cátaras descritas como de gran instrucción, predicadoras y creadoras de talleres en los que se confeccionaba ropa y toda clase de ayuda para los necesitados, como recoge Elisenda Albertí i Casas (2013).

Se sucedieron así en Fanjeaux, en la Occitania, diversos debates entre cátaros y católicos, a los que acudían mujeres como **Endia de Fanjeaux, Ramona de Durfort o Saura d'Amiel.** Y es en uno de estos debates cuando un abate católico enmendó la plana a Esclaramunda, con su frase de antigua tradición misógina, además de poco imaginativa, de «señoras idos a hilar con vuestra rueca, no os toca a vos la palabra sobre estas cuestiones» (Jesús Pinuaga de Madariaga, 2022). Y así sucedía, porque para ellas la rueca en sus talleres era un 'arma' de beneficencia, que son las obras, y no la fe por sí sola, las que acercan a los ámbitos del espíritu; mucho más ligados estos grupos con el catolicismo primitivo, que con la posterior Reforma protestante.

En aquellos lugares donde no existían monasterios femeninos crearon los grupos conventuales de perfectas, casas en las que vivían en comunidad. Por ejemplo en la Jacetania, entorno de custodia del Grial como se ha visto. Ya que sus creencias no les obligaban a renunciar a sus familias, ni a permanecer junto a maridos cuando eran maltratadores, en tanto el matrimonio no era un sacramento sagrado para el catarismo. Porque entre sus filas contaban con algo más que doncellas, con madres, viudas, mujeres ancianas o separadas son hijos y/o desheredadas, que eran acogidas, y todas ellas contando con los mismos derechos que sus compañeros perfectos.

> Las casas de mujeres cátaras, como las de los hombres, funcionaban como casas de acogida, como hospitales, como albergues para viajeros e, incluso, como hospicios (Fábrega, 2022).

En conjunto, una suma de costumbres que chocaban frontalmente con el machismo circundante, y de lo que se lamentaba Cosmas, en el siglo x, un sacerdote búlgaro, en sus «escritos contra los bogomilos», así como otros clérigos. O Perigord en el siglo xi, sobre todo del hecho de que los adeptos cátaros fuesen tanto fieles, como laicos, pero también monjas, monjes y sacerdotes (Fábrega, 2022).

De nuevo, del mismo modo que ocurría con las gnósticas y por las razones discriminatorias esgrimidas, llamaba la atención a las gentes y figura en todas las referencias, la gran participación femenina en esta orden, que precisamente por ser tachada de hereje por el papado, destacó por contar con mujeres con gran poder y valentía. El 32 % de las personas interrogadas por la Inquisición eran mujeres y el 45 % de los perfectos eran perfectas (Milagros Rivera, 2005). Y hasta el punto de que ellas no adjuraban llegado el ajusticiamiento en la hoguera, mientras sí se han recogido muchos testimonios en los que algunos perfectos denunciaban a sus madres, hermanas y tías que también lo eran, mientras renegaban de su fe ante la inquisición. Este fue el caso extremo de Guilhabert de Castres, que declara ante el Santo Oficio el 8 de julio de 1245 junto a sus hermanos, jurando ser todos católicos convencidos, y acusando a su abuela, su tía, sobrinas y la esposa de su hermano Guillaume y hasta a su suegra, todas ellas asesinadas en la hoguera, mientras ellos recuperaban sus tierras.

Pero también hubo héroes. Habían pasado 1321 años desde la muerte de Cristo, cuando el último cátaro, Guillaume Bélibaste, antes de morir por sus creencias, pronunció la siguiente profecía, también frente a la hoguera: «Después de setecientos años, el olivo volverá a reverdecer sobre las cenizas de los mártires y los cátaros volveremos a la tierra» (Grau, 2015).

Lo cierto es que la doctrina albigense no ha llegado a nuestros días de forma exacta, por ser destruidas durante siglos las obras de este grupo religioso, si bien sus principios básicos fueron bien aireados, por ser los mismos que los llevaron a la hoguera. El voto de pobreza y austeridad con bienes de carácter colectivo, que bien pudieron ser origen del famoso 'tesoro de los cátaros'. El maniqueísmo por el que creían en la dualidad y la practicaban, en el sentido de ejercer el bien y alejar los demonios de su comportamiento, además de otros principios gnósticos, como la voluntad del espíritu que debe prevalecer sobre el de la carne, y el de la mujer y el hombre que deben ser parte de la humanidad por igual. Y, junto con ellos, una crítica nada solapada hacía el papado por su derroche, boato y ostentación que se alejaban del cristianismo, pero sobre todo de las mujeres, que quedaban excluidas de sus jerarquías.

Una crítica directa al papado por no practicar la doctrina cristiana, que pronto se convirtió en desobediencia y más tarde en herejía, al entrar en serio peligro los intereses de soberanos y papas, y que antes que perdonar a las féminas, tuvieron una especial crueldad con su escarmiento; por eso que ya en el siglo XIII las palabras de la doctora **Hildelgarda de Bigen**[14] habían

---

14 A partir del siglo XIII ya no hay en la Iglesia católica santos ni doctores lo bastante intrépidos para proclamar que un hombre se equivoca en materia de religión, como decía santa Hildegarda de Bigen en el XII, cuando a una criatura de Dios quiere quitarle la vida, lo que constituye un acto criminal. Epis. 139.

Figura 9. Hildegard von Bingen recibe una inspiración divina y se la transmite a su escriba. Miniatura del Códice Rupertsberg de Liber Scivias.

perdido vigencia, y porque las mujeres lucharon con ahínco, por saber, en buena lógica, que esta sí era su causa.

A continuación, se recogen los nombres de algunas cátaras de todos los estamentos sociales que han llegado hasta nuestros días, pudiendo ser aún más larga la lista que adjuntamos en su honor y por gentileza de la historiadora rusa Zoé Oldenbourg:

· **Arpais de Rabat**, esposa de **Guiraut de Rabat**, sargento de la guarnición de Montsegur y hermana de **Filipa Mirepoix** (casada con Pierre-Roger de Mirepoix), ambas hijas de Raimon de Perelha. Dejó testimonio de como a su madre y otras perfectas y perfectos se las llevaban fuera del castillo al martirio en la hoguera.

- **Arsèn Narbona**, resistente y quemada en Montsegur, esposa de Pons Narbona, sargento de armas en dicha plaza, con el que subió a la hoguera.
- **Azalais de Massabrac**, dama cátara que tomó parte en la defensa de Montsegur.
- **Bruna**, creyente cátara, quemada en Montsegur y casada con Arnaut Domerc de la Roca, sargento en dicha contienda, junto al que subió a la hoguera.
- **Celilia**, dama cátara de la región de Fanjeaux (Fanjaus en occitano).
- **Corba de Perelha**, hija de la perfecta Marquesa, que abandonó a sus dos hijas casadas, su hijo, su marido Raimon de Perelha y demás familia para dirigirse al martirio.
- **Glanca de Laurac**, noble dama cátara, directora de una casa de creyentes. Madre de Aimeric de Montreal y de Girauda de Laurac.
- **Esclaramunda de Foix**, protectora de cátaros y perfecta después de su viudedad. Hermana del conde Raimundo Roger I, esposa de Jordán de la Isla fallecida en el 1215. Se le atribuye la construcción del castillo de Montsegur. Ingresa en el catarismo en 1204 recibiendo del obispo cátaro Gilabert de Castres el consolamentum en Fanjeaux. Funda la Casa de perfectas junto a su cuñada Felipa en Dun (a 17 km de Foix).
- **Esclaramunda de Perelha**. Perfecta quemada en Montsegur. Hija de Corba y Raimon de Perelha, que se había puesto al servicio de los *bons hommes* y *bonnes dames*.
- **Esclaramunda de Niort**. Perfecta. Madre de Bernart Oth, de Guiraut y Guuilhem de Nioert.
- **Girauda de Laurac**. Dama noble, hermana de Aimeric de Montreal, castellana del castillo de Lavaur y creyente cátara, arrojada a un pozo tras la toma de esta misma población por las tropas de Montfort.
- **Marquesa de Lantar**, madre de Corba de Perelha, perfecta cátara quemada en Montsegur.

Valga esta selección entre las cientos de cátaras que murieron junto a sus compañeros dicen que alegres al ver en un monte la señal lumínica que avisaba de que el tesoro cátaro estaba a salvo. Porque este fue el momento en el que las mujeres aprendimos de la historia que, aunque parezca propia, ninguna es la nuestra. Matan a las hijas e hijos nuestros y de otras, y en todas siempre se salvan los mismos y la hacienda. No parece casualidad el gran número de perfectas llamadas Esclarmonda o Esclaremunda en francés actual, que significa iluminar el mundo.

En la obra anónima *Canción de la Cruzada*, compuesta en los mismos años de la cruzada albigense y recogida por el medievalista alemán Otto Rahn (1904-1939), la tradición oral daba cuenta de una leyenda, según la cual, por encima de las murallas de Montsegur, salió volando una paloma blanca durante el asedio a la población cátara. Y ninguna persona presente dudó que aquella era el alma de esta noble cátara Esclaramunda de Foix, en su ascenso al cielo y que ha sido desde entonces símbolo cátaro por excelencia. Paloma que hoy puede verse plasmada por Jean-Luc-Severac en la escultura del monolito que conmemora el martirio de otro grupo albigense acontecido en el Castillo de Menerba, al oriente del Languedoc. Allí en donde en 1210 murieron quemados ciento cuarenta perfectos, perfectas y simpatizantes, según hechos que se reconocen como históricos por los cronistas de la región.

También se dice que estos mitos fueron retomados o que incluso eran de origen más tardío, con el surgimiento del movimiento 'felibre', que auspiciaron ciertos escritores provenzales para proteger la lengua occitana (de Oc), sílaba con la que en el antiguo idioma se afirma. E igualmente tardía se supone la difusión del vínculo entre el Grial y los cátaros al relacionar el escritor Joséphin Péladan (uno de los fundadores del movimiento Rosacruz), en el siglo XIX, Montsegur con Montsalvat, la montaña mágica que albergaba el Santo Cáliz en la ópera de Wagner, *Parsifal*, basada en el ya citado *Parzival* de Wolfram von Eschenbach, novela de caballería alemana (ca. 1210).

Sin embargo, Otto Rahn, filólogo y aficionado a la historia, había estudiado las leyendas de la Edad Media en profundidad. Miembro del partido nazi y de las SS, visitó, enviado por el *führer,* los escenarios fundamentales de la leyenda del Santo Grial, para cosechar la base simbólica necesaria a las ambiciones paneuropeas del nazismo. Decantándose por el castillo de Montsegur y la basílica de Monserrat en Cataluña, para conocer cuál de ellos se adecuaba más a las fuentes primigenias. Escribe en 1933 *La cruzada contra el Grial,* un libro fundamentado en la citada novela de **Von Eschenbach, en el que Rahn buscó el trasfondo histórico de la leyenda de Parzival, llegando a la conclusión de que los cátaros fueron los últimos protectores del Grial, que custodiaban en Montsegur.** En 1937 publica su segunda obra sobre este tema, *La corte de Lucifer,* esta vez de espíritu más político, nacionalsocialista y con connotaciones antisemitas, que tuvo una gran repercusión y que contribuyó a situar el Grial en la montaña de Montserrat en Cataluña (Sergi Grau, 2015). Porque siempre es ardua tarea, buscar, para el que no quiere ver…

Al hilo del interés hacia los cátaros por parte de los nazis, maestros en el uso de la simbología, se puede señalar que uno de los símbolos con que se asocia a los cátaros es la cruz occitana, que era en realidad la de los nobles del Mediodía francés. Es una cruz patada, al estilo de la templaria, que al parecer se dibujan como las pisadas de una oca, insignia/distintivo por antonomasia de la Orden del Temple. En el caso de la cátara se representa sin relleno, del mismo color que el fondo en la heráldica. Es decir, con brazos acabados en tres puntas, conocido como tricúspide, y en cada punta se le añade un círculo (o cruz pometeada). Y cabe destacar que, en el seno del culto albigense se consideraba la cruz como una realidad negativa, y en buena lógica, por ser herramienta que consumó la muerte de Cristo. Parte, eso sí, de la dualidad representativa del credo gnóstico, el mal contra el bien, la cruz símbolo de la muerte, frente al de la vida, el cáliz.

Y es en estos quicios del exterminio de los pueblos cátaros en donde sus miembros conocieron temprano, y como pronosticaban, la diabólica perversión humana, frontal a lo que no le es útil o le es contrario. Sin embargo, existe una segunda parte de la historia que todavía no se ha contado, y es que el mal no consiguió terminar con perfectas y perfectos, porque los miembros del reino de Oc que escaparon del exterminio se instalaron en tierras próximas al otro lado de los Pirineos, en el norte de Navarra y el País Vasco. Allí se les conoce como **agotes o agoretas**, viviendo en diversas comunidades marginales hasta la actualidad en que se reconocen por apellidos en torno a este término. Marginalidad y discriminación que se achaca al hecho de sufrir falsos sambenitos, como que padecían la lepra en la garganta, pero se entiende que también por su lengua particular (derivada de la de Oc) y su culto considerado hereje, si bien profesaban el cristianismo y visitaban las iglesias asiduamente.

Sin embargo, la diferencia era seguir los evangelios de San Juan, se piensa, y que puede referirse a las escrituras gnósticas con las mismas denominaciones redactadas en el siglo II por Leucius Charinus, que fue un compañero del apóstol San Juan. Diferencia asignada por la propia imposición de no ejercer más que oficios relacionados con la madera y con la piedra por considerar durante siglos que así no contagiaban la lepra a personas y animales. Con ello consiguieron ser grandes canteros, construían puentes, templos y barcos, pero eran muy pocos los oficios que ejercía las cátaras, más allá de la artesanía. El caso es que Arburua Olaizola muestra pruebas de lo cruel del infundio con reconocimientos médicos del Parlamento de Toulouse (1961). También en Bozate, barrio de Arizcun, en el Valle de Baztan, la médica **María del Carmen Aguirre Delclaux**, demostró con su tesis entre los años 1960 y 1977 que los agotes eran personas muy sanas y trabajaban en las ocupaciones más diversas.

Según esta hipótesis de lo más plausible, habrían huido las y los agotes de la cruzada inquisitorial contra el catarismo que desde 1209 asoló de Toulouse a Montsegur, por donde pasa el rio Agut de dos kilómetros de longitud (y que en Languedoc, en occitano, se pronuncia Agot). Así el historiador Kepa Arburua Olaizola, en su libro *Agote, el misterio revelado* (2010), destaca que de este término procedería el más extraño de 'agotes', así como el hecho de que sean cristianos, lo que invalida otras teorías más extrañas sobre sus orígenes.

Que los agotes pervivieron a lo largo de los siguientes siglos lo sabemos por datos como que en 1683, el rey Luis XIV, que quería proteger a los agotes (o cagots en francés) eliminando los malos dichos sobre ellos, les concede en un edicto la igualdad jurídica a cambio del pago de dos luises para su emancipación. Por las cartas de este monarca puede saberse que habría unos cinco mil cagots, hombres y mujeres, que vivían de Hendaya a Burdeos y de Burdeos a Toulouse. Así como, de treinta a seis mil personas en las poblaciones española, de Euskadi y de Navarra fundamentalmente, así como en otras provincias con apellidos agote, Argote o Agoreta. Y es curioso que fuera el Valle de Baztan, conocido por una cultura popular considerada herética por el protagonismo de sorguiñas y la diosa Mari, uno de los principales destinos de las familias de **agoretas**, por proximidad, y porque en el norte de Navarra, lindante con el País Vasco, no fueron tan discriminadas. Ello era debido a que Raimundo IV de Toulouse se había casado en el año 1094 en segundas nupcias con Elvira de Castilla, con la que tuvo un hijo, Alfonso Jordán, asesinado por los barones franceses en Tierra Santa. Por lo que en el año 1200, Vasconia pertenecía a la Corona de Castilla, en donde fue muy bien recibida esta población.

4.3. Damas de la Orden del Temple
y el secreto del Santo Grial

En torno al Santo Grial hay infinidad de leyendas y varias copas que se consideran el auténtico cáliz de la Última Cena. Además del recorrido ya relatado desde Roma a Aragón y finalmente a Valencia, otra versión explica cómo habría llegado a manos de los cátaros. Se dice que fueron los caballeros templarios los que realmente habrían traído el Grial desde Tierra Santa, y que lo habrían depositado en el reino de Oc para su custodia por las perfectas y los perfectos cátaros, conocidos como los cristianos más puros. Este encuentro pudo haber sido 'el hallazgo' que les hizo virar desde su vocación guerrera hacia una vida más espiritual. Porque la Orden del Temple fue al principio masculina y guerrera, a diferencia de la Orden del Císter (1098), pacifista, más centrada en el rezo y con una rama femenina de monjas cistercienses o bernardas desde el 1125. En España se instauró en 1134 en Tulebras (Navarra) y en el Reino de Aragón en el 1172, con el primer monasterio, el de Santa María de Vallbona, con **Ória Ramires** como primera abadesa desde 1177 al 1190.

Ambas órdenes, el Císter y el Temple, inspiradas en los principios de San Bernardo (1090-1153), como abad de Claraval expande la orden Cisterciense por toda Europa y redacta la regla por la que se iba a regir el Temple, aprobándose en el Concilio de Troyes celebrado con tal fin el 1128 en el noreste de Francia y presidido por el papa Juan II. Este concilio le concedió a la nueva orden militar legitimidad dentro de la Iglesia porque realmente su fundación se produce en el 1118 en Tierra Santa, por Hugues de Payns y otros ocho caballeros franceses, tras la Primera Cruzada.

Fray Bernardo de Claraval se convierte en gran valedor de la orden y escribe el *Elogio de la nueva milicia templaria* para legitimar que los religiosos pudieran llevar espada y dar muerte con ella, es decir que por primera vez aunaran la oración y el combate.

Y fue el propósito original de la Orden del Temple proteger a quienes peregrinaban a los Santos Lugares tras su reconquista. Su expansión por varios reinos europeos conllevó también la custodia de reliquias, viajantes y peregrinos y peregrinas en sus establecimientos flanqueados por ocas, a lo largo del Camino de Santiago, administrado finanzas, haciendas y todo tipo de servicios financieros en este haz de comunicaciones europeas. A pesar de que bajo los principios del catolicismo practicar la usura resultaba reprobable y era la población judía la que se dedicaba al préstamo , este hecho tomaba otros matices cuando el objetivo era la custodia o el principio paradójico de la 'Guerra Santa'. Para ello se promulgaron una serie de normas conciliares durante el siglo XIII que se encargaría de dotar al préstamo y al crédito comercial de las connotaciones menos negativas (Pastora Barahona, 2005).

Con estas actividades las órdenes religiosas, y colaboradores seglares sobre todo del Temple, se constituyeron en precursores de la banca moderna y el sector financiero (sobre lo que puede ahondarse en *Los Templarios y el origen de la banca*, De la Torre, 2004), además de diseñar vías de comunicación y comercio a lo largo de Europa y aún fuera de sus fronteras y de la forma más imaginativa: ideando productos como los pagarés, las letras de cambio, los préstamos o una suerte de tarjetas de crédito cuyas claves se expresaban en puntos sobre el dibujo de unas patas triangulares de oca.

De este modo, las personas que emprendían la peregrinación, hombres y mujeres, para viajar por Europa o por el Mediterráneo hacia Tierra Santa, contaban con el soporte logístico de los establecimientos de la Orden del Temple, en su doble función defensiva y religiosa. Desde tiempos de Carlomagno solo se permitía la crianza de las ocas a familias nobles y en especial a los del Temple; con lo que los caminantes reconocían —por contar con el símbolo de estas aves en sus puertas— los hospedajes de la Orden, en los que encontrar asistencia financiera, alimentaria, sanitaria, piadosa y espiritual.

El Temple se convirtió en poco tiempo en el banquero de soberanos y personas poderosas debido a su gran riqueza y a que contaba con una organización administrativa más desarrollada que quienes recurrían a sus servicios: concedía préstamos, administraba depósitos y grandes fortunas (por ejemplo, el tesoro real de Francia), gestionaba pagos o trasladaba fondos.

Gracias a su expansión territorial y al impulso económico y financiero con el que contaban en sus haciendas, fueron los y las del Temple privilegiados durante dos siglos, con numerosas prebendas otorgadas por el papado y una sabiduría financiera que guardaron en secreto, por miedo a ser perseguidos, como ocurrió finalmente.

Como se desprende en la regla escrita de los Pobres Conmilitones de Cristo y el Templo de Salomón en su trascripción al castellano (libro de Pedro Rodríguez de Campomanes, *Dissertaciones históricas del Orden, y Cavallería de los templarios...*, Madrid 1747), el Grial era el símbolo de un ideal permanente de lucha contra el mal y contra la propia maldad (simbolizados por el hombre negro y el dragón), para el perfeccionamiento humano y espiritual. Las finanzas constituían el medio para hacer extensivo ese 'reino', y su lema es muestra del carácter solidario de su cometido: «Non nobis, Domine, non nobis, sed nomini tuo da gloriam» (No para nosotros, señor, no para nosotros, sino para la gloria de tu nombre). Porque el Grial, la promesa de vida eterna, se entiende que espiritual y como tal comunitaria, había trasmutado la consigna filantrópica atribuida a Cicerón: «Non nobis, sed ómnibus» (No para nosotros, sino para todas las personas).

Reconocidos los templarios por la potente imagen de la cruz patada y encarnada al pecho y en los escudos, son custodios de reliquias y especialmente del Grial, que «reivindica un paradójico enigma, la vida y la muerte, que es un factor determinante constantemente reiterado en la cultura occidental; el Grial emerge como un atributo muy potente en la cultura, trascendiendo alegóricamente esta dicotomía en un universo infinito de eternidad» (Victoria Sanagustín y Ángeles Rubio, 2017). El símbolo de la completud, de la síntesis frente a la polaridad de los opuestos, y la fe del escudo con los dos hermanos a caballo (el sello templario muestra sobre la misma montura a dos caballeros armados), frente al albur del camino como alegoría de la vida.

Es el Temple orden varonil y caballeresca por antonomasia, con normas como la regla LVI, que no tenga hermanas en su compañía, o la LXXII, que se eviten los ósculos (besos) de las mujeres, y otras sobre la castidad. Sin embargo, en la última etapa, tuvieron en torno a este colectivo tan enigmático, una presencia ineludible religiosas conventuales, seglares y esposas.

En cuanto a las peregrinas, **Jimena Garcés**, desde Asturias, fue la primera mujer en realizar el Camino de Santiago de la que se tiene noticia, poco antes de su muerte en el 910 «per causa devotione», acompañando a su marido, el rey de Asturias Alfonso III el Magno, que lo hacía por intereses comerciales y políticos. Según indagaciones del Instituto de Estudios Gallegos el Padre Sarmiento, del CSIC, la primera peregrina alemana hizo el camino en el siglo XII, con el nombre de **Matilde**, y en 1125, lo haría 'la flamenca' bajo el nombre de Sofía. Por último, contamos con la referencia en el 1190 de la italiana **Egidia**, dejando antes de salir testamento, porque pruebas de fosas comunes no faltan en el Camino, de cuantos partieron y no llegaron a Santiago, o de regreso a sus hogares.

Conviene diferenciar a templarios y templarias, generalmente personalidades nobiliarias y personas allegadas, de los varones cruzados que, bajo el grito de 'Dios lo quiere', el año 1095 conjurados por el papa Urbano II pretendían dan poder a la cristiandad. Estos se organizaban en bandas desalmadas, como 'demonios vivientes' que decían los musulmanes, matando, violando, arrasando juderías a su paso hasta conquistar Jerusalén, y llegando sesenta mil hombres enfebrecidos hasta las puertas del templo de Salomón (que era la mezquita de El Aqsa) y que fundaron un reino (el reino de Jerusalén). Posteriormente, cuando parten los cruzados, allí solo quedan los caballeros de Godofredo de Boullon, fundador de la Orden del Santo Sepulcro en 1099 (y aprobada en 1118 por el papa), con la vocación de proteger a peregrinantes que se acercasen a visitarlo, conciliando el sacerdocio y la milicia, el conocimiento y el poder político y económico.

Por otra parte, el linaje templario insiste en la creencia al estilo cátaro del deber de ser *buenos hombres*, a los que consideran los únicos dignos de custodiar el Grial, símbolo gnóstico de la lucha entre el bien y el mal como camino de desarrollo espiritual y 'pilotar el destino del mundo', de ahí sus grandes logros. Entre ellos, cabe citar el descubrimiento para el mundo occidental de América antes que Colón; la construcción de una Europa federal pero unificada (anterior a los propios padres de la Unión Europea Jean Monnet o Schuman y la declaración de 1950); ser origen de la banca y con toda seguridad de muchos productos financieros; y precursores de la masonería en la construcción. Semejantes estos dos grupos (templarios y cátaros) en la filantropía, con un estilo sincrético y ciertamente elitista con el que entendían su vida.

Es decir, empapándose de artes y saberes que los llevan a un gran secreto y tres estatutos que jamás revelaron. Eran filosofías gnósticas, y otras influencias de órdenes sarracenas descubiertas en Jerusalén, y que les dotaron de una capacidad espléndida de gestión colectiva de las riquezas que muchos ya poseían por su posición social, los viajes y las finanzas. Todo ello, al parecer, les imbuyó de soberbia, y les atrajo envidias y recelos. Llegaron a contar con más de treinta mil hombres —y algunas mujeres nobles de la élite europea, que fueron sumándose en la última época—, y, sin perder el elemento femenino, con una centralidad en su particular doctrina, nada que ver con el ideal caballeresco o de ser proscritos y perseguidos por la homofobia secular debido a ritos iniciáticos mal entendidos.

Volviendo a la gran influencia de Claraval en la consolidación de la Orden del Temple, que va más allá de lo ya mencionado. Este abad cisterciense, una de las figuras más destacadas de su época en el ámbito religioso, fue conocido por considerar las Sagradas Escrituras y la tradición oral cristina las principales fuentes a seguir, así como por su vocación mariana. Si bien no entraba en el debate sobre el misterio de la Inmaculada Concepción (Carlos Díaz Ramos, 1953-54).

> Según está escrito: la oración del justo penetra en los cielos… ¿Quién será justo, si no lo es María, de quien nació para nosotros el sol de justicia? […] Sea lo que fuere aquello que dispones ofrecer, acuérdate de encomendarlo a María, para que vuelva la gracia, por el mismo cauce por donde corrió, al dador de la gracia… aquello que deseas ofrecer, procura depositarlo en aquellas manos de María… a fin de que sea ofrecido al Señor, sin sufrir de Él repulsa…

Y fue esta adoración de Claraval a **María** madre de Jesús la que se extendió por toda la cristiandad favoreciendo la integración de santuarios, figuras e imágenes de antiguas divinidades femeninas profanas al catolicismo. Por lo que no es de extrañar que Dante le nombrase en sustitución de Beatriz, en el último episodio de *La Divina Comedia*. Es decir, será quien guíe a Dante en la parte final de su viaje, mostrando al poeta la cándida rosa *dei beati* o rosa paradisíaca, sede de todos los bienaventurados (Canto XXXII), y los invita a volver a María su mirada como rostro que más se asemeja a Cristo.

Esta centralidad que parte del culto a María se prolonga en la adoración al Santo Grial, y concluye en el gran enigma nunca revelado, y que sobrepasa los límites de su incumbencia y los de la herejía. Siguiendo de nuevo a **Victoria Sendón** (1986: 24), muchos autores coinciden en afirmar que tras la gran maraña del enigma sobre el Grial y la Gran Obra y otros misterios que en la cultura occidental se han asociado, todos convienen en que el enigma «se recoge en el sexo de Isis».

Pero ¿qué significa el sexo de Isis?, ¿qué relación puede tener con el Grial custodiado por el Temple y que siempre se ha dicho era su objeto y su gran secreto? El secreto que los llevó al fin de su existencia, y que, sin embargo, no revelaron ni aún después de grandes martirios, tras los cuales nos quedan solo unas palabras.

Isis, como una de las principales divinidades del Antiguo Egipto, era venerada por poseer y otorgar los dones de la fertilidad, la magia y la protección. Símbolo de poder femenino, sanación y sabiduría, representa el mundo simbólico de la madre por antonomasia, la que amamanta a Horus e involucra la búsqueda del antídoto para salvar a su esposo Osiris, después de ser asesinado por su hermano Set. La mitología dota a esta figura con grandes poderes, sobre todo de sanación y como diosa de inmortalidad. Y esto mismo se presumió durante el medievo del Grial, cuando no de poderes alquímicos para obtener oro, riqueza, prosperidad.

La única explicación que puede hallarse a esta ausencia de lucha por parte de guerreros, como de argumentación de negociantes, o en los cátaros predicadores, es que la revelación de su secreto hubiese sido más lesiva para su tormento que callarlo. Y aún cabe otra, que es sus conocimientos, adquiridos probablemente en Jerusalén, guardando el Santo Sepulcro y en contacto con corrientes filosóficas muy útiles para perder el miedo a la muerte. Porque algo descubrieron allí para convertir lo que en principio era una misión de guerra y conquista territorial, en otra fundamentada en la colaboración, la paz y el sincretismo religioso.

La enigmática sentencia *se recoge en el sexo de Isis* hace referencia al simbolismo relacionado con el sexo femenino y sus frutos, una metáfora de la esencia femenina y su energía creadora e inmortal. Incluso cuando una mujer muere, en códigos de la mitología templaria.

Es la fuerza espiritual, el misterio o el poder oculto asociado a la feminidad que transmite la figura de Isis a través de la comprensión de la **naturaleza femenina en sí misma**, y que si los aguerridos templarios la veían tan nítidamente, no debiera ser extraño que la entendiésemos, inmutable, como se encuentra y deberá permanecer, siglos más tarde. Es decir, con capacidad de ser dos en una y como tal promesa de futuro, paz, generatividad, anclada a la tierra y la madre primigenia, y no expuesta al rapto y/o a la compra o al experimento individualistas.

Pues bien, esto pudiera parecer una entelequia, si no fuese porque los templarios y el Santo Grial son los dos elementos de la cultura europea sobre los que más ríos de tinta se han vertido y menos testimonios e información directas tenemos. Estas fuentes en realidad son tres, y que al contrario que tantos libros con insinuaciones vamos a desvelar ahora mismo, por eso del poder diabólico que siempre ha tenido para las mujeres aquello de lo que se insinúa y no se dice.

Siguiendo de nuevo a la historiadora Victoria Sendón (1986), los hallazgos que concedieron capacidades excepcionales a esta orden y que junto al hermetismo y otros credos se traducían al simbolismo cristiano, creían que en «Nuestra Señora está al principio y al final de nuestra religión porque ella existía antes de que las montañas y la tierra existieran (…). Ella estipula la regla de la Orden, estuvo en el inicio y ella y su honor tendrá sentido nuestra religión».

Una centralidad patente en tres aspectos. En primer lugar, decir que como apuntan algunos de sus estatutos no desaparecidos, la piedra hablará por sí misma, y el templo, como indica el nombre de la Orden ha dejado explícito su mensaje a través de las piedras de edificaciones como espacios de poder, conectados entre sí por radiales de mediciones equitativas, en centros de energías telúricas, extensiones y aguas salutíferas. También en cruces de caminos como Eunate (que significa Cien-Puertas aunque solo tiene ocho) en Navarra, entre el Camino a Santiago Francés y Aragonés. Es decir, como expresión del poder de la madre tierra en la orquestación acorde con el mundo natural que sana. Un aprendizaje, el arquitectónico y sus claves, que aprendieron junto a los *assessinos*, la orden musulmana ismaelita con la que compartieron los Tarouq en Jerusalén, corporaciones de constructores que iniciaban y capacitaban para la construcción de templos y castillos. Y de los que también absorbieron conocimientos de la cábala, la alquimia y el gnosticismo.

Este conocimiento y sabiduría consiguió que la Orden del Temple se anticipase a los avances de épocas sucesivas, muy por delante de su tiempo. Y con ello a su destrucción, sorprendentemente, sin resistencia cuando el Gran Maestre va a morir en la hoguera en una isla del Sena frente a la catedral de París y repone «al menos dejadme juntar un poco las manos, pues es este el momento propicio, Voy a morir pronto; Dios sabe que es equivocadamente, (…) a ustedes señores, vuelvan mi cara hacia Notre-Dame»… **Nuestra Señora de París.**

En segundo lugar, en el sincretismo religioso que practicaban no tendría cabida que el principio femenino no estuviese en el centro de las creencias de los iniciados, y sus compañeras no lo fuesen en todos los ámbitos de la vida, al estilo gnóstico de su admirado catarismo, basado su mundo en la dualidad (representado en su sello de dos templarios sobre un caballo símbolo de la sabiduría) entre el bien y el mal, entre el elemento masculino y el femenino.

En tercer lugar, por ser una élite de nobles, hombres y mujeres, de contar con encomiendas a lo largo de los caminos de peregrinación que eran verdaderas explotaciones ganaderas y comerciales, seglares y monacales de ambos sexos. Y, sobre todo, de carácter piadoso, en el que podemos citar algunos nombres en la península, porque en España y Portugal no había sido creído el delator. Esquiu de Foyrano y los concilios de Tarragona y Salamanca consideraron libres de toda culpa a los miembros del Temple, siendo acogidos/as en otras órdenes, como la de Calatrava en España y la de Cristo en Portugal.

No cabe duda de que **las Damas de la Orden del Temple,** estuvieron muy presentes en la vida económica de la orden durante sus dos siglos de existencia (XII y XIII), mientras los hombres de sus familias se encontraban en las misiones guerreras.

Una pieza muy importante de las finanzas de las órdenes militares eran las encomiendas: un extenso territorio que englobaba la propiedad de castillos, tierras, villas, granjas, establos, huertas, molinos, hornos, puentes, etc. La Orden se hacía con ellas gracias a donaciones, compras o permutas y estaban administradas por un comendador con señorío jurisdiccional. Los templarios hacían votos de castidad, pobreza y también de protección a los pueblos vasallos que en tiempo de Reconquista e inseguridad en los caminos, trabajaban y les pagaban sus tributos a cambio. Además, cobraban por el uso de molinos, puentes y otros servicios. En el caso de las encomiendas que se hallaban en las rutas de peregrinaje, acogían a los peregrinos. La gestión del Tesoro de la Orden no se limitaba por tanto a las finanzas de los soberanos de cada reino, sino también de las propiedades templarias. Se destinaba un tercio de las ganancias de todas las encomiendas a mantener la que poseían en Tierra Santa, que debía dar albergue a los peregrinos.

Las Damas de la Orden cumplieron en conventos y encomiendas una serie de funciones importantes, sobre todo en ausencia de sus esposos nobles y guerreros:

1. *Financieras*: incluían tareas administrativas, así como gestionar las propiedades y finanzas de la Orden.
2. *Sanitarias*: proveer asistencia médica y espiritual a peregrinas y peregrinos, y realizar labores caritativas con las y los vasallos.
3. *Organización interna*: con amplias jerarquías y la gestión de su estilo de vida con votos de pobreza (porque las propiedades pasaban a la Orden), castidad y obediencia.
4. *Agropecuarias y hosteleras* en las encomiendas: tareas de soporte y avituallamiento y financieras al peregrinaje, y de logística y abastecimiento interno.

Una fortaleza de la que también hacían gala las **Damas de la Orden del Císter**, por ejemplo, doña **Mencía de Lara** (1150-1223) que fue abadesa tras enviudar del monasterio palentino de San Andrés de Arroyo fundado en 1180, y a la que se debe su construcción. Era «señora de horca y cuchillo» según registros, que no significa más que el hecho de que «ejercía la jurisdicción civil y criminal en 11 pueblos de la zona». Porque las mujeres estaban presentes en todos los niveles, aunque hubo figuras excepcionales, y este era el caso de doña Mencía, a la que Alfonso VIII realizará diversas donaciones con estas palabras: «A Doña Mencía, honrada condesa que siempre amamos e por sus merecimientos de lealtad... amiga predilecta y amiga venerable». Ese mismo año de 1180 asiste como abadesa 'al Capítulo de la Orden' en el monasterio de las Huelgas de Burgos, de quien dependerán los monasterios femeninos cistercienses de Castilla.

Después de su muerte hacia 1227, aparece ya como abadesa de San Andrés de Arroyo su sobrina **María,** viuda del conde Gonzalo **Núñez de Lara**, que debió enfrentarse a los caballeros templarios, que pretendían apoderase de las propiedades de un monasterio que ha conseguido sobrevivir a guerras y desamortizaciones hasta nuestros días, en el que habitan todavía nueve religiosas herederas de Mencía, que reposa en un hermoso sepulcro en la sala capitular del cenobio.

Con relación al hecho de que también hubo damas templarias, un ejemplo lo documenta Salvador Ramírez (2018), sobre las seglares de la Orden en Navarra, a través de una vinculación laica con el Temple de un buen grupo perteneciente a la nobleza pamplonesa durante el siglo XII.

Procedentes como ellos del estamento nobiliario, las mujeres consiguieron integrarse en la órbita de una orden militar por la vinculación de sus padres o maridos. Y si bien la regla primitiva no contemplaba la presencia femenina en los establecimientos, fueron añadiéndose diversas categorías de vinculación laical y formas de vida semireligiosa, que en algunos casos supuso la residencia en dependencias conventuales, y otras al lado de sus maridos cruzados. Así, **las cofradesas** (consorores), nomenclatura con la que son denominadas dichas integrantes, manifiestan unas prácticas devocionales y comportamientos caritativos peculiares, constituyendo, entre otras, la elección de sepultura un rasgo diferencial.

Con la asociación laica en el Temple algunas mujeres buscaron aumentar el prestigio de su linaje, como refleja la integración conjunta de hermanos, madres e hijas o matrimonios; mientras que otras afiliaciones femeninas estuvieron determinadas por relaciones de dependencia feudo-vasallática. Por ejemplo, Salvador Remírez recoge el caso de la **Marquesa de Buñuel**, esposa de Aznar López de Buñuel, cuya conflictividad por el patrimonio (en la década de 1190 pleitea por la propiedad del castillo de Azut) fue la que marcó su relación con la Orden, contraviniendo valores de la confraternidad, como la amistad y la lealtad.

Otro caso sobre las formas de integración laica femenina queda patente en el testimonio de María de Cortes quien, tras una etapa como benefactora, se vinculó como *donada*, considerando además entrar «ad illam religionem fratrum Templi» y que, tras enviudar, debió optar por el retiro conventual en el establecimiento de la Orden en Novillas (Zaragoza). Por último, **Urraca de Cortes** (hija de Marquesa de Buñuel) y su hija, la citada **María de Cortes,** son el mejor exponente de devoción femenina en el ámbito del Temple, contribuyendo con sus donaciones o permutas al incremento del patrimonio de la encomienda de Novillas o propiciando la constitución de nuevas encomiendas como fue el caso de la de Cintruénigo (Navarra), consolidando hasta su muerte los vínculos con la Orden, y contando con sus sepulturas en dependencias templarias.

Como ya se ha explicado, las cofradesas eran partícipes en la gestión de una economía diversificada, bien organizada y boyante, embrión del futuro capitalismo, de la que debieron ponerse al cargo. También porque otra donación de más del 50% que se hacía a la orden eran las dotes de las damas recibidas, que por otra parte, exigían proveer sus economías de otro modo, por ejemplo, a través de las explotaciones agropecuarias o productos para la venta y provisión de viajantes y peregrinos/as.

Y fue quizás su éxito económico, la perdición de la Orden. Tras dos siglos de existencia, llegó el fin del Temple (1118-1312) en Francia, siendo menos traumático en España, en donde sus protagonistas, en gran medida familias nobiliarias, no fueron aniquiladas a pesar de la pérdida de su poder político.

Se habían planteado una serie de conflictos de entendimiento con la Orden de los Hospitalarios, al parecer más religiosos y austeros, y que exasperaba a los sucesivos papas. A lo que se unieron problemas para el consenso con las coronas europeas para emprender las campañas en Tierra Santa, y sobre todo, la codicia de Felipe IV de Francia, que le movió a solicitar al papa Clemente V la disolución de la Orden. De ese modo quedaba condonada la enorme deuda financiera contraída por este monarca con los templarios y sus familias. Felipe, que pasó a la historia como el Hermoso, por vanidoso, no consintió dar marcha atrás con las crueles represalias anunciadas para la Orden, ni aun cuando el Temple, *in extremis*, le perdonó el pago de los préstamos que había recibido.

El viernes 13 de octubre de 1307 fueron acusados y arrestados todos los caballeros templarios. Desde entonces, el viernes 13 ha sido declarado día de la mala suerte. Sin embargo, para ellos era el día perfecto, acorde con su filosofía armónica con las leyes hermenéuticas y con las de la tierra de las trece lunas que completan el ciclo anual y los trece ciclos anuales de la mujer.

El juicio duró siete años, y se juzgó a cerca de quince mil hombres. Al frente Jacques De Molay, líder de los templarios, que fue torturado durante días por la Inquisición, bajo acusaciones falsas de sacrilegio y herejía, que más parecía un intento por conocer sus secretos y ritos iniciáticos, que nunca fueron confesados. Tal vez, porque, por más que dijeran no iban a ser perdonados, ni entendidos.

En 1312 finalmente el papa disuelve la Orden, sus bienes se reparten entre la Corona y la Orden de los Hospitalarios y sus miembros ingresan en otras órdenes. El 18 de marzo de 1314, tras declararse inocentes, Molay y treinta y ocho templarios más fueron llevados por el Tribunal de la Inquisición a una isla del Sena para morir en la hoguera.

Por último, conviene citar una curiosidad, un juego de carácter gnóstico, el de la oca, ave de triple dimensión —aérea, terrestre y acuática—, elemento identificador de los lugares de poder telúrico para los templarios y símbolo de la Orden y su huella, talismán ahuyentador de los poderes maléficos de Satanás. Es un juego de origen egipcio, en verdad, 'el plano encriptado de las y los peregrinos', una guía terrestre y de evolución espiritual, una alegoría del curso de la vida, con dibujos en donde figura cada destino como ejercicio de inteligencia emocional, pero también las poblaciones y lugares por las que se habrá de pasar al peregrinar a Santiago: Valle de Oca y Valle del Oja, Villafranca Montes de Oca, Castrojeriz (ciudad de ocas), El Ganso, Ocón, Puerto de Oca, Mandarín (hombre de ocas) o el río Arga, etc.

Y es en el juego de la oca como alegoría del Camino, en donde entrenarse en que el albur, la demora o la promoción, la buena y mala suerte, vienen representados en cada casilla; y a través de todas ellas la persona creyente habrá de pasar para su evolución espiritual (la cárcel, el pozo, el laberinto, la oca, etc.). Algo que terminó siendo un juego familiar educativo a cuenta de los caballeros cruzados y las damas de la Orden, que complementaba las enseñanzas que siempre han tenido los consejos maternos en el desarrollo personal. También confirman el papel de las mujeres en una incipiente planta turística con su representación como hosteleras o viajeras en la casilla de «La Posada» y en situación de peligro en el pozo o el puente.

4.4. María de Magdala y otras mujeres

Son los Evangelios la fuente antigua más rica en personajes femeninos viajeros y con atribuciones positivas, nada que ver con el Antiguo Testamento, ni con la misoginia cultural de los siglos posteriores que han intentado ocultar el amable mensaje cristiano sobre las mujeres: **María madre**; **la Samaritana**; Lidia, la mujer de negocios generosa; **Priscila**, valiente salvadora de San Pablo; **Eunice**, educadora; **Dorcas**, piadosa; y **María Magdalena**, leal, inteligente, compañera.

Todas ellas actúan con máxima libertad en los Evangelios, como la que se dice la primera en ser convertida, en este caso del judaísmo. Se trata **de Lidia de Tiatira**, griega en el Imperio romano, considerada la primera conversión al cristianismo que recoge el Nuevo Testamento en Europa (en Lidia, actual Turquía), según los Hechos de los Apóstoles, 16: 14-15 que dice así: «Había entre ellas una, llamada Lidia, negociante en púrpura, de la ciudad de Tiatira, que adoraba a Dios. El Señor le tocó el corazón para que aceptara las palabras de Pablo. Después de bautizarse, junto con su familia, nos pidió: 'Si ustedes consideran que he creído verdaderamente en el Señor, vengan a alojarse en mi casa'; y nos obligó a hacerlo».

La nueva fe era acogida con interés por las mujeres independientes, como esta empresaria de tintes de púrpura y telas, que viajaba, comerciaba, hacía gala de su fe y del interés en nuevas creencias. Y que también invitaba a San Pablo y sus amigos a su casa, que por ser en propiedad y sin ningún hombre que por entonces los recibiese o lo impidiera, hace entender que era adinerada y viuda, según diversas fuentes.

El mensaje de Jesús fue claro y diáfano, para quien crea o no en las distintas interpretaciones vertidas. Un código de inteligencia espiritual, social y también, emocional, por ejemplo, cuando puntualiza a los mandamientos de las Tablas de la Ley: «Ama al prójimo como a ti mismo», con lo que se entiende, 'primero a ti misma', al contrario de lo que posteriormente se ha entendido. Es decir, un camino espiritual que ayuda a vivir sin complejos, a morir sin miedo y a conectar con el sentido de la existencia. Y para lo que es preciso despojarse de las mentiras e interpretaciones erróneas, como identificar a La Magdalena con la 'pecadora de la ciudad', cuando en ningún versículo existe constancia de tal cosa (Lucas, 7: 37). Sí queda patente, en cambio, dicha incongruencia cuando se refiere a ella entre las tres mujeres: **Magdalena**, **Juana de Cusa**, un administrador de Herodes Antias, y **Susana**, las tres ricas y pudientes, asistían (patrocinaban) «con sus bienes» a Jesús y sus doce apóstoles, y que acompañan al Mesías desde a Galilea su tierra a Jerusalén.

Se silencia que el relato de la muerte de Jesús es aún más trágico porque todos le traicionan, niegan o abandonan cuando pierde el favor de la fama y el poder, pero no todas. Cerca estaba Juan como él mismo relata en el versículo 19, 25-27. «Y quedaron junto a la cruz su Madre, la hermana de su madre **María de Cleofás** y María Magdalena». Esta última, la más autónoma y destacada de las mujeres de los Evangelios, que se presenta por sí misma, no por su padre o su tribu.

Según el Evangelio canónico de San Marcos, ella y María su madre presencian la crucifixión, y el entierro de Jesús; ella y María la de Santiago ven la tumba vacía, lo que, siguiendo a la experta Esther A. de Boer, convierte a María Magdalena en la única persona que fue testigo de las tres circunstancias que, siguiendo a San Pablo, son los fundamentos de la fe cristina (1 Cor 15, 3-4): la crucifixión, la sepultura y la resurrección.

> María Magdalena se quedó llorando a la entrada de la tumba cuando dos ángeles le preguntaron por qué lo hacía: «Porque han llevado a mi Señor y no sé dónde lo han puesto (…)». Jesús entonces la llamó por su nombre y María Magdalena lo reconoció por su voz. Quiso abrazarlo, pero Cristo no la dejó «No me toques, porque aún no he subido a mi Padre» (Juan, 20: 11-28).

Fue por tanto, Magdalena la primera persona en recibir el mensaje de Cristo resucitado, el misterio de una civilización, el secreto en qué consiste la muerte y el alma.

Magdalena transmite este secreto de la vida eterna, del Grial, creamos o no en la vida del espíritu después de la muerte o, como en las órdenes herejes (cátaras y merovingias), en el hecho de que sea la mujer de Jesús y depositaria de su semilla sucesoria. Lo que no resulta nada extraño en los comunitarios grupos de primeros cristianos y habiendo viajado juntos de Jerusalén a Galilea y acompañado a María, su madre en el Calvario. Fue Magdalena la que vio y escuchó al Cristo resucitado y recibió su mensaje primero: «No temas, id a decir a mis hermanos que vayan a Galilea y que allí me verán» (Mt 28: 10). ¿Por qué ella iba a temer?, ¿por qué Jesús tenía que marcharse rápido?, ¿en qué circunstancia se encontraba?… «Que aún no he subido al Padre» (J. 20: 17-18), le contestó.

Llamada de Magdala o Magdalena, en alusión a su aldea natal situada en la costa occidental del lago Tiberíades y cercana a Cafarnaúm, es considerada santa por la Iglesia católica, la ortodoxa y la anglicana, Así como por las corrientes gnósticas del cristianismo desde la Antigüedad. Sin embargo, por diversas razones, se ha ocultado con equívocos y calumnias su gran protagonismo en la vida de Jesús y la divulgación del cristianismo, como confirma la simple lectura de las fuentes evangélicas clásicas, las apócrifas y entre las últimas, la que lleva su nombre.

Dios es amor (1 Juan 4: 8) y «el amor nunca deja de ser» (1 Corintios 13, 8), por cuanto Dios es amor, así es como Él es, y este es su Camino y el fin del mismo Grial como búsqueda. Y este mensaje de la máxima vigencia: el Grial como símbolo de una búsqueda impenitente de la inmortalidad, que a partir del siglo XI hizo las delicias de amantes de la literatura, las peregrinaciones y en nuestros días del cine fantástico y las novelas de aventura. El resultado ha sido un entramado de relatos sin origen cierto en los que lo femenino solo aparecía como elemento subalterno de la acción. Cuando, lo cierto es que, el Cáliz y las personas, hombres y mujeres que lo custodian, siempre han estado localizadas, desde las órdenes cátaras, templarias, hasta nuestros días, en la Catedral de Santa María de Valencia.

Su estela ha descrito rutas filosóficas y geográficas en donde el protagonismo femenino es el verdadero secreto no revelado. Porque la historia del Grial cambia, cuando nos preguntamos: ¿dónde estaban las mujeres? Con ello se comprobará el mensaje que encierra. Un símbolo y un ámbito de lo que todavía el mundo no es capaz de admitir, como es la espiritualidad, como parte de la vida humana y el rol que las mujeres y en especial las madres desempeñan en todo ello.

El mensaje nítido de Cristo y muchas mujeres lúcidas, que ha sido progresivamente deconstruido, haciendo creer la mentira de que, la divinidad, cada uno como la entienda, no ha querido la participación de las mujeres, ni el liderazgo femenino, y cuando se trata de todo lo contrario, porque existen referentes y mandatos para su hegemonía. El protagonismo que Jesucristo concede a las mujeres según sus propios discípulos es inusual y hasta sorprendente en su tiempo y posteriores.

En el hallazgo relativamente reciente de los pergaminos bajo el nombre de María de Magdala (1945) ha querido verse todo un vuelco al mensaje central del Evangelio, pero no sé por qué debe verse así; el fondo, el secreto ha sido reiterado muchas veces en todos los Evangelios, y es el mismo. Pero eso sí, apoyaría la existencia de una apóstol por mandato de Cristo, y con toda probabilidad compañera.

María de Magdala fue además, a juzgar por 'su evangelio' y los 'oficiales', la que entendió antes que nadie ese plano trascendente del mensaje de Jesús, más allá de las parábolas y el relato histórico. Y esto puede comprobarse en la parábola del Sembrador (Marcos 4, 3-9, tras la que impele al resto de apóstoles a obedecer el mandato de ir a predicar:

A ustedes se les ha dado el secreto del Reino de los Cielos, pero para los de afuera todas son parábolas (Marcos 4, 10-11).

Y este fue el motivo por el que contribuyó desinteresadamente con su patrimonio al viaje evangelizador de Jesús y los apóstoles —la inteligencia y la generosidad—, contando por todo ello con la iniciación sacerdotal. Paradójicamente, muchos líderes religiosos no han entendido todavía ese secreto, eje central de la fe; ni las mujeres han podido aún ejercer el sacerdocio en el catolicismo. Aunque sí en otros cultos como se ha visto con las perfectas cátaras.

Y un aspecto algo más cotidiano: las controversias y gran misoginia que expresan los apóstoles porque una mujer gozase de tal honor y, además, les exhortase, como había hecho Jesús a tenor de los Evangelios de la Iglesia, a divulgar la fe. O dicho de otra forma, sin conferir suficiente importancia al mensaje central de Jesús que reniega del encuadre patriarcal que impide la comprensión de la fe, y que es expresado en el evangelio apócrifo de Felipe, pero también en el de Juan:

> Dijo entonces Jesús a los judíos que habían creído en él: Si vosotros permaneciereis en mi palabra, seréis verdaderamente mis discípulos; y conoceréis la verdad, y la verdad os hará libres. Le respondieron: Linaje de Abraham somos, y jamás hemos sido esclavos de nadie. ¿Cómo dices tú: Seréis libres? (...). Sé que sois descendientes de Abraham; pero procuráis matarme, porque mi palabra no haya cabida en vosotros. Yo hablo lo que he visto cerca del Padre; y vosotros hacéis lo que habéis oído cerca de vuestro padre (Juan 8: 31-38).

Este versículo difiere en la expresión, pero no en el contenido del mensaje de Jesús resucitado en el sepulcro, y ambos son compatibles en el entorno alegórico de la metáfora del padre como divinidad absoluta, no como figura de orden patriarcal, la que no se entiende fuera del discurso espiritual. «Ve donde mis hermanos y diles que subo al Padre mío, al Padre vuestro» (Juan 20: 17-18).

Se dice, y es sin duda cierto, que el Evangelio de Santa María de Magdala goza de características gnósticas (que como se ha visto significa tener conocimiento, dualidad y profundidad). Contrarias a agnósticas, que significa no tener conocimiento para decidir una opción religiosa. **Esta corriente se origina en el siglo I entre los primeros cristianos, lo que debiera eliminar prejuicios sobre su autenticidad,** más que generarlos. Y se trata de una «denominación de los grupos que se consideraban poseedores de la gnosis o conocimiento especial de la divinidad, fue fruto de obras de sus detractores», porque las características principales de este tipo de espiritualidad, era más que eso, recoger fuentes y el ansia de investigación que promueve el sincretismo de cultos, conceptos a veces ajenos a la tradición cristiana, pero a través de ella (Elena Sol, 2016).

En honor a esa verdad conviene puntualizar que tiene el Evangelio de María de Magdala una redacción posterior al del resto de Evangelios, en el siglo II (año 150) en griego y en el IV en copto, pero muy reciente en comparación con interpretaciones también posteriores de la historia de Jesús y, además, sin perder coherencia con los demás Evangelios. Pues bien, tanto los canónicos que son de la segunda mitad del siglo I, como los demás apócrifos, tal que el de Felipe, que fue escrito en el siglo III, tratan el gran protagonismo y el estrecho vínculo entre Jesús y María Magdalena, afirmando este último: «El Salvador la quería más que a todos los discípulos». O siguiendo San Mateo, 26: 13 y Marcos 14: 13, dijo Jesús: «Yo os aseguro, dondequiera que se proclame esta Buena Nueva, el mundo entero, se hablará también de lo que ésta (Magdalena) ha hecho para memoria suya».

Parece lo más probable que María Magdalena se retirase a Éfeso junto a la Virgen María y el apóstol Juan, y allí muriese, hechos que se consideran ciertos tanto en la religión ortodoxa, como por parte de muchos católicos. Sería lo más lógico siendo las tres personas que permanecen junto a él hasta al final, sin olvidar a la tía de Jesús, María de Cleofás, si bien la iconografía católica ha obviado a María de Magdala prácticamente en todas las ocasiones que ha visto oportuno. Según esta teoría de la Iglesia ortodoxa, en el año 886 sus reliquias fueron trasladadas a Constantinopla, en donde se conservan en la actualidad, y no en ninguno de los dos enclaves de Francia citados (Aix-en-Provence y la abadía de Vézelay). Del mismo modo que Gregorio de Tours (538-594), el obispo e historiador galo-romano confirma la tradición de que se retiró a Éfeso (*De miraculis*, I, XXX).

4.5. La diferencia sexual en la Iglesia

«En la Iglesia primitiva hubo mujeres apóstoles, discípulos y diáconos (por lo insólito del caso, no existe ninguna de estas palabras en femenino en el griego bíblico). Así lo constata el Nuevo Testamento cuando nos habla de la misión de María Magdalena y de la samaritana, o de Junia y Prisca» (Marta Inés Restrepo, 2008). Entre las discípulas se encuentran además Juana y Susana, que le acompañan en sus viajes (Lc 8,3), Martha y María de Betania (Mc 16,1), o Melania, joven viuda romana de veintidós años, que ingresó en un monasterio en Alejandría, fundadora de la comunidad del Monte de los Olivos.

El Concilio de Laodicea (Anatolia, actual Turquía), celebrado al finalizar la guerra de veintiséis años entre Roma y Persia, se prolongó durante un año desde el 363 al 364. A pesar de no ser vinculante para sus miembros, treinta y dos clérigos asistentes en nombre de la Iglesia acuerdan que solo los hombres puedan ser sacerdotes. Se limitaba 'el trato con cosas heréticas', 'la judeización entre cristianos', 'los deberes de la clerecía menor', 'los privilegios de los neófitos' y se establecía la 'prohibición a las mujeres de desempeñar funciones litúrgicas o ser orden'. Es decir, que, con los mismos matices de otras etapas en la historia de tiranía y recorte de derechos y libertades, llegó la prohibición al sexo femenino de desempeñar funciones litúrgicas o ser ordenadas, según los Cánones II y 44 del poco representativo Concilio de Laodicea por el cual: «las mujeres no deben acercarse al altar» (María del Mar Marcos Sánchez, 2006; Aída Besaçon Spencer, 2012). Se realizaba pues de forma taxativa y con desprecio su exclusión, al mismo tiempo y con menos miramiento que se intentaba minimizar la influencia de personas judías, pobres, profanas o extrañas.

Esto supone que anteriormente, sí eran las mujeres parte de la jerarquía eclesiástica y predicadoras, y que fueron perdiendo el protagonismo con el que contaban en el culto original; con figuras como Magdalena, sacerdote y evangelizadora. **Estableciendo lo contrario a lo que había dejado dicho el Mesías, y con el agravante de poner mucho empeño en dirigir a las mujeres a pensar que Dios no lo quiere, 'siguiendo' de forma sesgada las escrituras.** Por ejemplo, en este mismo siglo IV, cuando la máxima personalidad de la cristiandad occidental, Aurelio Agustín de Hipona, más conocida por San Agustín, procedente de lo que hoy en día es Argelia, reforma radicalmente la visión cristiana del sexo, perdiendo toda conexión con la doctrina originaria.

San Agustín argumentaba que la lujuria había animado a Adán a aceptar la propuesta de Eva de probar la fruta prohibida del Árbol de la Sabiduría. Una interpretación libre del alegórico Antiguo Testamento, que añadió a la eterna segregación de las mujeres en las comunidades patriarcales, como la romana oriental y occidental o la judía, la asociación de las féminas con la mera sexualidad. Una pequeña parte, la sexualidad vista por el varón, por el todo y todas las mujeres, y que presidió la perspectiva de la diferencia sexual para muchas almas, durante muchas décadas.

Las cosas empeoraron aún más durante el siglo XI, cuando el papa Gregorio VII sometió el matrimonio al control de la Iglesia. Así en el 1184 este sacramento es declarado un signo indisoluble de la gracia de Dios, como lo eran el bautismo y la sagrada comunión.

Un nuevo orden sexual sin otra prerrogativa que el matrimonio con varón o bien con la Iglesia que, sin embargo, no se sucedió sin críticas. Así, la obra *La leyenda dorada,* sobre vidas de santos, escrita por el arzobispo Santiago de Vorágine en 1472 y muy leída, fue explícita, entre otros aspectos, en lo que a la relación entre Jesús y María de Magdala se refiere:

> Esta es la Magdalena a la que Jesús confiere tan grandes gracias y hacia quien mostró tales detalles de amor. Expulsó de ella siete demonios y la dejó totalmente encendida de amor hacia Él, la contó entre sus más cercanos familiares, fue su huésped y ella le ayudo con sus bienes durante su predicación (Traducción de Willina Granger Ryan, 1993:376).

Este mismo autor refiere el traslado de las reliquias de la santa desde su sepulcro en el oratorio de San Maximino en Aix-en-Provence hasta la recién fundada abadía de Vézelay, en el 771, en donde San Maximino combina rasgos del obispo histórico con este nombre y el que, según la leyenda, acompañó a María Magdalena, **Marta** y Lázaro a Provenza. Y que bien pudiera tratarse de María de Betania, la que llegó hasta Marsella, huyendo de las persecuciones en Tierra Santa, y desde donde emprendió, supuestamente, la evangelización ya citada de la Provenza.

El cristianismo oriental por su parte siguió honrando a María Magdalena, considerándola «igual a los apóstoles», mientras en Occidente se desarrollaba un proceso de ocultación y denostación durante siglos, basándose en su identificación con otras mujeres de los Evangelios como se ha visto, transfiriendo a la apóstol la idea de que antes de conocer a Jesús, había sido prostituta. Y cuando Cristo no hiciera más que defender a las mujeres más pobres y las peores ocupaciones, incluso identificándola con otras Marías, por ejemplo la de Lucas 7: 36-50 en casa del fariseo, en donde ni se nombra a Magdalena; o, para mayor locura, con Santa **María Egipciana**, asceta que se retira al desierto en penitencia, después de ejercer toda su vida de prostitución.

Es decir, que **la deconstrucción del liderazgo** de María de Magdala en la construcción del cristianismo es de vital importancia para entender un fenómeno que suele acontecer hasta nuestros días con la figura y las aportaciones de las grandes féminas a lo largo de la historia. Además, incrementa el interés de descifrar su mensaje.

Así se dice que los números sagrados 3 y 7 han estado unidos al albur y el destino de las mujeres. En la vida de María de Magdala, ha sido así al menos en tres ocasiones en los Evangelios canónicos, al tratar *los siete demonios expulsados* o enfermedades eliminadas del cuerpo de la santa por Jesús, y que en verdad eran del alma, en donde el deseo carnal es tan solo una potestad, un poder que puede adueñarse de la persona, no un pecado, a pesar de la centralidad absoluta que fue adquiriendo al pasar de los años en la religión. Estos siete poderes a vencer como demonios, para la perfección del espíritu y preparación para la muerte, son expresados en el propio evangelio gnóstico que lleva el nombre de Magdalena, y que quedan sintetizados bajo *las siete formas de las potestades contra el Alma* en su ascensión al cielo: «La primera: *la tiniebla*, la segunda: *el deseo*, la tercera: *la ignorancia*, la cuarta: *el arrebato de la muerte*, la quinta: *el dominio de lo carnal*, la sexta: *la imprudente sabiduría de la carne* (de lo humano), la séptima: *la sagacidad del iracundo*» (Karen King, 2023: 32-33). Como puede llegarse a entender salvando matices temporales y de traducción, los siete obstáculos a vencer, para la **evolución espiritual hacia la inmortalidad y que como había quedado patente consistía en el amor incondicional**, eran los siguientes:

1. La confusión,
2. Las expectativas mundanas,
3. El desconocimiento,

4. La falta de preparación,
5. El deseo,
6. La soberbia o el ego y
7. La ira.

Algo complicado en el pasado de imposición del dogma colectivo sin opción y sin reflexión, como en este tiempo en el que el consumo y las emociones se interpretan como camino y motor, objeto de las vidas y del bien económico y por lo tanto común.

Es conocida la versión ortodoxa que cuenta que, tras la Ascensión de Cristo, María Magdalena fue hasta Roma a predicar el Evangelio. En aquellos tiempos, se suponía que quienes iban a ver al emperador le llevaban un regalo: los más adinerados, joyas y los pobres, lo que podían pagar. Por eso, María Magdalena, que en el pasado había sido mujer noble y propietaria terrateniente, pero por entonces era humilde evangelizadora, ofreció al emperador Tiberio un huevo de regalo. Y en presencia del emperador sostuvo el huevo en la mano, símbolo de la vida, exclamando: «¡Cristo ha resucitado!». El emperador se echó a reír y le dijo que eso era tan probable como que el huevo se volviera rojo. En ese momento, La Magdalena rompió el huevo y brotó con clara roja.

De este modo, desde el primer siglo del cristianismo, los huevos coloreados han sido en el entorno ortodoxo el símbolo de la Resurrección de Jesús, y en el catolicismo se regalan huevos de chocolate en la Pascua, que simbolizan la purificación y resurrección de la carne, en nombre de una vida nueva y mejor para los creyentes. Ejemplo de los primeros, los huevos de Pascua de madera son obsequiados en cualquier época del año en Rusia. Muy conocidos por los turistas, y cuya fama fuera de este país es comparable solo a la de las muñecas matrioskas de madera pintadas generalmente también con tonos rojos, asociado a la maternidad y la fraternidad, como también a la vida interior. Sin embargo, el interés por los huevos de Pascua ha tenido una naturaleza especial, porque simbolizaban la religión y la santidad femenina que representaba Magdalena, en tiempos de materialismo histórico en la era de la Unión Soviética.

Ahora bien, su verdadero significado es más antiguo y profundo, porque en la Antigüedad al huevo se le atribuía un sentido mágico. Los huevos, tanto naturales como de diferentes materiales, por ejemplo de mármol, arcilla, etc., han sido el símbolo de la regeneración de la vida. Representación del huevo femenino (el óvulo), que da lugar a la vida tras la fecundación al embrión humano, también de la evolución y 'la resurrección de la carne' en una nueva vida, por lo que suelen hallarse en tumbas, túmulos y otros espacios en cementerios de la época precristiana. En buena parte de las mitologías de todo el mundo, pueden encontrarse leyendas que veneran el huevo como emblema de renovación de la vida y origen de todo lo que existe. Incluso en Australia se dotaba de sus propiedades a las cuevas, como oquedad o vientre de la 'madre tierra' desde tiempos de la primera diosa. Y esta sería la lógica de que en la era cristiana sean asociados a María Magdalena, la que fue a recibir el mensaje de la resurrección de Jesús, al que acompañaban 'dos ángeles', y de la que dicen, sin pruebas hasta el momento, que quizás era su esposa y guardó su genealogía…

En concreto se mantienen teorías en este sentido, por una supuesta relación entre Magdalena y la dinastía de los reyes merovingios, y que ha sido objeto de especulación y numerosas versiones sobre cómo y dónde habría llegado la santa. Sobre todo con la publicación del libro *El Santo Grial y la herencia sagrada* (1982) de los escritores Michael Baigent y Richard Leigh, y que popularizó con la hipótesis del Santo Grial Dan Brown con su novela *El código da Vinci*. La dinastía merovingia era una estirpe de origen germano que reinó en Francia, Bélgica, una parte de Alemania y Suiza desde mediados del siglo v al 751, con un gran elenco de los reyes francos; y también de reinas soberanas como Clotilde de Burgundia (475-545) y consortes, como Arnegonda de Turingia (515-573), que sorprendió a los arqueólogos al descubrirse en 1959 sus restos en la basílica de Saint-Denis (en París), con un pulmón momificado de forma natural.

Ya considerada compañera de Cristo a partir del Evangelio gnóstico de Felipe o el que se dice de la apóstol; esbozada asimismo su presencia en la Última Cena en la pintura de Leonardo da Vinci, en donde nos hicieron ver a San Juan; y también como parte de un mito su relación con la reliquia central o simbólica de la sangre de Cristo. Pero que, en su relación con la estirpe merovingia, son por ahora teorías que, al parecer, carecen de evidencia histórica sólida.

No puede haber duda de que María Magdalena fue una figura relevante en los momentos clave de la vida de Cristo, y de sus discípulos. Probablemente fue su compañera, pero las fuentes que apuntan a que fuera su esposa y tuvieran descendencia por ahora no pasan de conjeturas y documentales televisivos. Mucho menos aún que hubiese continuado la estirpe 'del Santo Grial', emparentando su descendencia con soberanos europeos. Algo que parece tan oportuno para legitimar instituciones y tradicionales occidentales, basadas en el supuesto poder sagrado de la continuidad dinástica. Tan oportuna como la reaparición de estas teorías en momentos en que en la industria cultural interesa remover raíces que concilien la negación de las mujeres en la historia con las oligarquías, en este caso económicas.

En 1969, el papa Pablo VI retira el apelativo de «penitente» a La Magdalena, y deja de emplearse en la liturgia de su festividad la lectura del Evangelio de Lucas (7: 36-50) acerca de la pecadora en Casa de Simón el fariseo. En 1988, el papa Juan Pablo II en la carta *Mulieris Dignitatem* se refiere a ella como la «apóstol de los apóstoles» y señala que en «la prueba más difícil de fe y fidelidad» de los cristianos, la Crucifixión, «las mujeres demostraron ser más fuertes». Magdalena, la única que confía en la resurrección y cuando se acerca al sepulcro, y escucha que la llaman por su nombre, «¡María!», pensando que sería el sepulturero, se da la vuelta, y contesta «¡Rabboni!», es decir: Maestro.

En Francia y/o en Éfeso, santa y/o gnóstica, primera apóstol y/o esposa, discípula y maestra, judía o egipcia, historia o mito, una de las principales virtudes que deben apreciarse en María de Magdala es representar el liderazgo femenino, con una inteligencia eficiente e intuitiva, y cómo operan los procesos de deconstrucción de la realidad de la historia de las mujeres. Porque hasta hoy, la Divinidad como es socialmente entendida, sí ha manifestado el deber de que las mujeres seamos protagonistas de la acción y bajo nuestros designios. Todo lo que habla del error de insistir en los arquetipos de la 'deconstrucción' con subsidiariedad y victimismo, sino en ser nosotras en versión original, como fuimos, como somos.

María de Magdala goza de un gran protagonismo como apóstol y figura clave en el Evangelio y la cultura occidental. También muchas mujeres menos conocidas han sido excelentes predicadoras y evangelizadoras, dejando huella por su inteligencia y valor, como el gran número de cátaras que trabajaron por los y las desfavorecido/as e impartieron sacramento en el Medievo, y las integrantes de otras órdenes, como **Damas del Temple y del Císter**, gestionando haciendas y velando por las personas pobres o peregrinos/as (como lo fueron **Jimena Garcés, Matilde y Egidia**, que en épocas inciertas practicaron una libertad sin precedentes). Todas ellas confirman que los postulados cristianos no se cumplirán **mientras las mujeres no sean parte fundamental del culto, a semejanza del Santo Grial**, que aúna naturaleza femenina, mística e histórica.

CAPÍTULO 5

LAS TRES VERDADES SOBRE EL MITO
DE LA PRINCESA Y EL DRAGÓN

La libertad y el amor son como la luna,
menguan cuando no crecen.

5.1. De princesas y dragones custodios

En la Alemania francófona, en el castillo del pueblo de Lohr
—hoy Museo del Spessart—, vivía el condestable de la región
de la Maguncia, que hacía las funciones del ministro de Asuntos
Exteriores del Ducado y por ello no paraba de viajar. Su nombre era Philipp Christoph von Erthal, y vivió entre 1719 y 1748
en este pueblo pintoresco por hallarse oculto entre siete montañas. Allí nació su primera hija, la bella Maria Sophia Margaretha
Catharina von Erthal. Descrita por M. B. Kittel, cronista de la
familia Erthal como «un ángel caritativo y bondadoso», un «activo contra la pobreza y la indigencia»; aunque la chica contaba
con una ceguera parcial. Las personas del pueblo la apreciaban
mucho y también las de los pueblos vecinos. Especialmente una
población de personas bajitas, que vivían pasado el bosque en el
pueblo de Bieber, obreros, niños probablemente, que empleaban
para trabajar en una mina de túneles canijos, y a los que **Sophia**
les llevaba ropa para la humedad o viandas para alimentarse.
Una angelita o un hada, sin duda —pensaban aquellos niños tan
reales como ella—.

Su padre el condestable se relacionaba con reyes y reinas de
toda Europa por su trabajo, y al quedar viudo en 1741 volvió a

casarse con la condesa imperial de Reichenstein: Claudia Elisabeth Maria von Venningen, quien aprovechando las ausencias del padre de Sophia, dio prioridad a sus propias hijas; aunque al parecer tampoco trató tan mal a su hijastra. Lo que sí parece seguro es la parte del famoso cuento de **Blancanieves** y al que dio lugar esta historia, en el que la madrastra hablaba con un gran espejo, mientras se cepillaba el pelo. De hecho, todavía se conserva en la casa, ahora museo, el gran y rico espejo de tocador, de 1,60 metros de altura, que fue regalo de su marido Philipp Christoph. Según dice una inscripción, dedicado a su segunda mujer, madrastra de Sophia, famosa en medio mundo, gracias al cuento de los hermanos Grimm. Espejo que, por otra parte, respondía con el eco debido a la reverberación, aún más en las dependencias del torreón más alto de la mansión familiar, donde solía acicalarse la condesa junto a sus hijas, dejando sola a la pequeña Sophia para deambular por los caminos cercanos. 'Espejos hablantes' que se pusieron muy de moda entre las mujeres adineradas en la Europa de los años cuarenta del siglo XVIII.

Con o sin espejo, ha sido muy popular el papel de las madrastras en tiempos pretéritos, cuando el fallecimiento de las parturientas era más habitual, en ausencia de los avances médicos actuales y por el gran número de embarazos que soportaban las madres, intentando de este modo paliar la mortalidad infantil. Y es que, solo algunas criaturas llegaban a edad adulta y que, sin seguros sociales era muy necesario el auxilio de la descendencia al llegar a la vejez. Por otra parte, los viudos tomaban nueva esposa con rapidez, que se encargasen de la intendencia del hogar y las criaturas. Sin embargo, los torreones de casas nobles y castillos aristocráticos tuvieron para las damas usos más lamentables que hacer las veces de vestidor, y hasta tiempos no muy lejanos.

Cornago es otra villa pintoresca construida en las laderas de un hermoso castillo medieval, en este caso en La Rioja española, que bien podría ser el fondo de un cuento tradicional, como los de Hans Christian Andersen. Y que como otros castillos y sus alrededores tiene mucho que contar sobre la historia de las mujeres. Cornago fue objeto de deseo en las contiendas entre el rey de Castilla Pedro el Cruel y su hermano Enrique, que una vez venció y se coronó como Enrique II se lo cedió a la casa nobiliaria de su servidor, Juan Martínez de Luna III.

Cornago es hoy parte de los confines más remotos de la Ruta Riojana de los Dinosaurios. Una villa, en otros tiempos de Soria, es la zona más meridional de esta comunidad, en el Valle del Alhama-Linares, haz de caminos, crisol de culturas y escenario de alianzas y prebendas. Una historia fronteriza, como todos los pueblos de la comarca de Cervera, nombre recibido por ser reserva de ciervos y espacio de recreo señorial. Esta última, cuenta con un mojón de carretera (justo en el kilómetro 286 de la nacional 113) con tres caras, cada una con el nombre de una comunidad. En ese punto preciso tuvo lugar el almuerzo de concordia de tres reyes, que fue la antesala de la victoria contra los almohades en la batalla de las Navas de Tolosa el 1212, a pesar del número mucho menor de efectivos de la coalición ibérica. En el almuerzo participaron en 1196 Alfonso II 'el Casto' de Aragón —hijo de la gran reina **Petronila I**—, junto al rey Alfonso VIII de Castilla, 'el Noble' —hijo de **Blanca de Pamplona**—, y Sancho VII 'el Fuerte' —hermano de **Berenguela de Navarra**, que casó con Ricardo Corazón de León—.

Con tan agraciados sobrenombres no cuesta creer que firmasen la paz por sus tres reinos sin problema, y sin salir ninguno de ellos de sus respectivos dominios fronterizos. Por su parte, son citadas estas buenas representantes de cada una de estas familias, por la labor que también hicieron por la paz entre reinos y por la consecución de asociaciones para mayor prosperidad de sus pueblos. Petronila de Aragón, o también conocida como Petronila de Barcelona, contribuyó a unir territorios dando lugar a la importante Corona de Aragón con su matrimonio con Ramón Berenguer IV de Barcelona y trayendo al mundo a su hijo Alfonso II —que llegaría a gobernar en Aragón, Barcelona y también

Figura 10. Petronila I. Genealogía de los Reyes de Aragón. Manuscrito sobre pergamino.

Valencia—. Blanca Garcés de Pamplona fue reina consorte, y su matrimonio en el 1141 con Sancho III de Castilla contribuyó a confirmar la paz entre estos dos reinos.

Por otra parte, el matrimonio de Berenguela de Navarra el 1191, negociado por la madre de Ricardo Corazón de León, **Leonor de Aquitania**, dio paso durante los ocho años que duró a una etapa recordada con ilusión. Berenguela fue muy querida en la corte inglesa, ocupándose de asuntos de gobierno, de la justicia y de cuestiones diplomáticas en acuerdo amistoso con su marido y mientras este se encontraba en la Cuarta Cruzada. Llegó a concederle la propiedad de la Gascuña (1196-1199) que comprendía el Reino de Oc y Aquitania. Sin embargo, ocupado como estaba el rey Ricardo batallando en Tierra Santa, la pareja no tuvo descendencia y, aunque Berenguela negoció para salvarle de emboscadas y presidios, enviudó muy pronto.

Descansando sobre la piedra de pizarra bajo el torreón del castillo de Cornago, pueden observarse unas pronunciadas pisadas de saurios (icnitas). Y al levantar la mirada, se encuentra una ventanita en lo alto del torreón, en la que es fácil imaginar una princesa —como en el caso de la villa de Montblanc en la leyenda de San Jordi—, esperando a que su padre el rey se la ofreciese como alimento al dragón, o a que el Caballero Blanco 'la liberase'.

El dragón contra el que luchaba el santo varón termina finalmente muerto sobre un charco de sangre según se cuenta en lo que no era otra cosa que una leyenda, porque ya es sabido que los saurópodos vivieron en el Triásico, doscientos millones de años antes de que apareciese la pareja humana sobre la tierra, y que los dragones eran, en realidad, eso, restos de dinosaurios que alimentaban mitos y leyendas castellares.

De aquella sangre, prosigue la leyenda, surgió un rosal, muy parecido a las flores que decoran en Cornago las laderas bajo su castillo. Unas rosas con las que regalar el Día del Libro a todas las princesas, y celebrar que el caballero, San Jorge, fuera nombrado patrón de la caballería y la nobleza. Pero ¿por qué se las llama princesas cuando fueron reinas las que ocuparon las torres? ¿Por qué habitaban en torreones teniendo salones espléndidos en sus castillos? ¿Eran tan delicadas reinas y princesas como para notar un guisante bajo veinte colchones como las describe el cuento de Andersen o, más bien todo lo contrario, mujeres inmensamente fuertes, soportando matrimonios de conveniencia a veces desde temprana edad, inclemencias en sus largos viajes, a veces para vivir en países extraños, malos tratos, embarazos obligados y sucesivos?

Se estima la existencia de fortalezas de defensa tan antiguas como pueda recordarse en el promontorio de Cornago, sobre las que se habría construido la edificación actual a principios del siglo XII. Como en tantas otras, se suceden castillos y edificaciones de los sucesivos poderes arribados, pero las pizarras sobre las que a veces se asientan son antiquísimas y dejan entrever restos paleontológicos, que bien pudieron alimentar el mito de la coexistencia de damas aristocráticas divisando grandes reptiles desde el torreón. La Bella y la Bestia en versión Walt Disney. ¿Pero, por qué estaban encerradas?

La historia de las mujeres y de la diferencia sexual lo deja muy claro: porque aquellas princesas y reinas con nombre propio, a pesar de ser premiadas por la suerte con tierras y buena inteligencia, **debieron luchar duramente por zafarse del robo de sus derechos dinásticos**, tanto por parte de los varones de su familia, como por parte de nobles o validos. Buscaban de este modo, que la voluntad de las damas no interfiriese en los planes personales, tal como en el caso de Juana de Castilla, a quien su madre Isabel encierra al principio en el Castillo de la Mota al modo de un castigo infantil, para que fuese más dócil, y más tarde Felipe el Hermoso en varias fortalezas de Flandes, y por último, Fernando el Católico y su hijo Carlos I en el de Tordesillas, como a una presidiaria. ¿Y quién no pierde así la cabeza? Pues precisamente, Juana I de España, que no la perdió, a pesar de ser llamada Juana la Loca, según los documentos de la época y las fuentes de quienes la visitaron de joven o poco antes de fallecer.

Son tantas las autoras y amigas escritoras que han escrito o estarán escribiendo en estos momentos sobre Juana I, que no puedo por más que remitir para mayor información a ellas, profundizando solo un poco sobre el personaje de Juana de Castilla, nuestra reina de los 'Castillos de las reinas', por el tiempo de su presidio y por el gran número de familiares interesados en ello. Lo que nos devuelve la constatación, sobre el papel de los varones de la propia familia, en las luchas e impedimentos de los personajes históricos femeninos.

Aunque al final, Isabel de Castilla, la Católica, reculó a favor de su hija en su testamento, ya era tarde para una Juana, de educación exquisita, pero no preparada para ser soberana, por ser hermana menor. Con una imagen demasiado jugladoresca de la vida, a juzgar por los amores hacía un esposo que la veía como un instrumento de poder y no la correspondía. Al contrario que su madre, que también 'casó con un adversario político', pero siempre lo tuvo de frente y llevando a gala, el lema igualitario y muy aclaratorio: «Tanto monta, monta tanto, Isabel como Fernando».

De igual forma en la Edad Media fueron encerradas en las fortalezas familiares princesas notables, que más que implorantes en torreones, comandaban movimientos castrenses en defensa de su soberanía, beligerantes con la injusticia, sobre todo en ausencia de ley sálica, y de lo que pueden citarse biografías concretas. Tal es el caso de **Matilde de Inglaterra** (1102-1167), hecha prisionera y encerrada en el castillo de Oxford por las tropas de su primo Esteban de Blois, escapándose de noche_a través del helado río Isis para evitar ser capturada. El río, con el nombre de Diosa Madre egipcia, la protegió, y Matilde, aunque no pudo coronarse, sí fue investida de gran autoridad y reconocida como emperatriz el resto de su vida, en la que dedicó muchos esfuerzos a obras de caridad y la fundación de monasterios cistercienses.

También en el siglo xII **Leonor de Aquitania** (1122-1204) fue recluida por su segundo marido, el rey Enrique II, primero en el castillo de Chinon (Francia) y luego en el de Salisbury (Inglaterra), en donde permaneció bajo arresto hasta la muerte de este en 1189. Para más inri la inhumaron junto a él en la abadía de Fontevrault, a un lado y, al otro, el hijo de ambos, Ricardo Corazón de León.

Otra princesa privada de libertad entre las paredes de un castillo fue **Leonor de Bretaña** (1182-1241). Hija mayor de Godofredo II, comenzaron sus problemas tras la muerte del rey Arturo, su hermano, en 1203, lo que la convirtió en heredera de vastas tierras incluyendo Inglaterra, Anjou, Aquitania y también Bretaña, coronas en las que la ley sálica_no se aplicaba, lo que le costó una vida de conflictos y traiciones. Por un lado, la de su tío Juan I de Inglaterra (Juan sin Tierra), que era el quinto hijo varón de Enrique II y Leonor de Aquitania y que consideró a Leonor una amenaza en el momento que accedió a la herencia, porque él aspiraba al puesto de Arturo en la línea de sucesión al trono. Asimismo, también suponía un peligro para el hijo de Juan, su primo, el futuro Enrique III de Inglaterra. Por esta causa y para evitar que reclamase su puesto por el Ducado de Bretaña, como heredera de su madre, fue aprehendida en el año 1202 y mantenida prisionera hasta su muerte. Al final de su vida había vivido confinada hasta en cuatro castillos: los de Brough, Bowes, Corfe, y en la Torre Gloriet de Corfe, de la que huyó, pero fue capturada.

Sin posibilidades para la exhaustividad en el espacio de un capítulo, pueden citarse, a modo de ejemplo, otros cinco casos adicionales de 'encastillamientos' debidos a las reacciones no sumisas y adversas ante la pérdida de su autoridad de las princesas medievales, como las que pueden encontrarse en la obra de Kelcey Wilson-Lee, *Hijas de la caballería,* sobre **Eleonora, Joanna, Margaret, Mary y Elizabeth,** hijas de **Eduardo I de Inglaterra,** también conocido como el Zanquilargo o Piernas largas, que las encerró en el convento de Amesbury en 1285, quien reinó desde 1272 hasta su muerte, el 7 de julio de 1307. Evitaba así, que contrajesen nupcias con adversarios políticos y/o vindicasen sus tierras y ahorrar en sus dotes para invertirlas en campañas militares de Gales y Escocia. Enamorado, al parecer quería seguir los deseos de su primera esposa (Cannon, 2006; Cavendish, 2007), que prefería la vida religiosa para sus hijas, sin duda con razón viendo las pocas prerrogativas que se ofrecían a las monarcas.

Ya en el siglo XIV destaca **Blanca de Borbón** (1339-1361) que no iba a ser menos, como reina consorte de Pedro I el Cruel, prisionera en el castillo de Arévalo, el de Alcázar de Toledo, el castillo Episcopal de Sigüenza y el castillo del Puerto de Santa María, y asesinada finalmente, por orden de su esposo, cuando solo tenía 22 años. Solo por la sencilla razón de no haberla querido, repudiada a los dos días de contraer matrimonio.

Del siglo XV al XVI tenemos a la renombrada **Juana I de España** (1479-1555), ya citada y a la que mejor dedicar el próximo epígrafe. Y en el siglo XVII cabe citar a **María de Medici** (1575-1642), reina consorte, a la que Enrique IV de Francia encierra en el castillo de Blois. Más tarde, su hijo Luis XIII, del que había sido regente durante su niñez, la destierra de la corte durante años y ordena al cardenal Richelieu —su primer ministro— que la confine en el Castillo de Compiègne.

Fue el rey de Francia Enrique IV dragón desleal, pero fiel al imperativo de género y designio bíblico de multiplicad la especie, que, ya casado con María de Medici, tuvo muchas amantes con las que obligaba a convivir a su esposa y al hijo de ambos, recriminándola que fuera tan celosa. Con estas cortesanas tuvo hijos reconocidos y encumbrados a la élite nobiliaria. Fruto de los amoríos con la marquesa de Verneuil, nacieron dos criaturas, el duque de Verneuil, legitimado en 1603, el mismo año en que nació su hermana, mademoiselle de Verneuil; con la condesa de Moret, tuvo otro hijo que legitimó en 1608.

Más tarde llegó la condesa de Romorantin, con la que tuvo dos hijas gemelas, Juana y María Enriqueta, legitimadas el mismo año de su nacimiento en 1608. Es decir, dejando en evidencia una poligamia nada disimulada, pero sí prohibida por los estamentos religiosos y estales que legitiman al rey y la máxima hereditaria y de consanguineidad de la propia monarquía.

Sin embargo, la leyenda negra fue dirigida hacia su esposa María, sobre todo a partir de que el hijo de ambos se enfrentase a ella, una vez que abandona su regencia, por querer interceder en el gobierno. Luis XIII, educado como estaba en una corte junto a los hijos e hijas no legítimos de su padre, según se cuenta, entre un considerable desorden y depravación, adquirió un gran desprecio por ese entorno en que lo crió su madre. Traicionada por su marido y más tarde por el delfín Luis XIII, llamado el Justo por más que exilió a su madre al Castillo de Blois, no renunció a su influencia, dando lugar a dos guerras posteriores (llamadas de la madre y el hijo), hasta que este aceptó su retorno a la corte.

Fue entonces cuando María mandó construir el Palacio de Luxemburgo, encargando pinturas a Guido Reni y Rubens, como gran mecenas del pintor que fue. Así edificó dicho palacio con una decoración al estilo de las independientes **preciosas parisinas**, que también denunciaran la corrupción de la corte en sus tertulias literarias; y porque de su estirpe procede el amor por la cultura y en tanto la familia y el mundo de la política no le dejaban prerrogativas. No en valde la familia Medici ya había pasado a la historia durante el Renacimiento, por el patrocinio de artistas como Leonardo da Vinci, Miguel Ángel y Botticelli, y apoyaron la creación de importantes obras de arte y arquitectura en Florencia.

A través de la pintura de Rubens, con el que María de Medici tuvo una relación estrecha, representó los episodios de una vida tan azarosa entre 1622 a 1626. Un proyecto de arte colosal con el que ambos quedaron inmortalizados, a través de unos lienzos que terminan con *El triunfo de la verdad*, en el que la reina y su hijo se reconcilian en el cielo, aunque por el cuadro o a pesar de este, lo hiciesen en un besamanos en 1630.

Del mismo modo por perder el cariño del monarca en el proceso de consolidación del Estado absoluto, la cabeza más visible de la nobleza, **la princesa de Éboli** sufrió el castigo de Felipe II por razones todavía no aclaradas y hasta nuestros días ha recibido todo tipo de críticas y calumnias. Lo cierto es que, cuando se va sumando la información de fuentes diversas, se comprenden mejor las razones que animan acciones que han sido severamente juzgadas.

De nombre **Ana de Mendoza de la Cerda** (1540-1592), conocida por su gran herencia familiar y su notable influencia en los asuntos de la corte, es reconocida por su parche en el ojo derecho y un ademán que suelen decir altivo. Casada con el consejero de Felipe II Ruy Gómez de Silva y amiga del monarca desde la infancia, este la mantuvo diez años encerrada, primero en la torre de Pinto, luego en el castillo de Santorcaz, y después en su propio palacio en Pastrana. Finalmente, en sus últimos años el rey endurece las condiciones de su encierro y ordena que se pongan dobles rejas y tupidas celosías en las ventanas y solo le permiten asomarse una hora al día a una de ellas. Allí enfermó y falleció en 1592, a los 52 años. Con fama de mujer ambiciosa e intrigante, muy segura de sí misma como representante de los intereses nobiliarios de su familia, todavía es dudosa la causa cierta de este enfrentamiento, y pueden encontrarse tantas versiones como autores y autoras la han estudiado, o lo han hecho sobre las personalidades que la conocieron.

Lo mismo ocurrió con su enfrentamiento con **Teresa de Jesús**, con la que tuvo importantes roces. Una lucha de mujeres con mucho carácter, en representación de dos estamentos y dos estilos de vida muy diferentes, y que comenzó al tratar si el convento carmelita que funda Santa Teresa bajo el patrocinio de la princesa en Pastrana se gestionaría con rentas o con limosnas. Éboli pensaba en la última opción y en tener derecho a decidir, siendo su patrocinadora y estando como estaba en tierras de los Mendoza. A lo que Teresa de Ávila le responde: «Se sustentará con renta, es la manera de asegurar la independencia de las monjas».

Cuando enviuda, la princesa de Éboli decide ingresar en el convento y convertirse en carmelita descalza. Sin embargo, no cumple con la dura disciplina de la vida conventual y no sigue las normas de pobreza de las carmelitas, que por ejemplo le impiden tener criados. La propia Santa Teresa le escribe para que cambie su actitud. Éboli se ríe de los escritos de la Santa, esta no contesta pero finalmente escribe al rey para librarse de ella y manda a todas las monjas que salgan del convento carmelita de Pastrana para trasladarse al de Segovia y dejen sola a la princesa, que queda humillada. El propio Felipe II ordena a Ana de Mendoza abandonar el convento y su vocación religiosa. La princesa llama a las monjas concepcionistas para que lo ocupen, y aún lo hacen en la actualidad. Por otro lado, su venganza no se hizo esperar (1574), y entrega el *Libro de la vida* de la carmelita a la Inquisición, que inicia un proceso acusatorio contra Santa Teresa.

Así la describía el nuncio papal en una conversación con el fraile descalzo Juan de Jesús Roca, cuatro años después: «Fémina inquieta, andariega, desobediente y contumaz, que a título de devoción inventaba malas doctrinas, andando fuera de la clausura contra el orden del concilio tridentino y prelados, enseñando como maestra contra lo que San Pablo enseñó mandando que las mujeres no enseñasen» (Gabriel Beltrán, 1986).

Y se ha querido ver en este 'choque de trenes' entre una mujer grande de España y otra santa y grande de la Iglesia, ambas bastante rebeldes, un enfrentamiento de egos y personalidades; cuando los motivos parecen ir más por tema de valores y estilos de vida. Una absoluta divergencia de sus respectivas educaciones y sus causas, por las que ambas tuvieron menos piedad y paciencia entre ellas que con el resto. Y demasiadas oportunidades le dio la princesa de poner en práctica la poesía que Teresa de Ahumada había escrito y llevaba como marcapáginas en su Breviario:

> Nada te turbe/ nada te espante/ todo pasa, / Dios no se muda/ la paciencia/ todo lo alcanza;/ quien a Dios tiene/ nada le falta/ Solo Dios basta.

La gran mística, con una educación devota y entregada desde niña, como lo fueron con ella sus progenitores, se encontraba muy atareada en su misión divina:

> Éramos tres hermanas y nueve hermanos; todos parecieron a sus padres, por la bondad de Dios, en ser virtuosos, si no fui yo, aunque era más querida de mi padre. Juntábamos a leer vidas de santos (...) como vía los martirios que por Dios los santos pasaban, parecíame comprobar muy barato el ir a gozar de Dios, y deseaba yo mucho morir así (...) Concertábamos irnos a tierra de moros, pidiendo por amor de Dios para que allá nos descabezasen (Teresa de Ávila, *Libro de la vida*, 1588).

La princesa de Éboli, con una educación contraria, nada austera, tenía un padre que desatendió a la familia con amantes diversas que llevaba a casa o bien se escapaba con ellas y con la herencia. Como tantas de las ya nombradas, cautivas en sus propios castillos, por tratar de que prevaleciesen su voluntad y sus derechos, sin querer asumir la servidumbre que se quería aplicar a su sexo. Contando con terribles críticas que le granjeó, por ejemplo, 'meterse a monja' bajo el nombre Ana de la Madre de Dios, y dejando a sus hijos a mejor recaudo, cuando enviudó. Descompuesta y en un ataque de ira abandonó la casa y marchó al convento de las Carmelitas en Pastrana, al conocer el testamento de su marido, en el que queda desheredada de todos los bienes del matrimonio, y en el que nombraba dos caballeros de albacea para que controlasen la administración que esta hiciese de los bienes que heredaban sus hijos.

También ha quedado descartada la argumentación de líos amorosos con Felipe II (según Gregorio Marañón falsos) y con el secretario de este, Antonio Pérez, el que dejó escrito que fueron tan solo los celos del monarca al pretender a la princesa, los que le llevaron a la animadversión y al encierro de Ana en el palacio ducal. En cualquier caso, la asociación, amorosa o no, con Antonio Pérez, líder de la facción liberal, a la que antes perteneciese el príncipe de Éboli, su marido, explica mejor la trama frente a Juan de Escobedo —que lo era de la conservadora— y que fue el que acusó a ambos de traición. Por lo que es más plausible la versión de que fueran las guerras políticas, la liberalidad y la soberbia de Éboli las que la llevaron a la ruina, por su intento de influir en la política de la corona, llegando al juego sucio, a engañar al rey en temas turbios. Esta versión explicaría que diversos nobles defendiesen a la princesa en el primer encierro.

Sin embargo, otras interpretaciones refieren que sencillamente tomó parte en defender su posición frente a las decisiones del rey, para velar por sus propios intereses, y entre estos, tal vez el apoyo a la hija de su amiga la reina **Isabel de Valois**, la infanta **Isabel Clara Eugenia**, como heredera al trono de España. Hija mayor y preferida de Felipe II, este luchó insistentemente para que accediese al trono de Francia a la muerte de su tío Enrique III, sin éxito por la Ley Sálica; llegando a serlo de los Países Bajos pero como consorte, con su marido y primo Alberto de

Austria, y quedando como gobernadora hasta su muerte. Lo de reina soberana del Imperio, ni se menta existiendo varón (su hermano Felipe III), a pesar de ser la primogénita.

Y ya para terminar, pero no porque sean los últimos, en el siglo XVIII **Fernando VI y Bárbara de Braganza,** casados por acuerdos como las anteriores, pero muy enamorados después, fueron confinados por la madrastra del primero, Isabel de Farnesio, en el palacio de la Granja de San Ildefonso (en Segovia). De modo que, haciendo justicia a la historia, habrá que tener en cuenta antes de alumbrar lógicas expectativas ante un matrimonio monástico o no, cuáles son las de la otra parte. En especial si son príncipes azules con vistas en nuestro patrimonio o futura herencia, por no encontrar tras un beso, antes que una rana o un sapo como en el cuento, un dragón.

5.2. Juana I, la princesa enamorada

Temperamental, celosa e inestable ha descrito la historia reinante a Juana I, reina de España. Sensible, recta e inteligente como su madre, diestra para la música y el latín, como ella sola. La describe entre otras personas el obispo de Córdoba cuando fue enviado a Flandes por mandato de la reina Isabel para saber cómo veía a su hija para asumir el reino, su contestación bien conocida fue: «habida por muy cuerda y por muy asentada» (1501). Poco después el embajador residente en España llegó a decir que «en persona de tan poca edad no creo que se haya visto tanta cordura», si bien sus dotes profesionales se ceñían más a tocar el clavicordio y otras artes, porque eran sus hermanos los preparados para el trono.

Engañada con el seudónimo del más bello príncipe europeo, Felipe el Hermoso de Habsburgo, archiduque de Austria y heredero de los Países Bajos, y que en realidad se tornaba muy feo cuando la maltrataba. Con él tuvo cuatro hijas y dos hijos, numerosas infidelidades y encierros cuando se rebelaba contra que las amantes estuviesen en sus aposentos. Una vez muerto Felipe, su padre Fernando el Católico, fue a la zaga del yerno con los encierros, para hacerse con los derechos dinásticos de Juana, traicionada hasta por su propio hijo, Carlos I de España y V de Alemania, el segundo descendiente después de Eleonor de Austria (1498). Y por último, sin mucho apurar, a juzgar por los comentarios que se conservan, por su nieto Felipe II, que utilizó el cautiverio de su abuela para consolidar su poder imperial.

Por otra parte, además del fallecimiento de su marido, fue separada de sus seis hijos, habiendo sufrido previamente la muerte de sus hermanos Juan e Isabel a los que adoraba, momento en el que su madre Isabel solicitó a Juana, que se encontraba en Flandes, que volviese a la corte castellana para ser sucesora en el trono. Hecho que su marido Felipe II, y su propio padre, ambos consortes de reinas y con apetencia de poder, no vieron con muy buenos ojos. De modo que Felipe se marcha de nuevo a Flandes a los seis meses de haber llegado a Castilla, abandonando a Juana embarazada de su cuarto hijo. Y la reina Isabel se enfada con Juana, cuando esta prefiere regresar con su mujeriego marido a Flandes, antes que seguir los planes de gobierno de su madre Isabel I, que no entiende cómo su hija adora a un hombre que le pega y es infiel sin respiro, por lo que encierra, y con cierta lógica, a su hija en el Castillo de la Mota (Medina del Campo). En prevención del peligro que corría junto él.

Juana se declara entonces en rebeldía, se niega a ir a misa, y a confesarse, manteniendo duras disputas con su madre. Y una noche muy fría sale al sereno con poca ropa en el gélido invierno castellano, para enfermar y así doblegar la férrea voluntad de la que hacía gala la reina Isabel. Finalmente, la monarca cede y le permite seguir los pasos de su marido. La treta infantil, de 'coger frío' para no obedecer, surtió efecto, pero a costa de su propia reputación, porque se dice que por aquel episodio quedó manchada para siempre, con una triste imagen de mujer que no disimula su pasión y no obedece. ¿A quién se le ocurre? Más siendo hija de Isabel la Católica, una dama lista que sabía para qué querían a su hija en la corte flamenca, no podía esperarse otra cosa que un fuerte carácter. Juana cuando regresa a Flandes, amenaza con una tijera a la mujer que yacía en la cama junto a su esposo.

Llegando noticias del hecho a la reina Isabel, que también sufriera importantes episodios de celos debido a las deslealtades conyugales de Fernando el Católico, deja, ya en su lecho de muerte, un nuevo testamento. En el que estipula que los derechos de sucesión pasasen a Fernando en el caso de fallecimiento de Juana (se entiende que para proteger la vida de su hija y de paso el patrimonio nacional). Pero también, por si se diese el caso de que esta no quisiera, o no pudiera ejercerlos... Es decir, no para desheredar a su hija por «volverse loca», como se ha dicho de forma falaz, o por 'ponerse loca', como afirman autores tal que Gustav Bergenroth, sino como parece normal, en previsión de lo que pudiera acontecer con su seguridad, y con la del país, si tras su muerte Felipe el Hermoso, intentase, como se prometía, usurpar la corona.

Tras la muerte en 1504 de Isabel la Católica, se acordó el gobierno conjunto de Juana, Felipe y Fernando el Católico. A finales de 1505, Felipe estaba impaciente por llegar a Castilla y ordenó que zarpase la flota cuanto antes, a pesar del riesgo que suponía navegar en invierno y con tempestad. Partieron el 10 de enero de 1506, con cuarenta barcos; en el canal de la Mancha, una fuerte tormenta hundió varios navíos y dispersó el resto. Hubo gran temor por la vida de los reyes, que recalaron en la diminuta isla de Portland, y, dada cuenta de los desperfectos y los temporales, la Armada debió permanecer en Inglaterra durante tres meses. Juana pudo así visitar a su hermana Catalina a la que quería mucho, pero a quien no veía diez años atrás. Finalmente, en abril de 1506 la pareja real y su séquito zarpan de nuevo y, para sorpresa de todos, arriban a La Coruña, en vez de a Laredo, en donde se les esperaba; ya que el objetivo de Felipe el Hermoso era tener la oportunidad de reunirse y ganarse a los nobles castellanos, antes de presentarse ante Fernando de Aragón, su suegro. Porque entre tempestades y movimientos políticos, cabe recordar las palabras de Juana, que mientras todos temblaban de miedo al naufragio, con realista agudeza repuso sin perder la compostura, tal vez porque algo presentía: Vds. no tengan cuidado «que nunca rey murió ahogado».

De manera inesperada, el 25 de septiembre de ese año de 1506 muere Felipe I el Hermoso en el Palacio de los Condestables de Castilla. Según algunos, envenenado; según la fuente oficial, de neumonía; y según nos contaban en el colegio y permanece en las enciclopedias, por tomar un vaso de agua después de un juego de pelota. Se encontraba en Burgos a los 28 años, solo dos meses después de haber sido proclamado rey de Castilla en las Cortes de Valladolid. Acababa asimismo de firmar la concordia de Villafáfila con Fernando el Católico, por haber conseguido el apoyo de la mayoría de la nobleza castellana, en contra de su suegro, que argumentó la falsa incapacidad mental de su hija para gobernar y se retiraba a su reino de Aragón.

Mentira ésta más segura es el largo periplo que se cuenta anduvo Juana deambulando con el cadáver de Felipe I, durante ocho fríos y patéticos meses. La realidad fue muy diferente. Milagros Rivera Garretas (2017), en su obra *La reina Juana I de España, mal llamada la Loca*, María Lara, en *Juana I, la reina cuerda*, (2023) o Alber Vázquez (2021), en su novela *Juana, la reina traicionada*, hablan de cuatro viajes cortos y muy distanciados en el tiempo entre Burgos, Palencia y Valladolid. Se trata de una traición (más), secundada no solo por su propio padre, sino, sobre todo, siglos más tarde, por los reporteros gráficos tendenciosos, que en el siglo XVIII fueron los pintores, a juzgar por el cuadro de Pradilla, que denota a su séquito hastiado y como si fuesen años de peregrinaje.

Ellos pintaban una Juana loca y desaliñada, en vez de la mujer bella, inteligente y serena de la que hablaban sus directores espirituales y, después de décadas de encierro en una celda de Tordesillas, los propios Comuneros de Castilla. Y cuando la estrategia política era otra. ¿Por qué parte en invierno, durante su último mes de gestación, con un gran séquito de clérigos, nobles, damas de compañía, soldados y sirvientes diversos? Tal vez por temer ser también envenenada, seguramente, además, para no ceder su soberanía a su padre o a un socio de este, que quería obligarla a casarse de nuevo sin duelo y sin consentimiento. Se libra Juana de este modo de tan terribles peligros, rodeándose solo de personas de su confianza y visitando durante largos periodos las instituciones castellanas que reforzaban su soberanía; pero con dignidad, dejando al cadáver de su marido en grandes templos, lo que, por otra parte, retrasaría que fuera enterrado en Granada, y que pudiesen acceder a ella nuevos candidatos a su mano y a su trono.

Es decir, no se trataría de una locura, ni de que fuese poco devota o rebelde ante los designios divinos —la mayor locura en la sociedad teocéntrica de la época—. Porque, al parecer, no hacía otra cosa que misas por el alma de su esposo, con lo que evitaba su inhumación. Por tanto, se trató de una inteligente huida hacia adelante, una representación de locura bien orquestada, una *performance* como considera Milagros Rivera, para salirse con la suya, y que para toda reina suele ser salvaguardar la corona para su descendencia. O, al menos, para ella que nunca quiso gobernar y, de paso, tal vez, alejarse de los que podrían envenenarla.

Una estrategia expuesta en la afirmación de Juana de marchar de Burgos para dar necesaria sepultura de soberano a Felipe, en Granada, pero en vez de partir hacia Toledo, camino más directo, llega a diferentes ciudades castellanas bien acompañada. Primero a Torquemada, en donde dará a luz a Catalina, que la acompañó en su cautiverio posterior hasta contraer matrimonio a los dieciocho años, llegando a ser a ser reina de Portugal. De allí se dirige a Hornillos de Cerrato, en donde, debido a una peste, aíslan a Juana y a Catalina durante cuatro meses, hasta que parte a Tórtoles de Esgueva, tercera etapa, en donde aparece su padre Fernando y la obliga a regresar a la ciudad de Burgos. Como si fueran dos adolescentes, pero Juana, de nuevo, desobedece y se dirige sin otro remedio a Santa María del Campo, en donde se queda, habiendo descrito en todo ello una trayectoria circular.

Insiste su padre en que regrese a Burgos, porque necesita tenerla controlada, que no extienda su influencia entre los súbditos castellanos y, sobre todo, que nadie compruebe que no está loca y que lo que hace en realidad es una campaña política. Llega en quinta etapa a Arcos de la Llana, alojándose en el palacio arzobispal, en donde pasa año y medio. Es decir, desafiando de nuevo las órdenes de su padre y manteniendo los restos de su marido insepulto en templos y a buen recaudo, dando muestra con el cadáver embalsamado, de su desgracia y del oprobio cometido. Juana mantiene así su viudedad, que le permite no perder derechos, haciendo de puente para la realización del deseo incumplido de su madre de «juntar las coronas de Castilla, Aragón y Portugal» en sus descendientes.

Por último, llega a Tordesillas en sexta etapa, en donde la dejan encerrada, primero su padre y luego su hijo Carlos, por el que tanto luchó para cederle su corona; y allí la confinan, cincuenta años, hasta su muerte.

Muchos quisieron ser regentes durante el relatado periplo, pero Juana trató de gobernar por sí misma, revocó e invalidó las mercedes otorgadas por su marido, para lo cual intentó restaurar el Consejo Real de la época de su madre. Los reyes Fernando el Católico y Carlos I tuvieron mucho cuidado en que los nobles que hicieron de carceleros mantuviesen su aislamiento, a ellos bien informados y el estado de desconcierto sobre la reina, muy necesario para legitimar la usurpación de sus derechos dinásticos. Trataron de borrar cualquier vestigio documental del encierro de Juana y de sus visitas a Tordesillas, aunque no lo consiguieron. Porque quedan documentos de los duros años en los que los marqueses de Denia (Bernardo de Sandoval y Rojas y Francisca Enríquez) fueron sus carceleros, y en los que se jactaban en carta al emperador de confundirla, de tenerla «como presa», pero que el rey debía estar tranquilo, porque sabían darle largas a las peticiones de ver a su hijo, para contarle cómo la tratan.

¿Quién no se vuelve loca? Juana no lo hizo y cuando, tras la revuelta, llegan los Comuneros representantes del pueblo castellano en 1520, y se apoderan del palacio de Tordesillas para liberarla, estos fueron testigos de que se encontraba muy cuerda. Tanto que, como mujer y como madre, les contestó: «no la revolviese nadie contra su hijo», el emperador Carlos I de España y V de Alemania. Había realizado sus sueños y se encontraba encantada, en el mejor de los sentidos.

5.3. De otras princesas y otros dragones

Es sabido que los enlaces reales se debían más a cuestiones políticas que al devenir de romances trovadorescos y esto, al parecer, hasta bien entrado el siglo XX. Contaban además los contrayentes con edades y personalidades muy dispares, lo que explica, hasta cierto punto, las relaciones extramaritales de los poderosos y otras cuestiones nada justificables, como el repudio de reinas y princesas a capricho; aunque no con tanta arbitrariedad como a las amantes, con destinos mucho más desdichados que las princesas. Muchas en el anonimato y algunas otras pasando a los libros de historia, podemos ver dificultades aún mayores para mantenerse a salvo ellas y su descendencia que en el caso de las reinas soberanas y consortes. Gran resonancia en la literatura y la ciudad de Madrid tuvo la historia de **María Calderón**, amante del rey Felipe IV, que pasó de actriz a madre abadesa y, más tarde, según la leyenda, a bandolera. Una vida trágica, como las de tantas amantes pobres y socialmente peor posicionadas, pero sin duda valientes y con una autonomía encomiable para su época.

Corría el año de 1627, en pleno Siglo de Oro español, cuando María la Calderona debutaba en el corral de la Cruz de Madrid, haciendo las delicias del público, como suele decirse, pero también de Felipe IV. Estaba casada y además era amante de un poderoso señor aliado del mismo rey: el viudo de la hija del famoso valido conde-duque de Olivares. Marchó el aliado al sur para simplificar la escena madrileña ante la aparición del rey amoroso que pretendía a María Calderón. Y siendo así, ella renunció a su carrera de actriz y, a cambio, Felipe, también llamado el Rey Planeta por su poder imperial, le permitió que viese todas las representaciones, dotándola de un balcón solo para ella en la Plaza Mayor de Madrid, ubicado encima de los arcos de la Casa de la Carnicería. Tuvieron un hijo, don Juan José de Austria, futuro político y militar muy querido por el pueblo y por su propio padre. Tanto fue así que se lo arrancó de los brazos a María Calderón recién nacido y la obligó a ella a ingresar en el monasterio benedictino de San Juan Bautista en Guadalajara, en donde fue abadesa de 1643 a 1646.

Aunque la historia no acaba aquí y este tipo de encierro conventual, si bien no tiene dragones, puede ser igual de terrible cuando no es elegido, por más que sea en un puesto de responsabilidad. Y el caso es que algunos historiadores relatan que María consiguió escaparse del convento y vivir como bandolera por el resto de su vida en unos montes entre Aragón y Valencia, conocidos en su honor como Sierra Calderona; y que la mujer del mismo apellido registrada en un asilo de Madrid por entonces era su hermana, y que María terminó sus días libre y feliz como ella quería, ayudada y respetada por la gente de los pueblos cercanos.

Por otra parte, las listas de amantes interminables resultado de la gran afición al sexo fueron conocidos en alguna que otra reina como Catalina la Grande en Rusia o Isabel II de España, la castiza, al casarse joven y con su primo, al que, al parecer, no le gustaban las mujeres. Si bien el rechazo popular, sobre todo en el caso de la segunda, ha sido aprovechado para la usurpación de sus derechos dinásticos, cuando en el caso masculino eran tan solo anécdotas, como los treinta hijos de Felipe IV fuera del matrimonio, más prisionero de su adicción al sexo que pendiente de la gobernanza de su Imperio a punto de resquebrajarse. Porque esto que se ha llamado doble moral, en realidad, formaba parte de la norma, comprensible en la medida que la legitimidad de los herederos es por el cauce de la consanguineidad, por lo que se responsabilizaba a las reinas y solo a ellas de asegurar el linaje patriarcal de sus hijos e hijas.

Es interesante llamar la atención sobre el hecho de que en torno a los castillos y sus moradoras poderosas, se encontraban vasallas y vasallos —como, por ejemplo, el castillo de Cornago del principio del capítulo—, que vivían de diversas actividades y oficios. Eran tierras en los límites entre regiones y naciones, que por las causas referidas fueron desde el Medievo de grandes privilegios, que consistían en exenciones fiscales muy jugosas para el comercio. Allí donde se alzaban las fortalezas existía una 'economía de frontera', además de agrícola, en una tierra de sierra, pero también, terreno de vega, todo lo que favorecía oficios derivados de la huerta (incluidos los guisantes) y sobre todo del contrabando, que ocupaba a hombres y mujeres.

Es decir, formas de vida en oficios intersticiales, como el de comerciantes, arrieros, contrabandistas y bandidos, siempre entre regiones y entre la legalidad y lo que no lo era, favorecidos por el relieve de las sierras y los recoletos desfiladeros, que más tarde llegaron a ser un obstáculo para la industrialización y el turismo de masas.

Para conocer más sobre la diferencia sexual en los puestos de trabajo fronterizo, puede seguirse el informe del jurista e historiador José de Zuaznávar (1764-1840), miembro del Consejo de Castilla y del Consejo de Navarra y ministro del Tribunal de Contrabando de Navarra, sobre la carrera de contrabandista. Estos puestos se repartían entre cinco niveles jerárquicos, y comenzando por el inferior, se encontraban los siguientes:

1.º Las pandereteras: mujeres solteras y casaderas, que se acercaban diariamente a los pueblos navarros para transportar pequeñas cantidades de especias, condimentos, etc. Era la tarea más peligrosa, y la que ha llegado hasta tiempos más recientes.

2.º Los morraleros: jornaleros que fuera de la temporada de cosecha compraban y vendían género en la cantidad que cabía en un macuto o morral, también actividad de pequeña monta como las anteriores.

3.º Los aventajados: evolución de los morraleros o bien campesinos con caballería y capacidad para viajar, incluso hasta Francia, ayudados por quienes estaban en el siguiente nivel.

4.º Los profesionales: con varios medios de transporte, hacían compra de género por su cuenta, contando con la confianza de comerciantes y aduaneros.

5.º Los asalariados: venían a ser algo así como «contrabandistas por cuenta ajena», hombres y también mujeres.

En este informe sobre el contrabando y sus razones sociales, económicas y culturales, se proponían algunas soluciones a la Corona, comenzando por restringir las prebendas reales. Y más difícil fue durante siglos prescindir de estructuras que permitían el trabajo de menores, en especial las chicas pobres desde los ocho años, y sobre las que recaían cometidos sin futuro.

Cornago es precisamente un pueblo de esta zona de influencia, que recibió el Favor en 1707 de los Borbones, por su intervención militar contra los franceses en la defensa de Tarazona y a favor del victorioso Felipe V, carta destinada por entonces al señor de la comarca el conde de Aguilar. Y previamente, siglos atrás, el privilegio concedido por Juan II (1406-1454) y confirmado por Enrique IV, a cuenta de la resistencia de su gente en las guerrillas señoriales.

Después de conocer algo más sobre las princesas y las cuitas castellares, nos queda volver sobre el dragón no simbólico, es decir, el real, los animales gigantes como castillos y que dejaron huellas de sus patas o sus colas mientras se acurrucaba a los pies de las fortalezas. Aquellos que nos hicieron pensar, unas veces, que protegían a la princesa en su cautiverio, y, en otras, que la acechaban si hacía uso de su libertad. Ahora sabemos que en el mundo cierto era para que no reinasen, pero que, además, fueron excusa irreal para que la infancia entendiese a qué tanta princesa triste y encantada. La paleontología, más tarde, también les descubriría que es un hecho poco o nada probable que subsistiesen los saurios en la misma época de los castillos medievales y en la Edad Moderna.

El caso es que los dragones suelen habitar en las mitologías de todos los continentes, las cuales coinciden en describirlo como un reptil de gran tamaño, con diversas modificaciones pero, en general, «revestido de un armazón impenetrable, largo cuello, con dos o cuatro extremidades acabadas en garras afiladas, cola poderosa, alas similares a las de un murciélago y fauces de las que a menudo salen lenguas de fuego» (López Caballero, 2018).

Con esta descripción es sencillo comprender que los 'restos de dragón' y huellas petrificadas que se vendían en mercados medievales eran en realidad saurópodos y sus pisadas (o icnitas). Estas permanecen a los pies de los torreones en donde encerraron a muchas princesas como refiere la historia, vestigios de estos grandes reptiles que quedaron sobre los suelos húmedos del Jurásico y que hoy se encuentran a la vista en las pizarras que rodean las empinadas fortalezas.

Es decir, los dinosaurios ya habían desaparecido millones de años antes de que se expandiera la cadera de Eva para permitir el nacimiento del *Sapiens sapiens*. Pero lo que también parece ser cierto, según estudios recientes, que lo más probable es que los grandes reptiles expulsaban metano por sus fauces debido a la fermentación de los alimentos que comían, y que pudo haberse convertido en expulsión de fuego por procesos propios de combustión. Serían similares a aquellos con los cuentan algunos animales tal que el escarabajo bombardero (*Brachinus* orden *Coleoptera*, de la familia *Carabidae*).

También pudiera ser que esas huellas se interpretasen, siguiendo leyendas o el Antiguo Testamento, como animales malignos, 'la serpiente antigua', el gran dragón que es Satanás, en vez del dragón amigo, y en ambas, como en la leyenda de San Jorge, representación de todo lo que es interpretado negativamente: el paganismo ancestral o la serpiente que convenció a Eva.

Ginopía es un nuevo concepto que designa **la imposibilidad de ver lo femenino o el hecho de ocultar la experiencia de las mujeres,** como suele ocurrir en la producción histórica. A esto ha contribuido la ausencia de suficientes fuentes de autoras, por la prohibición de escribir, distribuir o acceder a la propiedad de las publicaciones y a la Universidad desde el Renacimiento hasta el siglo XX. Un sesgo que puede sortearse, contando con nuevas investigaciones y fuentes diversas, como leyendas de tradición oral, pinturas, tapices, bienes inmuebles tal que castillos y muebles, como piedras o monedas… O localizando diferentes fuentes sobre una misma realidad, a ser posible de las propias protagonistas.

Los mitos y las leyendas, desde su mundo fantástico, encierran enigmas, arquetipos, contrapuntos en sus relatos, que son de gran utilidad para entender mucho de aquello que, por verdad injusta o degradante, se nos ha ocultado. Por ejemplo, para comprender por qué partían errantes, tal que la mentira de la Reina Juana de Castilla con el cadáver de Felipe el Hermoso, o por qué eran encerradas en innumerables ocasiones en fortalezas de su propiedad, como se comprueba en el caso de tantas reinas cautivas debido a las respectivas leyes sálicas o por su inexistencia: **Matilde de Inglaterra, Leonor de Aquitania, Leonor de Bretaña, Joanna, Margaret, Mary y Elizabeth, Juana I, María de Medici, hasta Blanca de Borbón a cuenta de Pedro I El Cruel** en 5 **castillos.** Porque ahora ya podemos contar a las niñas, con datos, el trasfondo de mitos sobre princesas custodiadas por dragones, y sí de una coexistencia meramente simbólica entre saurios y mujeres, que da cuenta del tamaño de los obstáculos que estas afrontaron para reinar en sus propias vidas y de sus recursos para salvarlas.

CAPÍTULO 6

REVOLUCIÓN DE LAS ABADESAS
Y LA QUERELLA DE LAS DAMAS

La felicidad es como una flor, necesita ser regada todos los días por manos sabias.

ALEXANDRA KOLLONTÁI

Ser abadesa en tiempos pretéritos era algo así como ser directora ejecutiva de una multinacional, ministra o alcaldesa en nuestros días, en un mundo patriarcal y teocéntrico, en el que solo se esperaba de las mujeres ayuda y sumisión. Por eso es tan importante conocer las obras que no se hayan perdido, y sus estrategias, cuando el trabajo por la supervivencia y la censura permitían su creación y difusión. Ser abadesa entrañaba una ardua tarea de gestión, mayor protagonismo en la vida pública y en la organización interna de los conventos. Si bien, era la ocupación que permitía mayor acceso a la información, la lectura y la escritura por la que transcurrían las relaciones sociales y políticas, y, por tanto, al conocimiento. Eran mujeres que contaban con una consistente cultura y educación, lo que les permitía entender mejor las circunstancias de su entorno y redactar obras de gran calado, si bien con gran sigilo y temor de no incurrir en inmodestia o herejía. Además les permitía la posibilidad de reflexionar sobre la vida de la gente y la política, siendo consultadas por monarcas, prelados y otras personalidades de la época, en ocasiones desde la misma clausura a través de misivas o del torno conventual, en una suerte de consultoría de amplio espectro.

Es interesante comprobar que su agudeza llegaba al punto de asumir referentes femeninos concretos, como María Magdalena, y eso a pesar de las injurias vertidas sobre la evangelizadora. En concreto, dos de las doctoras de la Iglesia católica más importantes, y que se fiaron más de las fuentes originales y no tanto de las interpretaciones precipitadas sobre las mujeres de la Biblia. Como ejemplo, y en distintas épocas (renacentista y decimonónica), **Santa Teresa de Ávila** (1515), fundadora de las Carmelitas Descalzas, amiga de las grandes misiones y hazañas; y la otra, **Santa Teresita de Lixieus** o Alençon (en Normandía) nacida en 1873, de la misma orden que la anterior, ejemplo de la gloria obtenida en los pequeños actos y que acuña el concepto 'del amor materna de Dios'.

Dicen que el nombre de Teresa es de origen griego (Therasia), y significa 'cosecha' o bien 'milagros'. Y Teresa de Ávila afirmó recibir la ayuda espiritual y un llamamiento especial de la primera discípula: «Sentí que María Magdalena acudía en mi ayuda… y desde entonces he progresado mucho en la vida espiritual», que la llevó a grandes empresas fundadoras de una orden muy importante y, también, a intensas luchas políticas e internas como «Camino de perfección». Teresita, por el contrario, es una niña que defiende llegar a la plenitud desde la pequeñez. Lo que ella llamó el 'caminito' de las pequeñas obras y la vida oculta y discreta, hasta llegar a notables honores y milagros tras su muerte temprana. Ambas superando importantes limitaciones físicas y sociales para cumplir lo que entendieron era su cometido. Y del que siempre aprendemos, salvando mentalidades.

A pesar de ese gran salto de mentalidad y valores que emanaban de la sujeción legal a los hombres de la familia, los perfiles femeninos como vemos gozan de una autonomía personal, de lo más diverso, en la historia política. También en el Nuevo Testamento, con aquellas mujeres pertenecientes al círculo más íntimo de Jesús (su madre María, María de Magdala, María de Santiago y Salomé, en Marcos 15, 40-41), que le seguían desde el comienzo de su ministerio en Galilea, y de las que se muestra una gran valentía y autodeterminación para viajar, tomar la iniciativa de predicar y relegar otras tareas familiares inexcusables. Algo que no fue obstáculos para los varones de su época, ni para los que contaron sus vidas, ni las repiten en el culto durante siglos.

Una renuncia por causa mayor, a los asuntos domésticos, frente a la reflexión y la participación social, que Cristo no censuraba, sino todo lo contrario, ¿Por qué habrían de hacerlo otros y otras en su nombre? Y esto pasaba en casa de Lázaro, cuando **Marta** reprende a su hermana **María** de Betania (Lucas 10, 40-42) en el siglo I:

> «Señor, ¿no te importa que mi hermana me haya dejado sola para hacer el trabajo? ¡Dile que me ayude!»
>
> «Marta, Marta», respondió el Señor, «estás preocupada y molesta por muchas cosas, pero solo se necesita una. María ha elegido lo que es mejor y no se lo quitarán».

6.1. Abadesas sabias e intrépidas

Isabel de Villena, abadesa valenciana del siglo XV, comprendió que es difícil motivar a las jóvenes al aprendizaje y menos a la vida religiosa sin contar con referentes estimulantes. De modo que se encargó de escribir para sus monjas una obra en la que las mujeres tomasen mayor protagonismo, y la llamó *Vida de Cristo*, destacando en ella el papel femenino en el Evangelio. Considera la activista contemporánea **Inma Guillem Salvador (2021) que** *Vita Christi, de 1497,* es calificada como la primera obra protofeminista de la literatura española, cuando España era la potencia mundial dominante, por su visión diferente de los modelos tradicionales femeninos y «por incluir su experiencia en la creación del mundo y su protagonismo en la redención».

Así pues, Isabel de Villena ya estaba poniendo en práctica el reconocimiento de la genealogía femenina, como modo de activar las capacidades de todas por medio de una motivación basada en evidencias, no en propaganda. Para poder realizar esa aproximación a la experiencia y la vida cotidiana de las mujeres en el Nuevo Testamento, era preciso ampliar las fuentes de referencia, lo que sin duda es siempre una oportunidad, pero eran los terrenos de fe un ámbito resbaladizo, por tratarse en ocasiones de textos «extra-canónicos» o directamente apócrifos, en donde es más importante la presencia femenina. Como en el caso del Evangelio de María Magdalena, el Apócrifo de San Juan o a mediados del siglo xiii, *La leyenda dorada*, relato de vidas de ciento ochenta santos y santas, en cuya redacción se contó con muchas fuentes canónicas y apócrifas. Un libro de los más leídos en la Edad Media, en tiempos en los que los libros eran objetos raros, obra del arzobispo genovés Jacobo de la Vorágine y una obra hagiográfica, en la que como otras de este tipo abundan los martirios, en particular de santas, si bien permite conocer el relato de trayectorias y perfiles representados, y los temas recurrentes en las biografías referenciales de las mujeres de la época.

La leyenda dorada comienza con la vida de la Magdalena, representación de superación de los propios defectos, testigo de milagros, y menciona su protagonismo en los momentos clave, así como el relato popular de Tiberio y el 'huevo rojo'. Una historia llena de optimismo, que abre la puerta para aprender de aquellas mujeres que no tuvieron tanta suerte, o hicieron su propia elección por encima de todas las cosas, incluido el martirio. Entre otras muchas que nombra Vorágine, cabe destacar a **Santa Clara de Asís**, fundadora de la Orden de las Clarisas, orden femenina que perdura hasta nuestros días, **Santa Brígida de Suecia**, mística fundadora de la Orden del Santísimo Salvador, o **Santa Águeda de Catania**, mártir de Sicilia, patrona de las mujeres y considerada protectora contra cánceres femeninos; fue sentenciada por rechazar el acoso sexual del procónsul Quintianus, que por no acceder a sus deseos, mandó cortar sus senos y otras serie de atrocidades, como rebozarla en brasas. Por lo que se dice, un año después rugió el volcán Etna, deteniéndose la lava antes de llegar a las puertas de las casas de las familias sicilianas, que habían pedido la mediación divina a Santa Águeda.

El martirio de **Santa Bárbara** no fue menos, en este caso a cuenta de su padre, que la encerró en un castillo por no querer casarse ni con quien él quería, ni con nadie. Y también para que no siguiese pensando por su cuenta, pero sus maestras la ayudaron a leer aún más y escribir filosofía y poesía entre otros temas. Su martirio por su fe cristiana fue al estilo del de San Vicente, atada a un potro, flagelada y desgarrada con rastrillos de hierro, postrada en trillos de cristales punzantes y quemada con hierros candentes. Tras lo cual cortaron su cabeza, por sentencia de su propio padre Dióscoro, el monarca. Ley del karma, justicia divina o sincronicidad, el padre murió 'partido por un rayo' al poco tiempo, para más confirmación de cómo se altera el orden celeste cuando se ultraja a las mujeres.

Los relatos de las vidas de santas martirizadas durante los primeros tiempos del cristianismo abundan en *La leyenda dorada*. **Santa Lucía** de Siracusa, cuyo pretendiente no aceptó su decisión de castidad y la denunció al procónsul Pascasio, y que por tener nombre de luz, es desde entonces patrona de las y los invidentes. **Santa Inés** fue otra mártir romana, sentenciada por su credo en tiempos de persecución por Diocleciano, al que fue denunciada por rehusar las pretensiones de su hijo. Era parte previa al escarmiento más cruel del martirio, como prueba de que Dios no las ayudaría, hacer pasar a estas nobles por prostíbulos en los que, finalmente, conseguían resistirse al abuso. Aunque más allá de batallas entre cristianos y paganos, puede verse una revancha persistente del poder, cuando desde un culto u otro, las mujeres no ceden el derecho sobre su cuerpo.

Prueba de ello fue **Santa Catalina de Alejandría** (nacida hacia el 290), la más desafiante con el emperador romano Maximino, al que solivianta persignándose a su entrada en el templo y al que retó y ganó un debate. Sin embargo, algunas investigadoras como Christine Walsh (2007) consideran que la historia que de ella se cuenta es en realidad la de la científica Hipatia, relatada invirtiendo los bandos de sus perseguidores bien cristiano o pagano. Sea como sea, lo que a esta identidad femenina, como a tantas, le costó la vida, fue hacer gala de su inteligencia, en vez de mostrar subordinación. Hipatia defendía que la tierra giraba en torno al sol, por lo que fue linchada por una muchedumbre de cristiana, terminando con la vida (en marzo del 424 de nuestra era) de esta matemática y astrónoma, y de paso con el esplendor cultural y científico de Alejandría desde entonces.

Por su parte, el mito de Santa Catalina inspiró una bella obra de arte pictórica de Caravaggio en 1597, actualmente en el Museo Thyssen-Bornemisza de Madrid. En ella además de todos los atributos de su martirio puede contemplarse el parecido de Catalina con las representaciones de Hipatia, en el rostro, el peinado y la expresión de extrañeza en la mirada. Similar a la que inspira el resultado, hasta nuestros días, de la coherencia de las mujeres con su propia fe, antes que con la obediencia o la conveniencia. Porque muchos de estos actos heroicos poco comprendidos en nuestros días, hablan de autoridad y autonomía, en donde otros han querido construir la virtud femenina sobre un valle de lágrimas.

Pero volvamos al siglo XVI, el de Santa Teresa de Ávila, cuando **Marie Dentière**, exabadesa de Tournai (Bélgica), en su obra *Epístola* (1539), se opone taxativamente a la misoginia de la Iglesia apelando a la autoridad de los textos bíblicos, con personajes femeninos de la talla de **Sara, Rebeca, Débora, María, Isabel y la Samaritana**. Destaca que en los Evangelios de San Juan y San Marcos, expresan muy claro que Jesús después de la Resurrección, envió a un ángel para que avisara a las mujeres, como ya se ha dicho, eligiendo en primer lugar a María Magdalena, para que a su vez avisara a los apóstoles (McKinley, 1999). Sobre esta predicadora reformista del siglo XVI, se preguntan historiadoras contemporáneas, como Irena Backus (1950-2019), si no fue uno de los primeros casos de feminismo teológico, al denunciar esta forma de tergiversación de la Iglesia romana (1991), que le costó la excomunión de la Iglesia católica.

La obra de Dentière constituyó un primer paso hacia el cuestionamiento del silencio sobre el papel de las mujeres en el cristianismo y en la Iglesia, y que esta última solo comienza a plantearse cinco siglos más tarde, en 1988, cuando el papa Juan Pablo II en la Carta apostólica *Mulieris Dignitatem* se refirió a María de Magdala como «apóstol de los apóstoles». Si bien, no fue hasta el 10 de junio de 2016 cuando el Vaticano decreta la fiesta de Santa María Magdalena en el calendario romano general, por expreso deseo del papa Francisco. Es decir, reconociéndola de forma muy tardía.

No conviene olvidar que durante siglos ha sido el convento la opción menos penosa para las mujeres, sobre todo con altas capacidades, encontrando en tareas de abadesas, religiosas o contemplativas, el manto protector para salvar su sensibilidad de existencias destinadas al matrimonio sin amor y los embarazos consecutivos, o de la prostitución en los casos de las que quedaban huérfanas sin dote (como se salvó Sor Juana Inés de la Cruz, 1648-1695). Lograban así el desarrollo de su vertiente artística, literaria o científica (o estas y otras tantas como hizo Hildegarda de Bingen), y la posibilidad de intervenir a través de su correspondencia y publicaciones en el curso de la vida política en diversas épocas. En el caso de Hildegarda, en la Edad Media aconsejando a Federico I Barbarroja (1122-1190), emperador del Sacro Imperio Romano Germánico. En la Edad Moderna, Sor María de Jesús, sin salir de la clausura de su convento de Ágreda, asesorando a Felipe IV (1602-1665), rey de España, Portugal, Nápoles, Sicilia, Cerdeña y Países Bajos.

En particular, la obra musical, médica, literaria, mística, fi-losófica y naturista de la abadesa medieval **Hildelgarda de Bigen** (1098-1179) no tiene comparación, además de ocuparse de la co-rrespondencia para asesorar a Federico durante trece años. Hay que añadir su labor predicadora con viajes a diversos pueblos, en los tiempos en los que todavía no había sido restringida esta función a las religiosas.[15]

Cabe mencionar, insistiendo en la libertad de esta época, que de Hildegarda, también conocida como Sibila del Rhin,[16] nos llegan libros de anatomía y sexología, incluso con una des-cripción literal del orgasmo femenino. Mientras la cantidad y calidad de sus obras de las diversas disciplinas puede hacernos recapacitar sobre el interés y la riqueza de la vida de las mujeres, que pudieron resguardarse de la vida conyugal.

No obstante, en el siglo XI se produce, con la reforma gre-goriana, un cambio en el monacato y la espiritualidad femenina, en detrimento de los sacramentos y funciones que podían de-sempeñar, anteriormente más parecidas a las de los sacerdotes. A lo largo del siglo XII, la Iglesia definió una serie de instrumentos asociándolos a dichas funciones de la predicación y control de la Eucaristía, lo que provocó que se fijasen menos competencias clericales para las mujeres, que aunque algunas aún las desem-peñaban, no podían realizar. Sin embargo, algunas abadesas se sustraían por su rango y autonomía, y siguieron aplicando sacra-mentos y 'haciendo de su hábito un sayo'.

Ya siendo abadesa Sancha García, noble y posible hija del rey de Aragón, Alfonso II, el papa Inocencio III tiene que encomen-dar una investigación, puesto que las abadesas de los monaste-rios situados en las diócesis de Palencia y Burgos bendicen a sus

---

15 Y que sí lo ha estado desde la promulgación del Cuerpo del Derecho Ca-nónico elaborado desde el 1140 al 1503 y vigente hasta la promulgación del Código Canónico de 1917.

16 La *sibila* es la profetisa de la mitología griega y romana, inspirada en ocasiones por Zeus/Apolo.

propias monjas, oyen las confesiones de sus pecados y predican el Evangelio públicamente. Estos hechos ocurrieron en tomo a los años 1205-1210.

Y añade Diana Pelaz, de la Universidad de Santiago de Compostela: «Hay que desterrar que sus espacios eran solo la casa, o el convento, o el palacio. Es otra de las ideas de oscuridad asociada a la Edad Media». Así destaca la noble francesa Leonor de Aquitania del siglo XII que, «ya octogenaria, atravesó los Pirineos y viajó a Palencia para decidir cuál de sus nietas debía ser la reina consorte de Francia».

Otra abadesa que se enfrenta a la jerarquía eclesiástica es la del Real Monasterio de las Huelgas. Inés Laynez, como otras abadesas precedentes, desde 1240 hasta el 1253 protagonizó controversias con el papado y los obispos. En 1244 fue amonestada severamente por el papa Inocencio IV para que ella y las monjas de la congregación pusieran fin a los abusos del orden sagrado, que al parecer estaban cometiendo. No importaba mucho, porque como abadesa Inés siguió haciendo y deshaciendo 'en unión con todo su convento': así rezan en el registro de las Huelgas de Burgos permutas de tierras hechas por Laynez en el 1243 en Celada y Hormaza.

Avanzando un par de siglos, la ya mencionada **Isabel de Villena** (1430-1490), abadesa del convento de las Clarisas de la Santa Trinidad de Valencia, es reconocida como la primera gran escritora en lengua catalana. Siendo considerada, tanto ella, como su obra, precursora en el siglo XV del feminismo en la península ibérica. Sabia y valiente un rato, trató temas muy arriesgados para su época sobre las mujeres en el Evangelio, o el talento femenino, y es frecuente en sus textos, a través de monólogos, exponer ideas sobre la fe, la devoción y la feminidad de su época. Y no faltan comentarios sobre que la obra de esta autora quizá no hubiera llegado a ser conocida «de no ser porque la reina Isabel I la Católica mandó pedir un ejemplar de este texto». En donde ciertamente se confirma la dimensión asesora de las abadesas, tanto para reyes y emperadores, como para reinas de imperios tal que Isabel de Castilla.

Por otra parte, y habida cuenta de la prohibición de la prédica religiosa y de la participación social femenina a partir del Renacimiento, puede entenderse que esta asesoría tuviese que proporcionarse desde la clausura más extrema, único cauce con el que las mujeres inteligentes e intuitivas conseguían contribuir a la mejora del gobierno y el desarrollo social, como fue el caso de **Sor María de Jesús** (1602-1665) que no salió de su casa hecha convento hasta su muerte en 1665.

Muy joven, a los dieciséis años, decidió tras una revelación mística, convertir su casa de Ágreda (en Soria, a los pies del Moncayo), en un convento concepcionista, desarrollando desde allí su obra literaria. Como también la asesoría política por relación epistolar de seiscientas cartas entrecruzadas con el monarca Felipe IV, que de otro modo, sin intervención de la beata de Ágreda, hubiese pasado a la historia como más errático de lo que ya era. Sin embargo, siguiendo a Cristina Segura (2003) «el respeto, la consideración, la veneración y la fama de santa que tuvo en vida ayudó a este papel de consejera real. Dios se comunica con ella mostrándole el camino más acertado».

Abrumado por la crisis que sufría el reino y con una personalidad débil y poca habilidad, además de una terrible adicción al sexo, el Austria con un reinado más largo (más de cuatro décadas) es dirigido por Sor María de Jesús sobre temas sociales y de gobierno, en unas misivas que en forma de libro constituyen una fuente de gran valor para estudiar esta etapa de la historia europea:

> Consuélame mucho que las cosas de Flandes vayan bien y que continúen las empresas; dénoslas felices el Todopoderoso. Por no estar los franceses en un estado permanente, sino obrar según su inestabilidad, se puede temer que se acomoden y ajusten en sus discordias; el Señor nos defienda de ellos y continúe los buenos

sucesos de Cataluña. La toma de Flix y rendimiento de Miravete ha sido gran misericordia divina, por lo que importan aquellas plazas, y convendría que ellas y las demás de aquella frontera se guarneciesen y fortaleciesen bien, por si el enemigo acude con más rigor y fuerzas el año que viene, que se puede temer si cesan las guerras domésticas de Francia. Hanme dicho que su Ejército en Cataluña, por no atreverse a oponerse al nuestro y para divertirle, hace algunos daños o estragos en el condado de Ribagorza; heme compadecido mucho de lo que padecerán en aquel país los naturales; deles Dios paciencia y me guarde y próspero a V.M. (De Sor María, CCLXII).

Espléndida y realizando su propio destino de servicio antes que nada y nadie, también mantuvo otra correspondencia, con personajes como Francisco de Borja, III General de la Compañía de Jesús y el futuro papa Clemente IX. Pero más difícil de entender fue y es su apostolado con la prédica del Evangelio en Nuevo México, a través de bilocación mística. Aún hoy en día más conocida allí que en España, y de cuya notoriedad nos sorprendemos al ser más reconocida por personas norteamericanas que en Soria o en La Rioja, tierras limítrofes al convento y focos de peregrinación a la Virgen de los Milagros sita en la parroquia de Ágreda. Mientras, su cuerpo incorrupto con los hábitos de Dama Azul (como se la conocía en Nuevo México), inmortalizada además por la obra de Javier Sierra (1998), descansan todavía en la capilla de su convento en Soria, de donde nunca salió.

Su obra central, *Mística Ciudad de Dios,* una de las obras religiosas más veces reimpresa en su tiempo y que ha tenido una gran repercusión hasta la actualidad, se caracteriza por su influencia en la espiritualidad posterior y, sobre todo, por su fuerte inspiración en la figura de María, madre de Jesús. Sin embargo, la obra fue condenada por la Inquisición romana, en 1681, aunque la prohibición fue muy pronto sobreseída. La preocupación por este asunto recibe la comprensión de sus iguales, como se desprende en la contestación de la jerónima Sor Filotea de la

Cruz, que le contestará que la curiosidad del saber y la lectura de autores religiosos y laicos no la considera perniciosa, por más que quieran hacérselo creer.

También desarrolló una labor como consejera política, en este caso para Felipe II, durante el siglo anterior, la madrileña **Lucrecia de León** (1567), seglar y más crítica con su monarca. Vislumbró a través de sueños el futuro de España, prediciendo la derrota de la Armada Invencible y predicando el fracaso del emperador al administrar «caridad y justicia», algo bastante insustancial a la luz de las gravísimas acusaciones que se le achacan al monarca en su leyenda negra, tanto hacia su esposa e hijo, como hacia los súbditos.

Sin poder olvidar en tiempos de erupciones volcánicas y desastres naturales la figura de la santa canaria **María de León y Delgado** (San Cristóbal de La Laguna, 1643-1731), conocida popularmente como Sor María de Jesús, nombre que adoptó al tomar los hábitos. Fue protagonista de múltiples milagros, como el hecho de anticipar un diluvio y la erupción del Teide en 1689. Es junto con su tocaya soriana, un misterio la incorruptibilidad del cuerpo, la bilocación para estar en dos sitios, sin haber salido de su convento, y otros asuntos paranormales como los estigmas, la levitación, y predicciones como su propio rapto cuando era niña. Por eso es considerada patrona de las personas secuestradas. En cuanto a la bilocación, Sor María apareció en Cuba para interceder por su vecino el comerciante Amaro Parga cuando iba a ser apuñalado por un pirata turco, salvándole la vida. Amaro, que financió su sepulcro y su funeral, donó asimismo grandes fondos para los pobres de la isla, así como para la cárcel.

Sin embargo, Sor María de Jesús no ha sido canonizada, ni Sor María de León, al parecer porque el hecho de la bilocación de la Dama Azul —conocida así en alusión a sus hábitos—, se aproxima a prácticas esotéricas no recomendables, si bien, y como reconoce la investigadora Isabela Herranz (2015) «se trata de un fenómeno muy raro, pero que según la doctrina de la

Iglesia, esa duplicación o desdoblamiento del cuerpo durante el proceso de bilocación se produce por la gracia de Dios y en la hagiografía hay un elevado número de santos con grandes dotes de bilocación». Por ejemplo, San Martín de Porres (Lima, 1579), dominico, hijo de Juan de la Orden de Calatrava y de la indígena panameña Ana Velázquez, y que desde su ordenación nunca pudo salir del convento, excepto por sus experiencias paranormales. Todo ello, según el relato recogido por una comisión eclesiástica de 1678 procedente de hasta sesenta y seis personas También sus biógrafos lo atestiguan, con más seguridad que en los casos de San Antonio de Padua o San Alfonso Liguori, que lo hacen en sus autobiografías.

Así se recogen las apariciones en China, Filipinas y Japón de este misterioso fraile mulato enseñando el catecismo y repartiendo estampitas; como él mismo expresaba su deseo de ir a Oriente en calidad de misionero. O el caso de la aparición a un prisionero español de los turcos que estuvo en Argel, también frente a su propia familia, según el experto Scott Rogo (1982).

Lo cierto es que por las tierras sorianas del Moncayo pasamos mi amiga Matilde y servidora, también conocida como Ruta de leyendas de Gustavo Adolfo Bécquer, y mandamos a la Causa de los Santos en España —para que las llevase al Vaticano— las obras de Sor María de Jesús de Ágreda y su historia, que ya conocían. Todo esto, allá por el verano del año 2014. Al menos con ello conseguíamos preguntar por la situación de santificación de la ahora beata, a lo que se nos contestó que al igual que la Sor María de Jesús canaria, la bilocación la hace objeto de sospecha, por ser considerada práctica esotérica más que cristiana. De lo que mis amigas y yo sabemos —entre ellas Isabela Herranz en sus libros, entre otros muchos, *Magos, mediums y santos* (2015)—, que se ha medido siempre con distinto rasero la bilocación masculina de santos que la femenina. Y por lo que nosotras nos quedamos con su perfil de heroína mística, al no entender cómo el destino nos llevó hasta su casa, el mismo día de la representación de su vida, con los cánticos de sus damas azules de almas blancas.

6.2. Beguinas, otras viajeras y el viaje como camino

La Edad Media fue mucho más avanzada a la hora de hacer posible que las mujeres estudiaran y gozaran de una libertad intelectual y que viajaran que la etapa posterior, de Renacimiento más bien para los hombres. **¿Pero, porqué las beguinas suscitan tanto interés en nuestros días?**

En primer lugar, porque fueron un ejemplo de autonomía, libertad, compromiso y autoridad femenina, en una época en la que las mujeres solo tenían la opción del matrimonio en condiciones de servidumbre y embarazos con gran riesgo, o bien el ingreso como monjas en un convento. Esto para el año 1298 suponía la clausura perpetua para todas las órdenes (según el Decreto del papa Bonifacio VIII en su bula *Periculoso*). Una vida muy poco atractiva, sobre todo para las que habían quedado viudas a cuenta de guerras y cruzadas. De este modo podían integrar la solidaridad entre ellas, que vivían en casas agrupadas a las afueras de las ciudades (en especial, en los Países Bajos), el trabajo manual y el comercio, la oración y las obras pías y de compromiso con la sociedad. Este último realmente profundo, porque su actividad artesana y comercial, además de las dotes, les proveían de buenas sumas de dinero que, viviendo austeramente, les permitían abordar proyectos tan ambiciosos como sacar a las mujeres de las calles y la explotación sexual, atender a las y los pobres y desplegar un ejército de atención a personas enfermas y ancianas, llegando a considerarse el primer equipo de enfermeras de la historia. Podría decirse también que de feministas, dada la solidaridad y conciencia con su propio sexo.

Y es esta, en segundo lugar, la razón por la que resulta tan atractivo su estilo de vida, porque, salvando las distancias, cumplen los sueños de muchas en la actualidad: gozar de mayor autonomía de las familias, el trabajo y la vida vacía, poder viajar, tener tiempo para sí mismas, participar en asociación con otras mujeres que no sean nuevas rigideces jerárquicas, sino compañía. Es decir, apunta a un tercer estilo de vida, hoy todavía ginecotopia, y por tanto posible. Una revolución que fue abortada y que hoy sería posible, entre las mujeres monomarentales, solteras y viudas, aisladas entre el trabajo y las cargas familiares, y que podrían viajar, escribir, contar con la solidaridad de otras que se apoyan entre ellas logística y económicamente, para dar más sentido y alegría a sus vidas. Obviando el estado civil, ni casadas, ni enclaustradas, ni solteras, ni monjas. Ni sumisas, ni desobedientes. Beguinas, que dicen que desaparecieron en este siglo XXI pero que, tal vez, llegado es el momento en el que tenga mayor sentido su existencia, y tú, yo, vosotras, seamos beguinas sin saberlo.

Frente a unas autoridades que querían su encierro permanente, ellas viajaban por Europa para ayudar y conocer a otras beguinas y querían, y tenían, una relación directa con la espiritualidad y con Dios. Disfrutando de la práctica religiosa con alegría, no con castigos, cantando, participando, ayudando… A pesar de ser denostadas por su independencia, en unos tiempos en los que nadie contaba con ella, y además podían ser mujeres viudas o separadas, con o sin hijos e hijas. También se ocupaban de formarse, leer, escribir, predicar y enseñar a otras. Así, este movimiento dio lugar a grandes intelectuales y teólogas como **Matilde de Magdeburgo** (†1282), **Hadewijch de Amberes** (1249), **Beatriz de Nazaret de Bélgica** (1200-1268) o la francesa **Margarita Porete** (†1310). Esta última, condenada a morir en la hoguera por orden de la Inquisición.

Huyendo del matrimonio y de la clausura, fueron sospechosas de lesbianismo, porque no se entendía su sensibilidad, imbuidas y felices, entre las metáforas, la picardía y la poética del amor cortés. Y de este grupo surgieron trovadoras provenzales de renombre, como en **lengua occitana Beatriz de Día** (1140-1212), y que es otra de las grandes mentiras de la historia o la ocultación lingüística, cuando se nos hizo creer que solo existieron los trovadores.

Por ejemplo, **Beatriz de Nazaret** perdió a su madre a los siete años y pudo ser acogida y salvada por las beguinas, ir a la escuela de la ciudad de Zoutleeuw y continuar sus estudios. En Bélgica, como ocurrió en España, estas mujeres escribieron las primeras obras en 'lengua vulgar'. Es decir, prescindiendo del latín, haciendo cercano para la gente, no solo para los poderosos, su discurso. En el caso de Beatriz el primer escrito místico de su país en neerlandés bajo en nombre *De los siete grados del amor*.

La comunidad se extendió por Holanda, Baviera, Francia y España. «A lo largo de los años se produjo una progresiva institucionalización de la vida beguinal, que adoptará la regla de la Tercera Orden Franciscana o se convertirá en un convento de monjas de otras órdenes reconocidas (y enclaustradas)» (Silvia Bara Bancel, 2016).

La última beguina falleció en el siglo XXI (**Marcella Pattyn**, con 92 años en el 2013). Es entonces y ahora la peregrinación el camino interior con el que hacer una parada, dejándolo todo para comprobar lo que en realidad nos falta. Una triple paradoja... Que es también camino de huida como encuentro. El camino interior para encontrar sentido a lo que vemos fuera. El encuentro con lo sagrado, lo espiritual, la paz emocional, para sanar el cuerpo.

Otra beguina que empleó su lengua vernácula, en este caso el picardo, fue **Margarita Porete**. Autora de *El espejo de las almas simples,* escrito anónimamente en 1305, trataba el tema del amor divino, con diálogos alegóricos entre el amor y la razón. Un asunto tal, místico e ingenioso, debió levantar grandes envidias y suspicacias alrededor; sobre todos de los que no entendieron su motivación trascendente. De modo que el obispo de Châlons, al que ella presentó el texto con la mayor inocencia, la tachó de hereje, quemándolo en la plaza pública de Valenciennes en 1306. Como ella continuó difundiendo sus ideas sería condenada y quemada en la hoguera por la Inquisición en París en 1310. ¡A quién se le ocurre pensar libremente!... A quién se le ocurre ser inteligente y hacer propuestas profundas, siendo mujer en aquella época y en esta, sin pedir permiso a la curia religiosa, o científica ahora, encargadas de la cohesión del poder sobre las creencias y las sociedades.

Muchas de las que fueron denostadas en la Edad Media han sido rehabilitadas por la Iglesia, como es el caso de Juana de Arco, no siendo así con Margarita Porete. De modo que cuando nos preguntamos el porqué, nos encontramos con otra gran hazaña que aporta la segunda a la sociedad, como es la propuesta de libertad que supone la simplicidad, cuando se antepone a todo lo demás, incluso la razón, ante el amor divino. El menos es más de hoy en día, o el sentido único que podemos encontrar en los momentos de vida que salvaríamos y nos salvan de la muerte.

En España, también hay autoras en lenguas vernáculas como **Teresa de Cartagena,** con el castellano, o Isabel de Villena, considerada la primera escritora en valenciano por unas personas y en catalán por otras. Todas ellas se empeñaron en abandonar el latín y escribir en lengua materna, por lo que sus obras son consideradas como el origen de las lenguas europeas modernas. Y que por extenderse su trabajo durante siglos, hablaremos al tratar los espacios de libertad y autoridad femenina en siglos recientes.

Beguinas, peregrinas y abadesas de distintas órdenes eran grandes viajeras, pero si una religiosa puede ser conocida como gran viajera en España en su tarea como fundadora de conventos esa fue **Teresa de Jesús** (1515-1582), la santa abulense. De ella sus coetáneas decían que era muy hermosas «su rostro no nada común sino extraordinario», ojos negros y vivos, media estatura, más bien gruesa pero proporcionada. Con gran formación intelectual, espiritual y literaria a cuenta de su director, el jesuita Baltasar Álvarez; además de empeñada en ser lo más culta posible, lo que para las mujeres que han hablado de ella le hacía ser 'la más letrera' y 'en todo perfecta'. Además de todo, valiente, llevó a cabo la reforma carmelita, que consiguió restaurar la austeridad y el carácter contemplativo de la orden antigua. Todo ello la condujo a ser la primera mujer doctora de la Iglesia católica, a pesar de haber viajado y vivido con el riesgo permanente de ser condenada por la Inquisición.

Con ninguna simpatía hacía las campañas bélicas del monarca Felipe II, y que no ocultaba, así como los métodos armados de la anexión portuguesa o las dialécticas del ejército de letrados y teólogos, «opta por la solución espiritual de fundar grupos de mujeres orantes, en son de paz y de eficacia eclesial (...). Y en una Castilla que había pasado de ser un reino abierto a las corrientes más avanzadas a un reducto de suspicacias avivadas por la Inquisición», siguiendo fuentes de Egido (1985, 17-24). Esto es, en una sociedad que no reservaba ya demasiado espacio para las mujeres, y en donde su mentalidad abierta era rápidamente asociada con el luteranismo o el alumbradismo extremeño. Por esta razón, puede entenderse como ironía o crítica encubierta, y no antifeminismo, afirmaciones tal que «soy mujer flaca y ruin, las mujeres no somos para nada, no tenemos letras, etc.».

Teresa reclama el derecho a la vida espiritual y a su papel en la Iglesia en tiempos de crisis religiosa, como también el fin de la quema de libros en romance (*Libro de la vida*, cap. 26), contraria a que las féminas callasen en la Iglesia y que el mundo las tuviese «*acorraladas, maniatadas y mudas, para que ni osemos hablar algunas verdades que lloramos en secreto... que como son hijos de Adán no hay virtud de mujer que no tengan por sospechosa. Sí, es que algún día ha de haber, Rey mío (Dios), que se conozca todas*» (*Camino de perfección*, Cap. 4, Códice del Escorial).

Porque no gana la que no arriesga, debió pensar Teresa Sánchez de Ahumada, que le vendría de familia, según diversas investigaciones, judía conversa en época de persecuciones, siguiendo hallazgos de eruditos como Alonso Cortés (1946) o Teófanes

Figura 11. Santa Teresa de Ávila.
Fray Juan de la Miseria.

Egido (1985), según fuentes del archivo de la Real Chancillería de Valladolid. Lo que apuntan a un ambiente cultural en la infancia y una alfabetización temprana, en una posición social privilegiada dentro del claustro, que le permitía contar con personal de servicio y salir a terapias de curanderos o en romería a la virgen de Guadalupe, o a la casa de la aristócrata toledana doña Luisa de la Cerda, por imperativo del superior provincial. Su vigoroso periplo fundacional constó de dieciséis conventos erigidos en once años, con una fuerte localización castellana —excepto el de Sevilla (1576)—, que auspiciaba su interés por la igualdad máxima entre las monjas. Si bien suponía un martirio con su salud ponerse en camino, a pesar de ser la santa más andariega, fundando de mal gusto aquellos mal comunicados, que exigían de caminatas en vez de carroza: Malagón (1568), Pastrana (1569), Alba de Tormes (1971), etc. Y sí de mejor gana los bien comunicados como el de Medina del Campo (1567), o de gran interés letrado como Valladolid (1567), Salamanca (1570), o por su comercio o industria, los de Burgos (1582), Toledo (1569) y Segovia (1574).

Fray Luis de León, en Salamanca (1588), es el primero en tildarla de gran escritora castellana, por la temática, la delicadeza y claridad de su obra. Un valor literario que debió luchar contra la manipulación del estilo, que denunciaron sus carmelitas, pasado no más de un año de su muerte, frente al obispo Teotonio de Braganza y que les había mandado revisar *Camino de perfección*, por no parecerle obra suficientemente perfecta, valga la redundancia. Su fin es que debían «ajustarla a la norma convencional de la expresión de la doctrina de la época» según García de la Concha (85:25). Otra cosa fue como las personas desde entonces han vivido como propia a la santa, diciendo el mismo Unamuno en el prólogo del Zohar que España aprendió a entender a Dios en los escritos de Teresa, sobre sus 'viajes místicos', más allá de la chanza de la incredulidad y falta de perspectiva contemporánea.

La continuadora de la obra de Santa Teresa gozaba de su confianza y había establecido un sólido vínculo con ella, hasta el punto de compartir celda en el convento de Salamanca. Sor **Ana de Jesús Lobera** (1545-1621), carmelita descalza y discípula de Santa Teresa, fundó conventos en Madrid, Granada, Francia y Bruselas. De este modo, contribuyó a extender las normas y formas de vida de la orden por el norte de Europa; esto con mucha solidaridad entre las monjas y vocación tanto piadosa como viajera. Fue testigo de la beatificación de su maestra y para ello dio su testimonio, como en los *Procesos de beatificación y canonización de Santa Teresa*: «La Madre Teresa de Jesús no sólo ha dado avisos en espíritu después de muerta sino también estando viva... Así, en esta casa de Salamanca, hace unos veinte años, estando ella fundando en Segovia, teníamos aquí a la hermana Isabel de los Ángeles, con gran enfermedad desde hacía ocho meses (...) Ella me afirmó que, durante la misa, había estado nuestra Madre Teresa de Jesús con ella bendiciéndola», y curó.

En relación con las posibilidades para viajar que estaban al alcance de las féminas, el peregrinaje por el Camino de Santiago suponía una oportunidad de abandonar sus localidades y conocer otros lugares. En 1801, una mujer de León caminó a Santiago pasando primero por Oviedo, porque quería visitar la Catedral de San Salvador. En donde se adivina la función viajera y prototurística de algunas de estas peregrinas. A la ida, sus circunstancias quedaron registradas en el hospital de peregrinos de Oviedo: «26 años, un hijo, casada con un militar», según investigaciones del Instituto de Estudios Gallegos Padre Sarmiento, del CSIC, para el Diccionario Histórico de los Caminos de Santiago en Galicia. Había, además, como en el caso de los varones, peregrinas profesionales que hacían del viaje su forma de vida, y que, a cambio de una suma determinada de dinero, cumplían con la penitencia que otros habían ofrecido al Altísimo. Como también hubo falsas peregrinas, como Catherine de Firbes, curandera francesa que a finales del siglo XIV fue detenida, por desarrollar su profesión en el Camino, ayudando a los viajeros que enfermaban o sufrían las molestias propias de las grandes caminatas y la climatología.

Sin embargo, no se reseñan las mismas medidas represivas para otro tipo de mujeres que se ganaban la vida entre el flujo viajero que fue y sigue siendo esta ruta, tal que meretrices o mesoneras. De estas últimas han llegado referencias de un napolitano, un tal Nicola Albani, en 1743, de una vieja propietaria de cierta palloza 'inmunda' que daba de comer 'sopas de nabos' en O Cebreiro. Algo que visto desde la perspectiva de los que viven en tierra del reconstituyente 'caldo gallego', no son otra cosa que los ricos grelos, unos tallos tiernos que soportan la flor del nabo.

Otros nombres de viajeras que han llegado hasta nuestros días han sido **Ann Lady Fanshawe** (1625-1680), **Marie-Catherine La Mothe Aulnoy, condesa d'Aulnoy** (1650-1705), **Stéphanie Félicité Bruslart Genlis, madame Genlis** (1746-1830), **Mrs. Jemima Kindersley** (1741-1809), **Henrietta Georgiana Maria Chatterton, lady Chatterton** (1806-1876) o **Sophia Barnard** (s. XIX). Sin poder olvidar la primera gran viajera de la que tenemos conocimiento: **Egeria**, una dama gallega que experimentó este afán de saber, hasta llegar a regiones que fueron testigos de los sucesos que narraba la Biblia realizando un viaje de peregrinación a Tierra Santa a finales del siglo IV, entre el año 381 y hasta el 384. Del viaje se conserva un manuscrito de su puño y letra, que constituye una fuente histórica y lingüística de valor inestimable.

6.3. La Querella de las damas

La *Querelle des femmes* es el nombre con el que se conoció el debate académico y literario sobre los derechos de las mujeres desde finales de la Edad Media, hasta la Revolución Francesa. Se considera es iniciado este movimiento humanístico con la obra de **Christine de Pizan** (1364-1431), *La ciudad de las damas*, en el bajo Medievo. La escritora francoitaliana es considerada protofeminista, por tratar en profundidad el derecho de las mujeres al conocimiento y la protección frente a oprobios como la violación.

La ciudad de las damas (1405) es la primera obra literaria de historia de las mujeres y la literatura feminista. Con ella Pizan reúne en una ciudad ficticia a un buen grupo de personajes femeninos virtuosos desde la Antigüedad hasta sus días. Y en un debate con tres damas (la razón, la rectitud y la justicia), aprovecha para abordar cuestiones sobre la diferencia sexual en el trabajo, la injusticia de qué los hombres critiquen y denigren a las féminas, sobre todo filósofos y escritores y se pregunta por qué, sin embargo, ninguna se ha dedicado a escribir sobre este hecho o sobre los méritos y las hazañas de su propio sexo. A lo cual, la Dama Rectitud o Derechura contesta que todas las cosas llegan en su momento, y que estando tantas mujeres entretenidas en la consecución de grandes obras específicas y para las que había nacido, a ella le correspondía ocuparse de esta misión que es el propósito de la obra. Y añadiendo: «Es falso decir que no son virtuosas (las mujeres). Aparte de todo, lo confirma la experiencia de cada día. ¿Acaso son las mujeres las que cometen las atrocidades e injusticias que aquejan al mundo?», pregunta en el capítulo LIII.

Así va reuniendo ejemplos históricos y mitológicos de damas relevantes, de guerreras, buenas reinas, pensadoras, científicas y creadoras de nuevas disciplinas y artes; con lo que pretende demostrar que dicha contribución a la sociedad debe ser reconocida. Intenta sobre todo ser una evidencia de cuán ridícula e impostada resulta la misoginia, cuando lo único que la historia puede mostrar es un sexo con menores vicios y la necesidad de mayor esfuerzo y perseverancia para llegar a los mismos fines, y que, aun así, en muchas ocasiones son más altos fines.

Son innumerables los nombres y el interés del breve relato de sus vidas, empezando por la reina franca **Fredegunda** que enviudó dando el pecho a su hijo y al frente a un reino que estaba siendo devastado por la guerra. De ella se dice fue ambiciosa y despiadada, y que ganó más por astucia que por la fuerza, así como algunas otras reinas y princesas de Francia (capítulos XIII y XXIII). Por no extendernos demasiado y para que la lean, citar a **Pánfila** que inventó el cultivo del gusano de seda y otras técnicas para fabricar telas (capítulo XL). Y siguiendo con un tercer ejemplo a recordar, **Florencia** la romana, o sobre las vicisitudes que deben afrontar muchas mujeres cuando se las culpa y difama, precisamente por no ceder a las pretensiones sexuales y al chantaje, sobre los subterfugios posibles, como encarcelar a su cuñado, y para no pasar de la palestra de los rumores a la hoguera (capítulo LI).

El feminismo, entendido como la exigencia de equidad en los derechos, es tan antiguo que puede decirse que sus orígenes se pierden en los del propio patriarcado, a tenor de las protestas ya mencionadas en el Imperio romano, y la intervención a favor de cónsules, y hasta el mismo Cristo, en versión de los apóstoles, cuando en su camino defiende de la lapidación a una mujer adúltera: «El que esté libre de pecado que tire la primera piedra» (Juan 8, 1-11); y ello aunque se nos diga que es este un fenómeno contemporáneo, de lo que nos surgen serias dudas. Por ejemplo, al comprobar la equiparación sexual en ciudades también patriarcales, como el antiguo Egipto, en donde las mujeres contaban con profesiones diversas y derechos. Allí no hay protesta porque se valoraba más la conformidad con el pasado que la individualidad y el cambio, y en ese pasado las diosas eran un buen referente; y si bien los cambios eran lentos, la convivencia era equitativa y armoniosa.

Por todo ello fue esta cultura, a su vez, referente de la equidad sexual, porque en el antiguo Egipto, varón y mujer eran iguales ante la ley, en contraste con el posterior derecho griego y el romano, menos progresivo. Ellas podían tener sus propias tierras y casa, manejar su propia herencia o estar al frente de un negocio, como **Venofer** en el Imperio Nuevo. Podían ejercer la medicina, como la dama **Peseshet** durante la Dinastía IV. Ambos sexos tenían roles no muy distintos o complementarios, los hombres trabajaban en el campo y ellas en el hogar, salían juntos a fiestas y de caza, y ningún talento quedaba limitado por la diferencia sexual. Fueron reinas **Hatshepsut** y la ya mencionada Cleopatra VII (69 a. C.-30 a. C.), aunque la mayoría de los gobernantes eran varones. Encontramos mujeres en muchas disciplinas: Clío (escultora), **Stratonice** (poeta), **Mnesis** (música de flauta), **Myrtion** (actriz), o **Bilstiche**, que fue una atleta ganadora de los Juegos Olímpicos en el 260 a. C., y sorprendió a los griegos, que no podían entenderlo. El adulterio era una deshonestidad para ambos sexos, pero ante el divorcio quedaban igualmente protegidos los derechos de ambas partes. La descendencia heredaba los apellidos de la madre, siendo sobradamente ilustrativo en el himno de Isis (papiros de Oxirrinco, siglo II a. C.), dirigiéndose a la diosa 'el honor del sexo femenino': «Eres la dueña de la tierra (…) tú has dado poder a las mujeres igual al de los hombres». Todo ello solo meros ejemplos de en cuánto resulta

ALGUNAS FEMINISTAS DESTACADAS
HASTA LA EDAD CONTEMPORÁNEA

EDAD ANTIGUA
HORTENSIA. 42 a. C. Ley Opia. Oradora cabecilla de las matronas romanas

ALTOMEDIEVAL
TEODORA. Emperatriz de Bizancio **con Justiniano I** (501-548), leyes divorcio, propiedad, contra la prostitución, sobre el matrimonio con plebeyos y pena de muerte a violadores. Obra legal y social. Oprobio de Procopio de Cesarea.

BAJO MEDIEVAL
CHRISTINE DE PIZAN (1364-1431), *La ciudad de las damas.* Obra feminista pionera que trata temas como el derecho al conocimiento y la violación.

EDAD MODERNA
TERESA DE CARTAGENA. 1435. *Admiración de las obras de Dios.* Primer libro feminista en castellano.

EDAD CONTEMPORÁNEA
OLYMPE DE GOUGES. *Declaración de los derechos de la mujer y la ciudadana* (1791). En 1793, es guillotinada bajo el régimen del Terror.

inexacto considerar el siglo XX el del surgimiento del feminismo, como movimiento de autoconciencia, del primero, o del único.

Ya se ha mencionado a **Hortensia** y su enérgica y brillante oratoria en la defensa de la derogación de la Ley Opia allá por el año 42 a. C., así como de otras mujeres que ya habían sufrido en el año 164 a. C. la Ley Voconia, que limitaba el derecho de las romanas a recibir donaciones y heredar fortunas importantes (más de 100 000 ases), porque los romanos no querían que se enriqueciesen. Ya en el medievo, **Teodora**, emperatriz en Bizancio junto a Justiniano I (501-548), que defendió los derechos de las mujeres más pobres y llevó a cabo leyes como la del divorcio, la propiedad y el derecho a la herencia de las féminas, para luchar contra la prostitución y para proteger a las que no tuvieran otra salida para subsistir. También legisló sobre la posibilidad de matrimonio entre nobles y plebeyos e introdujo la pena de muerte para violadores, que era toda una revolución en la mentalidad de esa cultura. Es decir, una obra legal y social para las mujeres sin precedentes, llevada a cabo por una mujer que viajó y se cultivó desde un origen muy humilde, lo que habla de su voluntad de superación y de servicio y de una personalidad excepcional. Una figura que habría que seguir estudiando, solo que las tinieblas se alimentan de la luz, y hubo un biógrafo cuyo principal objetivo fue destruir la imagen de Teodora por los siglos de los siglos; y lo peor, conseguir que las difamaciones dificulten para siempre poder discriminar entre las bondades del personaje, su perfil extraordinario en la custodia de los derechos femeninos y las calumnias vertidas por Procopio de Cesarea.

En el ámbito cultural español, destacaron religiosas por sus obras pioneras en el tema de la Querella de las mujeres, así como por el uso de lenguas romance en vez del latín. La citada Isabel de Villena (1430-1490), con su obra *Vita Christi* (1497), en valenciano. También **Teresa de Cartagena** (c. 1425), con *Admiración de las obras de Dios* (Burgos, 1481), que se convirtió en el primer texto escrito por una mujer en la península ibérica, también fue la primera en hacerlo a favor de los derechos de las féminas.

Para su redacción se inspiró en el argumento de la abadesa Hildegarda de Bingen, cuando afirmaba que sus palabras estaban inspiradas por Dios; así como en Christine de Pizan, al utilizar ejemplos de mujeres destacadas en su tiempo, mayoritariamente de la Biblia, sosteniendo a través de ellas que las mujeres tienen las mismas capacidades que los hombres, que Dios les ha dado a ellas la misma capacidad de entendimiento. Algo que supuso todo un alegato feminista en el siglo XV. Defiende asimismo en esta obra las vicisitudes de las escritoras, como aconteció con un libro previo, del que sufrió extrañas críticas de plagio, con el fin de anular su oficio. A lo que contesta que la autorización de su escritura le lleva a reconocer que el único Maestro es Dios, quien inspira y reparte saber, que así lo ha considerado de una mujer enferma como ella.

Escritora y religiosa, que es bajo la forma en la que las mujeres podían dedicarse a cultivar la cultura y el conocimiento, se ha destacado de ella ser la primera escritora mística en castellano y la gran calidad y preeminencia de sus libros en las letras castellanas de la Edad Media. Su abuelo paterno era un rabino burgalés converso que, a pesar de ello, llegó a ser obispo de Cartagena, de donde toma su apellido Teresa, y su nombre es el de su madre, Teresa de Saravia. Junto a ellos en su palacio de Burgos pasó sus primeros años, quedando huérfana con quince, y trasladándose a Salamanca, en donde estudió de forma autodidacta.

A los veinte años debe regresar a su tierra natal para ingresar en el convento de Santa Clara hasta el año 1449, en que se traslada al convento cisterciense de Las Huelgas, en la misma ciudad, pero con mejor acogida hacia los descendientes de conversos. Sin embargo, lejos de encontrar mejor acomodo, contrae una enfermedad que la dejará sorda y muy sola, debido a la incapacidad para relacionarse que supuso la sordera. Un estado de cosas que le anima a escribir y a buscar consuelo en la espiritualidad, llegando así a redactar su obra *Arboleda de los enfermos*, con tal calidad literaria que se cuenta 'que nadie creyó que fuese de una mujer'. Teresa se llena de indignación por estos comentarios que le lanzan como halago, y la lleva a escribir un alegato en defensa de la capacidad intelectual que supuso la citada *Admiración de las obras de Dios*, dentro de los cánones de humildad, servicio y acatamiento canónico propios de la época. Dedicó su tratado a Juana de Mendoza, esposa del poeta Gómez Manrique.

Isabel de Villena (Valencia, 1430-1490), por su parte, fue nombrada anteriormente por ser escritora de referencia de Isabel la Católica, y familia de esta, quien corrió con la publicación de su obra en 1497, siete años después de su muerte. Nacida como Elionor Manuel de Villena, hija natural de Enrique de Villena y Vega, que estaba emparentado con las casas reales de Castilla y Aragón, por lo que al quedar huérfana muy joven, fue criada por la reina **María de Aragón** e infanta de Castilla. Su padre era un erudito que había escrito sobre medicina, teología, astrología y literatura, trabajo por el que fue ensalzado por escritores como Juan de Mena, en su *Laberinto de fortuna* (1481): «Aquel claro padre, aquella dulce fuente, O incluyo, Sabio, Autor muy sciente». Como a tantos doctos en tiempos de tinieblas, también se le tenía por mago, y escritores clásicos de la genealogía masculina —tal que Larra, Quevedo, Zorrilla o Hartzenbusch, autor de *Los amantes de Teruel*—, se reían de él por «interpretar los sueños», «y saber más del cielo que de la tierra» (*Generaciones y semblanzas*, Fernán Pérez de Guzmán, 1941). Por lo que podría pensarse que, de haber nacido en el siglo XX, tal vez habrían tenido un Sigmund Freud en Valencia.

Elionor (Sor Isabel de Villena) parece que heredó la cultura y la inteligencia de su padre, a pesar de haber quedado huérfana tan joven, que a veces parece que los seres queridos se fueran cuando ya tienen el trabajo hecho. Porque publica una única obra *Vita Christi, La vida de Jesús*, que al decir de algunos es la primera obra feminista conocida y para otros es la primera precursora del feminismo. Así como escribe en lengua valenciana, para unos, o valenciano para otros autores; ambas lenguas provenientes del galorromance, especialmente próximo para algunos autores al occitano (o lengua de Oc). En *Vita Christi*, Sor Isabel explica la vida de Jesús para sus compañeras clarisas, a través de las mujeres de su entorno, y haciendo mayor defensa de la que ya realiza Cristo del talento femenino. Se centra en aquellas que rodearon la vida del Mesías, como Santa Ana, su madre María y María Magdalena, en los tres principales roles de abuelas, madres y mujer.

Fue un libro escrito para motivar el culto de las clarisas de Gandía del Monasterio de la Trinidad, en donde fue ingresada para su seguridad por la reina María a los quince años, y del que fue abadesa a partir del 1462, cuatro años después del fallecimiento de la reina. Siguiendo a Myriam Criado, Elionor habría empleado el método de otras futuras teólogas feministas, que para evitar la misoginia se dirige directamente a las fuentes que son los cuatro Evangelios, sobre todo aquellos pasajes que mencionan la historia femenina. Su actitud es aún hoy en día una referencia, por llamar la atención sobre el trato equidistante que se da a estas en el Nuevo Testamento, desde el que no cabe pensar que sea virtud el que la mujer sea sierva, y sí la libertad de decisión. También rechaza la jerarquía entre mujeres, presentando a María, Ana y Magdalena, como miembros de una misma familia, anticipa las maledicencias típicas que habrían dejado a esta última en el descrédito, y constata se trata, curiosamente, también de una persona culta y sociable. Rompiendo, de este modo, la dicotomía maniquea y pueril, entre buenas y malas, **María** y **Eva**, Eva o Lilith. Que no puede empañar la fortaleza intrínseca de las mujeres.

Para dar por finalizado el breve repaso a este asunto, hay que nombrar a dos mujeres más, explícitas con la causa, y justamente mencionadas en la obra de escritoras, en especial las humanistas de diversas épocas. Es el caso de *Por mi alma os digo* (2003) una antología de escritoras de todos los tiempos, como encargadas de resignificar el mundo en sus mismo términos y a su modo. Por ejemplo, la vallisoletana **Beatriz Bernal** (nacida entre 1501 y 1504) dejó una novela de caballerías, titulada *Cristalián de España* y que dedicó al futuro Felipe II, que ilustra con personajes femeninos autónomos, como por ejemplo la doncella doña Membrilla, que no quiso casarse para que ningún hombre pudiera gobernarla. Y no era nada afirmar eso, en aquellos años de retroceso femenino que fue el Renacimiento.

Y por último, cabe citar por su peculiaridad a la escritora gaditana **María Gertrudis Hore y Ley** (1742-1801), conocida como la Hija del Sol para sus paisanos por su belleza y su brillante poesía, con la que también defenderá el derecho de las mujeres a la vocación literaria y a la educación. Dos razones de peso y por las que, a pesar de contar con una vida desahogada, prefirió ingresar en el convento sin permiso expreso de su marido. Una historia que conviene recordar como ejemplo de que las obras de las mujeres inteligentes no han estado reñidas con el sentido del humor.

Hija de dos comerciantes irlandeses millonarios afincados en Cádiz (Miguel Hore y María Ley), que casaron a María Gertrudis siendo aún joven con un socio de la compañía de su padre que siempre estaba viajando (Esteban Fleming) y con el que tuvo un hijo. Recientes investigaciones sobre su poesía apuntan a que el niño falleció de viruela, y que ella tuvo el apoyo de un brigadier, el cual parece fue apuñalado por unos desconocidos en su mismo jardín.

Y se dice que solo parece, porque después de limpiar la asistenta su sangre y librarse del cuerpo, éste volvió a ser visto por Gertrudis desde el balcón, desfilando en la procesión del Corpus al día siguiente. A grandes conspiraciones, mejores soluciones, debió pensar María, y con treinta y cinco años se confinó en el convento de clausura de las Concepcionistas Calzadas con permiso de su marido, el primero de junio del 1778, y aprovechando la ausencia de este en Cádiz. .

Dos años más tarde haría voto de clausura, muriendo Sor María de la Cruz Hore de fiebre amarilla en su celda el 14 de febrero de 1801, no sin algunos problemas previos cuando la inspección eclesiástica se interesó por la autenticidad del permiso del marido para su ingreso en el convento.

Como escritora sabemos que era una mujer ilustrada, que frecuentó algunas tertulias madrileñas, que publicó artículos en revistas de la época y que fue la única poeta recordada por José Manuel Quintana (poeta y director de la Instrucción Pública), en su ensayo *Vidas de españoles célebres* (1807-1833), lo que da una idea de lo poco instruidas que permitían estuviesen las mujeres en esta época. Asimismo, la única citada por la crítica franciscana como digna de representar la literatura espiritual de ese siglo.

Sobre ella hay que destacar la obra *Una poetisa en busca de libertad: María Gertrudis Hore y Ley (1742-1801)*, una miscelánea y taraceas de versos, prosas y traducciones, con prólogo de François Étienvre, catedrática emérita de la Sorbona de París (Diputación de Cádiz, 2007).

6.3. El fenómeno de Juana VIII, papa de Roma

La estela del trabajo femenino en las religiones, en las creencias oficiales y populares fluye entre la historia y la mitología, de la certidumbre a la fantasía, ante las dificultades para encontrar fuentes, o que estas coincidan en las conclusiones. Desde Artemisa, hasta **Johanna VIII**, la supuesta papisa, será de gran utilidad, tanto el mito, como la historia escrita, porque siguiendo el teorema de William Thomas (1928), clásico de la sociología: *«Si las personas definen las situaciones como reales, éstas son reales en sus consecuencias»*.

Lo cierto es que la sociedad ha considerado durante siglos que las mujeres cuando son listas y estudian pueden llegar sin dificultad a ser papas, razón por la que en ciertas épocas no interesó ni lo uno, ni lo otro. Y es un personaje popular La Papisa en las cartas del Tarot clásico, también conocida como Sacerdotisa, en donde siempre ha podido verse el recuerdo de la Johanna mítica, tanto como la vindicación del papel femenino en las jerarquías eclesiásticas, como en el mundo antiguo lo fueron las sacerdotisas. Por tanto la Papisa existe, cuanto menos en el imaginario y deseo popular.

En segundo lugar, las dudas sobre la veracidad de la historia surgen de ambientes protestantes para cuestionar el catolicismo, pero no de fuentes católicas diversas. Así se cita a David Blondel, clérigo del siglo xvii, que dedicó un texto a detallar las incongruencias del relato y ni que decir tiene que al Vaticano tampoco le interesó dejar constancia de un hecho que cuestionaba su cruel proceder, por tan esperpéntico desenlace, ni las burlas sufridas en lo más sagrado, la sucesión de la figura papal. Historiadores de la Iglesia moderna a menudo la descartan como ficción citándose en este sentido a Von Döllinger (1863) o a Kerner y Hebers (2010).

Mucho más cercanos a la época del más que probable pontificado femenino, Sigberto abad de Gemblours en el siglo xi cita como hecho cierto la existencia de la papisa Juana, que tuvo un hijo, razón por la que ni se nombra en la historia vaticana. Sin embargo, si se cita en la *Historia Regum Britannia*e (1130) de Geoffrey de Monmouth, la visita hecha a Roma el rey inglés Ethelwolphus habría sido en época de Joan Anglico. Y por católicos españoles reconocidos como Alonso de Cartagena obispo de Burgos en su *Anaphaleosis Regum Hispaniae* (xv). Hasta este siglo diversas fuentes aseguran que se conservaron dos pinturas de Joana en la Catedral de Siena, así como su busto entre los de los papas Leon IV y Benedicto III (Elías Hasseumüller, *Historia Jesuitici Ordinis*, Cap. x). En donde además se indica que la estatua de la papisa con un niño en brazos fue mandada derribar y ser arrojada al Tiber por Pío V en 1568.

Su divulgación no ha podido evitarse, ni la burla, con expertos en escribir chanzas sobre *Frailes, curas y monjas*, tal que Giovanni Boccaccio, genio de la literatura que popularizó esta historia. Solo que, al contrario de lo esperado, en su obra *De mulieribus claris* (1361, Sobre mujeres ilustres) en su capítulo ci trata como cierta la historia de Johanna VIII, en estos términos:

Joana, Papa, la qual fingiendo ser hombre algunos años, de consuno con un enamorado suyo vivió de tal guisa que nunca alguno la conoció. Y como fuese de soberano y elevado ingenio entre los otros y de muchas letras entre los otros cardenales fue fecha Papa; empero sabido y descubierto su parto, que fizo de un fijo, fue condmenada y desterrada; y al lugar en onde parió es havido en Roma por diffamado.

Este lugar se llama Janículo, por donde se dirigía la procesión a San Juan de Letrán, entre el Coliseo y el templo del papa Clemente, del que se dice que desde entonces no pasa por allí ningún papa, ni procesión. Y Boccaccio, aunque sí de burlón, de machista debía tener menos que la mayoría de su época, porque al menos en el prólogo de esta obra declara haber escrito el libro para preservar la memoria de ciento seis mujeres célebres, sin importarle si habían sido buenas o malas. Y porque de las segundas haría exhortación de la virtud al tratar la historia de las buenas. Esta obra se considera que inspiró otras posteriores en diversos países de Europa, y en Francia la famosa *La ciudad de las damas*, de Christine de Pizan. Por otra parte, apunta el autor al principio las fuentes empleadas, de las que no tenemos por qué albergar dudas, desde textos sagrados y de los apóstoles, hasta *La ciudad de Dios* de San Agustín y San Jerónimo, y clásicos como Plinio, Ovidio o Virgilio. La mayoría anteriores, pero que dan una idea de su buena fe documental. Una lástima no contase con las de sus protagonistas.

Al parecer el verdadero nombre de la papisa era Gilberta y, aunque se hizo pasar por varón inglés cuando huyó con su amante de casa de su padre, en realidad era del norte de Alemania. Partió a Inglaterra con un mozo que era clérigo, y del que se enamoró y él de ella perdidamente, pasando ella también por religioso, para seguir a su lado, estudiando y perfeccionado múltiples disciplinas académicas. Cuando su enamorado fallece, Gilberta ahora Johannes emigra a Roma, sin quitarse el hábito, como duelo y por no querer tener relaciones con ninguna persona. Y se gana la vida enseñando idiomas, medicina, filosofía y 'las siete artes liberales: trivium (gramática, dialéctica y retórica) y quadrivium (aritmética, geometría, astronomía y música)'. De tal suerte que «como allende de la sciencia pareciesse tener una honestad [y] sanctidad singular, creyendo todos ser hombre y siendo amada por todos, muerto el papa (…) de aquel nombre, los cardenales todos a una voz le eligieron en Papa Joan VIII». Todo ello siguiendo a Giovanni Boccaccio (1494; 103).

Y ha sido Boccaccio un mito de misoginia que queda revisado al leer las investigaciones de autoras recientes. El que siempre nos lo habían explicado como gran renacentista y crítico con las mujeres y la religión, y que sembrase el género burlesco en la posterior literatura española.

Es, en cambio esta obra, una gran oportunidad para conocer la historia y las costumbres del Renacimiento, porque es sobre todo la estupidez y la hipocresía aquello que juzga e ironiza, no es machista, ni reformador, sencillamente, siguiendo a Camila Henríquez Ureña (1896-1973), intelectual feminista dominicana más aclamada en el Caribe y América Latina, que considera que por la chanza que realiza tanto de *Frailes, curas, como de monjas*, no puede ser considerado reformista. Pero tampoco machista para su época, porque encomia en contraste la inteligencia y el valor en otras féminas, lo cual puede considerarse un aspecto modernizante (2020). Porque de otro modo, no hubiese redactado el primer libro de historia de las mujeres, repleto de diosas y reinas, y concediendo verisimilitud y legitimidad a las acciones entre otras a Juana papa de Roma o a la líder militar Artemisia.

Renacentista es asimismo, entre protagonistas tan egregias añadir tres pintoras (**Tamaris** e **Irene de Grecia**, y **Marcia** romana), una filósofa (la epicúrea **Leóntia**), y una inventora: **Pánfila**, hija de Platea, nacida en la Isla de Kos*. Primera persona en hilar la seda y la técnica de preparar un hilo de algodón para hilar en una rueca y tejer. Y un aspecto más penoso, ensalza a una gran promotora del cambio social, por medio de una abnegación femenina y el estigma por acciones ajenas, con las que nuestra cultura todavía se acarrea y que llega al límite con el suicidio por el deshonor ante la violación: Lucrecia.

Timarete o Tamaris fue la pintora griega hija de Micón el joven, pintor y escritor, y que se considera la primera de la historia, junto con otras cinco mujeres artistas de la Antigüedad, siguiendo al científico y militar Plinio el Viejo en su obra *Naturalis historia*, en el año 77. Es decir, la primera desde que existen registros escritos, que ya se han tratado las pintoras trogloditas en la Prehistoria. Tamaris vivió en tiempos de Arquelao I de Macedonia, en los que se dio a conocer por haber pintado un panel de la diosa Diana en Éfeso con cera y témpera sobre madera. Y de ella dice Plinio: «*ella despreció los deberes de las mujeres y practicó el arte de su padre*».

Irene, era hija de Nearco, uno de los oficiales y hetairos (cuerpo de élite de la caballería macedonia) de Alejandro Magno y pasó a ser conocida por la *Historia natural*, de Plinio. Pintó la figura de una joven que estuvo albergada en Eleusis. Plinio menciona en su obra además a Calipso, Aristarete y Olimpia. Así como a Marcia (o Iaia), la citada pintora romana que destacó como grabadora de figuras femeninas sobre marfil.

Además de las anteriores, Boccaccio también recoge la historia de **Lucrecia**. Hija del ilustre romano Espurio Lucrecio Tricipitino, contrajo matrimonio con Lucio Tarquinio Colatino. Fue víctima de una violación perpetrada por Sexto Tarquinio, primo de su marido e hijo del rey Lucio Tarquinio el Soberbio. Este ultraje y el posterior suicidio de Lucrecia influyeron en la caída de la monarquía, cambiando la forma de gobierno romana a república. Era para los romanos el suicidio solución virtuosa a la vergüenza pública, y todo lo contrario de estar motivado por causa privada.

Volviendo a la papisa Juana , suele datarse este hecho en los años 856 y 858 de nuestra era, siendo defendida su veracidad por muchos historiadores de la Iglesia hasta tiempos recientes (Stanford, 2005; Cross, 1996; Morris, 1985; Kleine, 1855; Wolf, 1809; Spanheim, 1691), y «las evidencias archivísticas apoyan fuertemente que el Papa Johannes Anglicus (la papisa Juana) fue de hecho un individuo real existente y titular de la Santa Sede después del Papa Benedicto II, durante dos años y medio» (Michael E. Habicht y Marguerite Spycher, 2018).

Historiadores de la Universidad australiana de Flinders afirman que hay monedas que demuestran que hubo realmente una papisa. Los investigadores han estado estudiando monedas datadas en torno al año 850, en su mayoría francas. Hay que señalar que sólo se representaban personajes históricos reales en aquellas monedas, conocidas como denarios *(denarii)* de plata. Las hay que representan a papas como León IV (846/7-853) y Nicolás I (858-867), considerados pontífices legítimos por la Iglesia católica hasta el día de hoy. Se descubrió que dos de las monedas mostraban el monograma del papa Juan, además de cartas y otras evidencias físicas, siguiendo el libro de investigación de Michael E. Habicht y Marguerite Spycher, en el año 2021. Para estos autores son igualmente evidencias, las estatuas de una papisa que permanecen en los muros del Vaticano hasta la actualidad, con túnica de obispo, tiara con una corona y un libro.

Anteriormente han sido muchos los libros publicados sobre la papisa en el género de novela histórica por autoras como la británica Rosemary Pardoe en 1990 o la estadounidense Donna W. Cross en el 2016. Y por último, solo queda puntualizar lo curioso que resulta que eligiese para sí el nombre de Juan VIII, el apóstol y evangelista de las mujeres y de los albigenses, y que las monedas con su firma fuesen francesas, porque esto nos recuerda bastante a las perfectas cátaras huidas entre otros a Bretaña y Alemania. Por lo que aquella pareja no tendría nada de particular, ni morboso, dentro de estos credos cristianos más arraigados en los ritos comunitarios del cristianismo primitivo. O que proviniese Juana de Maguncia, 'la Alemania Alta', porque hasta allí llegó la estirpe merovingia de reyes desaparecidos, de los que dice la leyenda, emparentaron con María de Magdala, y que ocuparon tierras de la actual Francia, Bélgica y Alemania. Pero este tema más novelesco, no es de nuestra incumbencia por ahora. Y solo nos quedamos con la representación de dos abejas de oro, aparecidas en la tumba del rey merovingio Childerico I recientemente, que simbolizan la autoridad, la realeza y la resurrección.

Acabamos de citar que la tierra de Juana era Maguncia, y es precisamente el origen de otra dama, cuyo epitafio decía: «La noble heroína del cristianismo: aquí descansa después de la victoria de la fe, lista para la resurrección transfigurada». Se trata de la baronesa Maria Sophia von Erthal, que nació en 1729, personaje que inspiró el cuento de los hermanos Grimm Blancanieves, y que el historiador local de Lohr, Karlheinz Bartels, sitúa en la Maguncia.

Son percepciones limitadas de la historia de las mujeres creer que en otros tiempos no viajaron, no opinaron sobre su estatus, no intervinieron en política, o que no lo intentaron incluso, hasta en la curia religiosa. En este apartado se ha visto el gran trabajo y hazañas de muchas **abadesas como intelectuales y asesoras políticas (María de Jesús a Felipe IV, Hildelgarda a Federico I), también de mujeres de negocios, intelectuales, peregrinas y viajeras tal que beguinas como Margarita Porete o Beatriz de Nazaret, incluso sacerdotisas o la papa de Roma Juana VIII.** Comprobando que la literatura feminista y **La Querella de las damas**, como movimiento humanístico viene de antiguo, desde la francoitaliana **Christine de Pizan (1405)**, a **Teresa de Cartagena con el primer libro feminista en Castellano (1435)**, o **Isabel de Villena, el primero en Catalán (1497).**

CAPÍTULO 7

PONERSE EL MUNDO POR MONTERA: MUJERES EN EL EJÉRCITO Y EL CAMBIO SOCIAL

> Nadie puede convencer a otro de que cambie. Cada uno de nosotros custodia una puerta del cambio que sólo puede abrirse desde adentro. No podemos abrir la puerta de otro, ni con argumentos ni con apelaciones emocionales.
>
> MARYLIN FERGUSON

7.1. Mujeres de armas tomar

Son muchas las evidencias arqueológicas que muestran el desempeño de ocupaciones militares y en la caza por parte de las féminas desde tiempos remotos, de las que pocas veces se habla. Así, en las pinturas rupestres son evidentes los rasgos «de feminidad' en los cuerpos de las escenas de caza, como«cabeza pequeña, torso triangular, cintura de abeja, anchas caderas, piernas gruesas» (Cano, 2016).

En su trabajo *Antropología feminista ibérica*, Francisca Cano (2016) defiende, y resulta evidente, que los cuerpos de las pinturas prehistóricas eran en realidad femeninos. Y otros personajes como las guerreras vikingas, que parecieran provenientes de la fantasía popular, han dejado en sus tumbas interesantes vestigios que certifican su existencia. Mujeres guerreras en los pueblos primitivos se conocen desde la Antigüedad, con relatos de pueblos ágrafos, como en el caso de las amazonas, celtas, vikingas y espartanas, dedicadas como principal ocupación a la milicia.

Fue sin duda la Prehistoria cuando los roles sexuales permitieron una mayor equiparación en estas ocupaciones defensivas, y sobre las que puede contarse con referencias a través de la producción escrita de historiadores de la Antigüedad que han conservado tradición oral y mitos, y por los yacimientos arqueológicos. Entre otros muchos, los pueblos celtas, diversos pero con una unidad étnica y cultural, que habitaban Europa central y occidental durante la Edad de Hierro y Antigua. Era una sociedad tribal en la que la división sexual del trabajo era más equitativa que en la de sus invasores, el pueblo romano, así como más amplios los derechos femeninos.

El druida pertenece a un grupo social privilegiado, que suele representarse al estilo de sumos sacerdotes, extravagantes y ancianos. Sin embargo, en las culturas celtas constituían una clase social alta, compuesta por hombres y mujeres sabios, la más importante junto a la nobleza, encargada de un buen número de instituciones, como la religiosa: los ritos religiosos, la adivinación, los oráculos; la sanación y las medicinas naturales, así como los procesos judiciales. Sin olvidar, y no menos importante, que se ocupaban de la educación, que consistía en enseñar sobre la inmortalidad del alma y su evolución hacia la reencarnación. Ellas tenían el mismo estatus, y son conocidas como druidesas o morganas, de las que nos han llegado pocos nombres, entre ellos el de la diosa del fuego **Brigid** en gaélico, cuyos atributos pasaron en parte a la irlandesa santa Brígida, como las revelaciones, ser asesora (de varios papas) y el liderazgo; en la actualidad es la patrona de Suecia y una de las de Europa.

Los registros sobre las y los druidas se remontan al poeta griego nacido en el 518 a.C. Píndaro, que se refiere a ellos como Filósofos e su obra *Pythian Ode* 4, o el historiador griego Posidonio de Apamea (135 a. C.). de Julio César en *Comentarios sobre la guerra de las Galias* (50 a. C.), a los de Cicerón, Tácito, Plinio el Viejo y Claudio ya en el siglo I. A partir de ellos puede afirmarse que contaban con tradiciones tal que ceremonias sacrificiales, como posteriormente se recoge en otros pueblos como el romano, pero una organización mucho más equitativa entre sexos, y una sabiduría popular y filosófica que transmitían a sus pueblos. Y a pesar del poco interés mostrado por los historiadores romanos por el tema, se encuentra consensuado el hecho de que las druidas y las celtas en general mantenían derechos similares a los de los hombres. Además disfrutaban del protagonismo en la vida religiosa, y de derechos de propiedad, decisión y herencia similares a los de los hombres de su misma posición, que mantenían tras el divorcio o transmitían por línea materna; aunque con diferencias entre unos pueblos y otros. Su vida cotidiana consistía en labores agrícolas, artesanales, de cuidado y crianza. Ahora bien, la información que nos ha llegado acerca de los celtas procede sobre todo de sus enemigos, es decir, de fuentes romanas.

Estos autores también citan reinas, gobernantes y líderes guerreras, tal que la famosa **Boudica** de los icenos, o Boadicea en latín, reina celta del siglo I, viuda de Prasutagus, tras cuya muerte los romanos intentaron ocupar sus tierras, por lo que debió encabezar la rebelión contra la ocupación romana de Britania en el siglo I d. C.

Al este del actual Reino Unido, Boudica acaudilló a varias tribus celtas britanas, en el mayor levantamiento contra la ocupación romana de Nerón, entre los años 60 y 61 del siglo I. Con un ejército de 120 000 guerreros y guerrers (230 000 al decir del historiador romano Dion Casio) formado por jóvenes, hombres y mujeres, hizo frente a las legiones romanas en ciudades como Camulodunum (actual Colchester), Londinium (Londres) y Verulamium (St. Albans), cuya población fue masacrada y que finalmente quedaron destruidas. El gobernador de Britania y general Suetonio Paulino, consiguió reprimir la revuelta tras la victoria de Watling Street y masacró a los britanos, incluso sus soldados se vengaron violando a las menores. En teoría la ofensiva romana se inicia por considerar que se había producido una sublevación, al parecer tras la violación de las hijas de Boudica, dicen algunas fuentes, cuando en realidad esto fue posterior. Tácito afirma que se trató de un intento del Imperio por «evitar males mayores», como pudieron haber sido que las mujeres tuviesen la potestad de gobernar. Y como así lo hizo Boudica, heredera de la soberanía transmitida por su esposo Prasutago, por vía marental como hacían los celtas. Quisieron entonces los romanos aprovechar la ocasión para nombrar a un gobernador, siendo impensable para ellos que lo fuese una mujer. Reconociendo, sin embargo, en crónicas posteriores de Tácito y Dion Casio (155-d. 235) que la noble Boudica era excepcional, con una inteligencia superior, que era alta, con voz áspera y mirada feroz, cabello pelirrojo hasta la cadera, túnica de muchos colores y un manto grueso ajustado con un broche y un collar grueso de oro al cuello.

Otros casos de reinas guerreras pueden encontrarse en **Cartimandua**, reina de los brigantes de Britania en el siglo I y que fue capaz de mantener una alianza de no agresión con los romanos. También **Medb o Maeve**, reina guerrera, que acaudilló la guerra entre Connacht y el Ulster o la reina británica **Ganna** (Antonia Fraser, 1990). Janina Ramírez, catedrática de Historia en la Universidad de Oxford (2023), destaca el papel de **Jadwiga** de Polonia (santa fundadora de la identidad de este pueblo y jefa de un imperio que abarcaba desde Hungría hasta Lituania y el Mar Negro) o de **Ethelfleda de Mercia** (que reina y defiende el pueblo vikingo entre 911 y 918), entre otras. Todas ellas figuras poderosas que nada tienen que ver con el imaginario sexy de los guiones de Netflix, en cuyo catálogo abundan series sobre esta época.

Es en el Medievo cuando es posible señalar ejemplos más palpables de autoridad femenina tanto para Janina Ramírez, como anteriormente para otras medievalistas como Milagros Rivera. Una edad mal llamada oscura, y que fue de mayor poder para las féminas que los tiempos clásicos anteriores, o los renacentistas que sucedieron, a políticas y reinas, incluso al frente de

Figura 12. Isabel I de Castilla. Pintado por Juan de Flandes entre 1500 y 1504. Palacio Real, Madrid.

obispados de la Iglesia, como en el caso de **Sancha de Aragón** (1045-1095), probablemente la primera y única conocida.

De modo similar se pueden reseñar numerosos momentos a lo largo de la 'poco oscura para las mujeres Edad Media' en que destaca el protagonismo femenino en el contexto del asedio a las ciudades, como las que nos recuerda Yolanda Guerrero Navarrete (2016) sobre «las mujeres de Orihuela en el siglo VIII ante el asedio de Abdalacid, las de Jaca también en el siglo VIII, el de Jimena Blázquez y las mujeres de Ávila frente a Abdalá Alhazen en el siglo XII o las mujeres de Martos o Plasencia ya en el XIII».

La medievalista Yolanda Guerrero Navarrete (2016) subraya que un buen número de crónicas medievales sitúan a reinas al frente de los ejércitos, en la organización, el diseño y la financiación de las campañas (Diana Pelaz Flores, 2015). Siendo destacados los episodios protagonizados por **Urraca** en el siglo XII, **María de Molina,** reina consorte de Castilla (entre los años 1284-1295), **Berenguela la Grande** de Castilla en el XIII, defensora y cogobernante excepcional de este reino y el de León durante treinta años; y la más conocida Isabel I de Castilla (La Católica) en el siglo xv, padeciendo la guerra como sus coetáneos, y especialmente interviniendo para la cimentación de la paz.

Es decir, cuando la defensa y la conquista formaban parte de un ejercicio de subsistencia, mientras no pudieron darse o fracasaron las negociaciones o el diálogo, que, en buena parte de los casos, se zanjaba a través de matrimonios de hijas de muy corta edad. Es el caso del matrimonio por interés de **doña Urraca de León**, la Temeraria, buena guerrera, con Raimundo de Borgoña. Era febrero de 1093 y contaba solo doce años, que era la edad considerada núbil; si bien, algunas autoras consideran que el enlace con su tío para perpetuar el linaje fue a los ocho años (Carmen Pallares, 2006). Debió, por tanto, sufrir el enlace con un varón mucho mayor que ella, el fallecimiento de su madre, la reina **Constanza de Borgoña**, y ser apartada de la línea sucesoria del trono de su padre, rey de León, de Galicia y Castilla, por ser mujer y por el nacimiento de Sancho, su 'medio hermano' e hijo ilegítimo de su padre y Zaida.

A Sancho se le concede la potestad institucional de Urraca, pero fallece joven, en la batalla de Uclés (1108), y cuando también muere su padre, ella pasa a ser la primera reina titular de Europa, por un cúmulo de circunstancia y dones, como no tener más hermanos y haber fallecido un año antes su esposo. Sobre todo, por ser capaz —con talento y fuerte carácter— de sortear todas las embestidas en contra de su padre, de su segundo marido y de otros enemigos, que trataron de derribarla por ser mujer con grandes dominios y las ideas claras. Como puede comprobarse cuando otorga diplomas que recogen fueros, junto a su marido Raimundo de Borgoña (César Cervera, 2019), según registros en Santiago de Compostela («cunctis habitatoribus uiris ac feminis»: todos los habitantes tanto hombres como mujeres).

La crueldad que reservaba el machismo imperante a la misma reina era resuelta con mayor estrategia, como puede demostrarse. Para empezar fue obligada en 1109 a casarse por mandato de la aristocracia leonesa, contra su voluntad, con Alfonso I de Aragón el Batallador, y con vasallaje de ella frente al marido, si bien manteniendo la independencia institucional de los dos reinos. Esto derivó pronto en desavenencias y malos tratos a Urraca y a su hijo pequeño nacido en su anterior matrimonio y a que ella temiera por sus vidas, ya que sus muertes le darían el poder que quería a su marido. En 1110 ya firma un documento como reina, lo que significa un rechazo a supeditarse a su marido, una afirmación de su independencia. Urraca solicitó al papa y consiguió la separación por argumentar consanguinidad en las empresas acometidas por ambos (Cervera, 2019), y más tarde la nulidad eclesiástica del matrimonio. Alfonso, a su vez, la repudia por tener la reina supuestamente un amante (así lo creen algunos historiadores como Rodrigo Jiménez de Rada, 1847).

La ira de Alfonso I, apodado el Batallador, es fácil de imaginar, descargada por perder los dominios ansiados, contra plazas castellanas y haciendo encerrar a Urraca en la fortaleza de El Castellar, de donde pudo ser liberada y entrar ella misma en defensa de sus tierras «mujerilmente». Como apunta el *Cronicón Compostelano*, lo que significa con independencia, y lo más importante, no como consorte, ni en periodo de regencia. En este tiempo debió contener presiones musulmanas, aragonesas y, lo peor, las portuguesas por parte de su propia hermana, Teresa, y en donde volvió a demostrar su astucia, desviando el interés de los nobles gallegos adversos, hacia las tierras portuguesas, aunque los enfrentamientos continuaron, hasta el mandato de su hijo. Junto a este, consejeros/as fieles y un romance con el conde González de Lara, pudo llegar airosa hasta su muerte después del parto a los 48 años, hasta el último batallando por no ser avasallada y por la unidad de sus feudos. Con el conde no quiso llegar a casarse a pesar de contar con dos hijos, la infanta **Elvira de Lara**, reconocida heredera, pero no tanto su hermano Fernando Pérez Furtado, cuyo segundo apellido significa 'robado'.

En todo caso es justamente el Medievo la época en que el folklore popular recuerda a las amazonas en sus canciones de gesta y también de la leyenda de la doncella soldado, de las novelas de santos, que circulaban por doquier, y de las profecías sobre el advenimiento de una doncella que salvaría el reino de Francia, que nos ponen, aún hoy en día, 'los pelos de punta', que todos los argumentos son posibles en las redes digitales. Un augurio cumplido, cuando el rey Carlos VII (entonces delfín) concede el permiso (en 1429) a Juana de Arco y por la que fuera inspeccionada antes de partir a la guerra por un grupo de mujeres para asegurarse de que era una muchacha. Entre ellas se encontraba **Violante de Aragón**, viuda noble que había acogido a Carlos en el castillo de Angers convertido en eje Valois-Armañac-Anjou, y que actuó con sororidad hacía la joven. Violante, gran política y con la que el delfín guardaba agradecimiento por su ayuda y hospitalidad, apoyó a Juana a pesar de ser campesina, adolescente y por supuesto, tras su inspección, mujer.

Mujeres de armas tomar es el título de la obra de 2005 de Isabel Valcárcel, en el que se recogen las hazañas de militares como Juana de Arco y otra Juana menos conocida, '**La Dama de Arintero**' en León, de la que las crónicas locales corean esta máxima: «Dama de Arintero o el valor de una mujer convertida en caballero», que guerreó en el siglo xv en las huestes castellanas de los Reyes Católicos frente a Portugal.

Son muchas más las que tomaron las armas para defender su tierra o sus ideas. Famosa no solo en Galicia, **María Pita** descubre su valor cuando el pirata Francis Drake ataca A Coruña, al igual que doña **Catalina de Erauso**, conocida como la Monja Alférez, de San Sebastián (Guipúzcoa) en la primera mitad del XVII. O **Garain** en Menorca, una suiza en el ejército de Carlos III de España; y entre las contemporáneas, **Rosario** la Dinamitera, miliciana en la Guerra Civil.

Americanas, encontramos numerosas, de las que Isabel Valcárcel destaca el papel en la independencia de Bolivia de **Juana**

Figura 13. *Juana de Arco entra en Orleans*,
por Jean-Jacques Scherrer (1887).
Museo de Bellas Artes de Orleans.

de Azarduy (1809), también **Candelaria Pérez** e **Irene Morales**, dos mujeres en la guerra del Pacífico (1879-1884); así como las chilenas **Francisca Zubiaga** y **Bernales, la Mariscala o doña Pancha** (1803-1835), esposa del presidente del Perú Agustín Gamarra, y que le acompañó en la invasión de Bolivia (1828) y durante su primer gobierno (1829-1833).

Este análisis somero para ilustrar el papel femenino en hazañas bélicas nos lleva a una ausencia más importante, que es el gran vacío existente de mujeres que cuenten las hazañas, de cronistas, de las que no pueden citarse muchas hasta bien entrado el siglo xx. Sin embargo, cabe resaltar en esta cuestión marcial una pionera, ya mencionada en la *Querella de las damas*: en 1410 Christine de Pizan escribió un tratado sobre el arte militar, con función pedagógica para las mujeres de la época. Una prueba de conocimiento de las técnicas más destructivas que las propias de la guerra feudal, tratando ejemplos clásicos de guerreras más o menos míticas, como **Artemisia de Halicarnaso**, la reina de **Palmira**, la reina franca **Fredegunda** (597†) o **Semiramis de Babilonia** (480 a. C.), que algunos identifican con Asiria (806 a. C.), esposa de Shamshi-Adad V y regente de su hijo Adad Nirari III.

Es decir, que a pesar de los planteamientos de corte bélico, el humanismo de Christine de Pizan queda fuera de toda duda, quien dedicó su última obra en 1429 a **Juana de Arco** (*Ditié de Jehanne d'Arco*), y para la que las batallas debían ser el último recurso de defensa, y debían venir precedidas de intentos de diálogo, rendición y paz. Y para el caso de que se diese la confrontación física, era necesario el empleo de la confesión, plegarias y el respeto al tiempo sagrado. Sin duda una constricción muy saludable para sobrellevar la carga de una tarea tan desagradable; si bien las guerras, por definición, no son de respetar ni el tiempo, ni la vida, que es lo más sagrado.

Otras cronistas podemos encontrarlas indagando las que se ocultan bajo el sobrenombre de Anónimo. Por ejemplo, es necesario recordar el verdadero papel de **doña Jimena Díaz de Vivar**, en tanto que solo nos ha llegado su papel en el mito y el relato fundacional de España conocido como el *Cantar de Mio Cid*, pero que, con toda probabilidad, no fue otro que proclamar las gestas de su marido Rodrigo, una vez fallecido. Lo que explicaría la distancia entre el *Cantar* y la historia real, y mucho más tantos mitos que falsean y denigran a los principales personajes femeninos, si bien refuerzan notas líricas en una obra épica y su función divulgativa.

Tras contrastar fuentes diversas —entre otras y citadas por orden cronológico: Menéndez Pidal (1943), María Eugenia Lacarra (1980), Colin Smith (1983), Richard Fletcher (1989), Alberto

Montaner (1993) o Isidro Jiménez, de la Universidad de Arizona (2016)—, puede afirmarse que la dramática afrenta de Corpes, desplegada por los yernos del Cid contra este, sobre los cuerpos de sus hijas, nunca se produjo. Según el último autor, ni siquiera los infantes de Carrión fueron los maridos de ellas, y de dichos infantes, las noticias de las que se dispone aventuran que no existía vínculo alguno con las hijas del Campeador; que, por cierto, no eran tres. Siendo la mentira tercera afirmar que Rodrigo Díaz de Vivar y Jimena, se casaran por amor, como relata la leyenda y el poema. Cuando hacerlo por interés era bastante corriente en aquella época y entre las personas de su condición, pues su matrimonio formaba parte del plan desarrollado por el rey Alfonso VI el Bravo (y padre de la ya citada Urraca de León), para congraciarse con los nobles castellanos.

Los hechos fueron que el enlace se celebró entre el cruzado Rodrigo Díaz y doña Jimena —sobrina del rey— y que se produjo en la iglesia de San Miguel de Palencia, en torno al 1075. El matrimonio tuvo dos hijas, Cristina y María, y un hijo, Diego. Nada de doña Elvira, ni doña Sol. La primera, Cristina, casó con Ramiro Sánchez de Pamplona, señor de Monzón; la segunda, María, lo hizo con Ramón Berenguer III, conde de Barcelona, de Gerona, Osona, Provenza y Cerdaña; y Diego, el menor, murió en 1097 en la batalla de Consuegra, luchando contra los almorávides en el ejército de su señor, Alfonso VI, adonde le había enviado su padre, el Campeador.

Es decir, no son históricos tanto el rapto como la tercera hermana, que siguiendo a Isidro Jiménez (2016), se tratan de licencias literarias. Sin llegar a saber si también lo fue que los infantes de Carrión fuesen seres viles y siniestros, despojados de toda virtud, y todo muy a pesar de don Dióscoro Puebla (1831-1901), el pintor burgalés cuyo cuadro sobre este episodio cuelga en el Museo del Prado —al estilo de *El rapto de las sabinas* de Nicolas Poussin de 1630 (que se encuentra en el Museo del Louvre de París)—.

Es más, recordándonos al pintor Francisco Pradilla (1848-1921) cuando cual si estuviera al servicio de los intereses del rey Fernando el Católico, retrata a doña Juana de Castilla con trazas de loca en un entorno tétrico y surrealista. Y aunque este afán por añadir morbo a costa de las mujeres, con cuerpos desnudos y rostros desencajados, es hoy moneda de cambio habitual de los medios de comunicación, y que sigue condicionando la percepción social sobre lo femenino, volviéndola del revés, y relegando el predominio de las batalladoras y equilibradas.

Porque ni las descendientes del Cid Campeador fueron abandonadas en un bosque, ni ultrajadas como reza dicha leyenda, plasman las obras pictóricas, y relata la obra de teatro escrita por Eduardo Marquina y estrenada en el Teatro Español de Madrid, en 1908: *Las hijas del Cid*. Ya que ni los Condes de Carrión, ni ningún otro santo varón, huyeron de un león, ni se acobardaron al intentar matar a Abengalbón, amigo del Cid, porque tampoco lo era, y sí un arráez (o rey de Molina), según fuentes escritas de dicha comarca.

Por otra parte, pagar la vergüenza de su cobardía con sus esposas azotándolas y abandonándolas a su suerte atadas en el robledal de Corpes, es decir, como pasto para los lobos, es otra mentira, pero muy ilustrativa del reconocimiento de dicho mal en todas las épocas aunque sea a través de relatos, porque 'cuanto más cobardes los personajes, más maltratadores de féminas'. Además, esta última mentira implicaría que el Campeador hubiese tenido que recuperar la dote, tras convocar Cortes con el rey en Toledo, y con la dote también sus espadas Colada y Tizona; nombres que parecen ciertos. Porque pasaron a los reyes de Aragón «tal vez a través del infante navarro y del conde de Cataluña, con quienes se casaron sus hijas. Sabemos que la espada favorita de Jaime el Conquistador, la tenía él desde los nueve años, lo que indica transmisión familiar, y que se llamaba Tizó, y él mismo nos dice en su crónica que era "molt bona e aventurosa a aquells qui la aportaren"» (Pérez de Urgel, 1955).

En cualquier caso, que las hijas del Cid casaran en segundas nupcias con los príncipes de Navarra, don Ramiro, y de Aragón, don Sancho, es algo históricamente no probado y bastante improbable; y sí en primeras nupcias y con buena ventura. Un año después, en 1096 el Cid ordena consagrar como catedral la mezquita de Valencia. Y en esa ciudad morirá en el año 1099, momento en que Jimena asume el mando como señora de dicha plaza, como atestigua un documento de donación a la catedral firmado por ella que se conserva.

Durante tres años defendió Jimena la plaza de Valencia ayudada por su yerno Ramón Berenguer III, hasta que en 1102 Alfonso VI se presentó en la ciudad y, siendo la resistencia ya imposible, da orden de incendiarla y abandonarla, antes de que cayese en manos enemigas, acompañando después a Jimena, que se lleva los restos del Cid para enterrarlos en Burgos, hasta Castilla.

Y este es el personaje femenino del que menos se habla y más conviene destacar, para conocer la genealogía de mandatarias castellanas que tanto se alejan de las pinturas de Dióscoro Puebla (1831-1901), maestro de la corriente del eclecticismo pictórico, que no del histórico. En cualquier caso, son obras pintadas en una época, el siglo XVIII, muy distante a los hechos; como ocurre con el mencionado lienzo de Pradilla de Juana de Castilla, de 1877, que es el cuadro que más transfigurada representa a la reina. Pradilla fue director del Prado, autor de pinturas costumbristas muy valiosas para entender la historia social, y magnífico pintor. *El rapto de las sabinas* (1874), con el que consiguió su beca para la Academia Española en Roma, demuestra gran afinamiento de su vista comercial, que suele tener presente cuando emplea la victimización y el morbo con los cuerpos de las mujeres, cuando no es preciso. Pero sigamos con esta leyenda fundacional de España.

Doña Jimena casó con el Cid en el año de 1074, emparentada como estaba por vía paterna —era hija del conde de Asturias— con la dinastía leonesa, sobrina de Urraca de Zamora y del rey Alfonso VI de León y Castilla, con la que el Campeador lograba emparentar también con ellos a través de la unión. Y no al contrario como siempre se ha presentado. Dama noble y educada en la corte, tuvo oportunidad de aprender los secretos del poder, que pudo poner a prueba a lo largo de su existencia, dejando en mal lugar a los que intentaron representarla como mujer abnegada, dócil y con más paciencia que Penélope en *La Odisea*. Por el contrario, Jimena fue muy independiente y con gran coraje, jamás estuvo enclaustrada en monasterios durante los destierros y campañas militares de su marido, y administró con mano firme los territorios conquistados por el Cid en sus prolongadas ausencias.

Fallecido Rodrigo Díaz de Vivar en el año 1099, se convirtió en señora de Valencia como ha quedado dicho, y de pleno derecho en virtud de la carta de arras, que establece una *'profiliatio'* mutua. Esto implicaba que, en caso de fallecimiento de uno de los dos, el otro se convertía en su heredero universal y pasaba a ser el dueño de sus posesiones, a no ser que contrajese matrimonio posterior (Porrinas, 2019).

Doña Jimena resistió el asedio del ejército almorávide desde agosto de 1101 hasta marzo de 1102, meses tras los cuales Alfonso VI con sus huestes, acudió a la ciudad del Turia para reforzar su defensa, aunque solo le quedó acompañar a su sobrina de regreso a Castilla y escoltar el féretro del Campeador.

Con este perfil es fácil aceptar que biógrafos del Cid como David Porrinas (2019) apunten que pudo ser Jimena la trasmisora de la vida y gestas de su marido, lo que habría dado paso después a través de los juglares al *Cantar de Mio Cid*. **Es decir, doña Jimena y el obispo de Valencia, Jerónimo de Perigord, que le sobreviven veinte años más** y que tratan de preservar el señorío de Valencia habrían sido los más interesados en la difusión de las conquistas, para mantener así los derechos para su descendencia. Esta ya no incluiría a Diego, el hijo pequeño fallecido en la batalla de Consuegra, sino a sus hijas y sus yernos Ramiro Sánchez y el conde Berenguer Ramón III, a quienes nombra Jimena con los términos «hijos e hijas» en un documento de 1101 que confirma las mencionadas falacias sobre una afrenta de Corpes que nunca se produjo.

Tampoco el héroe sería como 'lo han pintado', rudo e insensible, vengativo y desleal, 'el único cristiano rey de una taifa', pero sí el jefe de un ejército híbrido que se calcula con un 80% de musulmanes como fuerza de choque. Y tal vez más como en el episodio del cantar de gesta (el primero en castellano) en el que parte al destierro y que dice: «Los ojos del Mio Cid mucho llanto van llorando». Padre y marido solícito, además de culto, hablando y escribiendo árabe y castellano indistintamente; dicen que después de deambular por la península ibérica, cuando vuelve a encontrase con el rey Alfonso VI, ya no se entenderían bien porque, al parecer, el héroe ya hablaba lengua romance, el castellano moderno, aunque esto último, sí hay que reconocer que es parte de la leyenda, todavía…

7.2. Mujeres en el poder

Huelga considerar que la mujer no ha tenido un papel activo en el devenir de la historia, ni creer o hacer creer que somos iguales a los hombres cuando lo hacemos, y en tercer lugar que somos iguales, muy iguales entre nosotras, especialmente cuando gobernamos. Esto último ya ha quedado en evidencia con el reconocimiento de las trayectorias de reinas y otras mujeres partícipes en las batallas y el gobierno. Porque, de cualquier modo, el poder se hace mediación a través de cada una de ellas Y tanto en cuanto son fuente principal de dicho poder, como reinas titulares, regentes y «medianera entre el rey y todos los demás cortesanos y vasallos si se trataba de una reina consorte. La reina recibía, reflejaba, transmitía y distribuía ese poder, en forma de influencias, cargos, mercedes y gracias de todas clases. **El poder** corría por las venas de la reina y flotaba en el aire que respiraba» (María PérezSamper. *Las reinas en la Monarquía española de la Edad Moderna*, 2006). Por ello para conocer su papel en el cambio histórico conviene tomar distancia y diferenciar entre el maniqueísmo con el que se relatan algunas de sus biografías, bien como víctimas, o bien como «lobas». Este es el calificativo empleado con las soberanas que quieren reinar, según Helen Castor (2020), en su libro del mismo nombre, y que ejemplifica la variedad con cuatro perfiles de reinas inglesas.

Entre los siglos xii y xv, Juana I de Castilla y otras tres mujeres —**Leonor de Aquitania, Isabel de Francia** (hija de Felipe IV de Francia y **Juana I de Navarra**) y **Margarita de Anjou**— lucharon abiertamente por el poder. Son conflictos (que han permanecido en el tiempo) sobre si las mujeres debían o no gobernar, y los consiguientes intereses espurios que anidan en torno a esta ambigüedad, como ocurrió en el caso de Matilde de Inglaterra, que conllevó diecinueve años de guerra civil entre sus seguidores y los de su primo Esteban de Blois. Es también el caso de Isabel II de España, duramente criticada por los adeptos a su tío, Carlos María Isidro, también llamados carlistas. Y esta es la razón, y no otras que suelen aludirse, por la que las reinas con vocación de mando o que no han querido renunciar a sus derechos dinásticos han evitado casarse, incluso tener descendencia, como Isabel I de Inglaterra, o bien enterrar a su marido, en el caso de Juana I de Castilla.

Este hecho es comprensible, según Helen Castor, porque implica 'tener que poner patas arriba' el designio divino de la supremacía de Adán, si se deja a Eva al mando de los destinos, y que entra en conflicto cuando no hay descendencia y se antepone el designio también divino de la estirpe real. Algo que ocurre con Isabel la Católica, Ana Estuardo o Isabel I de Inglaterra, por ejemplo, cuando son herederas únicas de los derechos dinásticos en el entorno de la legitimidad teocéntrica de una sociedad tradicional en la que no debería dudarse de la sucesión femenina, si no es por otra ley que la costumbre y la fuerza. Es la alusión a la división sexual del trabajo o, como en el antiguo Egipto, a la bondad de lo que nos es dado por los dioses, en donde el papel procreativo es crucial para la supervivencia de los pueblos y la economía familiar, en tiempos de altas tasas de muerte infantil, y por ello doblemente importante contar con reinas fecundas. Y si no que se lo digan a Enrique VIII, que para conseguir descendencia masculina se divorció de Catalina de Aragón, liquidó a Ana Bolena y dividió a la Iglesia.

No son pocas las reinas con un gran número de vástagos, lo que hacía aún más duro y encomiable asumir el poder, la gestación y la crianza, con o sin nodrizas: Isabel la Católica alumbró siete criaturas; diez de sus dos matrimonios, Leonor de Aquitania; doce, Isabel II de España; siete, Victoria Eugenia de Battenberg; tres hijos y siete embarazos fallidos, doña Urraca, etc. A todas estas dificultades para el gobierno, se añadía y se añade, el hecho de proceder, en muchas ocasiones, de países extranjeros, lejos de sus familias, a veces en situaciones de guerra, como le ocurrió a Margarita de Anjou en el siglo XV, que se casa con Enrique VI de Inglaterra con los dos países en pugna durante décadas. Victoria Eugenia de Battenberg, consorte de Alfonso XIII, desde su boda (en la que sufrieron un atentado anarquista) hasta su exilio, sufrió un ambiente hostil, por ser de religión anglicana, por las diferencias culturales y por los recelos de su suegra, que la culpaba de haber transmitido la hemofilia a su descendencia.

Así con todo, puede comprobarse en muchas soberanas, tanto en su influencia y gobierno, como a veces en los intentos de ello, inteligencia y ciertas tendencias en su proceder más propias del mundo simbólico de la madre. Por ejemplo, la mediación antes de llegar a la lucha frontal, la compasión en algunos casos dulcificando las decisiones inflexibles del soberano, la intercesión, la clara manipulación o el ejercicio responsable del poder de reinas regentes, consortes o por compartir la propiedad de sus reinos, imprimiendo su sello.

El primer caso ejemplar es el de **Isabel I de Castilla**, más conocida como la Católica, destacable por su 'inteligencia política
e indomable voluntad' para llevar a cabo iniciativas pioneras que
requerían de gran aplomo y autoridad inquebrantable. Según su
biógrafo Tarsicio de Azcona (1986, 279), una pieza imprescindible para superar la crisis no solo feudal, sino social, y para crear
en el Estado castellano un orden interior nuevo, a través de la
unidad religiosa y el refuerzo del derecho público. Si bien con
retroceso de instancias representativas que pudieran debilitar el
poder absoluto, reformando el Consejo Real, creando la Santa Hermandad para el orden público y la implantación de los
corregidores como representantes territoriales en los municipios
de la Corona frente al orden solariego. Por último, destaca la
influencia en la administración de justicia y de la Hacienda pública, así como la consecución de un único ejército, y que fueron
los pilares para la creación del Estado moderno, hasta nuestros
días. Todo ello, por orden y gracia de la mano de Isabel I, reina
consorte de Sicilia desde 1469, de Aragón desde 1479 y señora
de Vizcaya, junto a su marido y primo segundo, Fernando II de
Aragón y I de Navarra.

Sobre el arte del gobierno y la heredad de la propiedad dinástica, Nicolás Maquiavelo escribió *El Príncipe*, obra clásica de
la cultura universal. Y que, de haber titulado *La Princesa* esta su
obra de consagración como estadista, habría podido ser estudia-
da por reinas de su época como Juana I, o de siglos posteriores
tal que Isabel II, que sufrieron las consecuencias de la ausencia
de formación y cierta candidez sin manuales al uso.

Pero el Renacimiento no ayudó por traer mayores restricciones para el ejercicio del poder y de las profesiones por parte
de las mujeres. En el primer párrafo de su capítulo II sobre los
principados hereditarios, Maquiavelo señala: «Es preciso conve-
nir desde luego en que es mucho menos difícil mantener los
estados hereditarios, acostumbrados a la familia de su príncipe,
que los estados nuevos (…). Y no hay duda, que lo conseguirá,

sometiéndose a la imperiosa necesidad de los tiempos en los que vive, y no saliéndose voluntariamente del orden y métodos establecidos por sus predecesores» (1513). De ahí la gran importancia de la didáctica política y las referencias, también las que atañen a las mujeres.

Juana I de España, hija de los Reyes Católicos, después de cincuenta años de encierro, sí había contado con esa herencia tradicional de su madre y las reinas europeas. Según diversas fuentes por temor al fuerte temperamento y el carácter su madre se consiguieron gran esplendor durante el reinado de Isabel de Castilla y Fernando de Aragón, incluida la paridad marital de la pareja real que daba cuenta de una sociedad avanzada. Este mismo temperamento fue por el contrario desacreditado, en una persona más sensible, cariñosa, sin malicia, para la que eran inaceptables las tretas a las que quiso ser sometida para despojarla de su corona, de su familia, para apropiarse de sus derechos y que no pudiesen heredarlos sus hijos. Y todo a pesar de que ella no fuese educada para ser reina, y tampoco tuviese mucho empeño en serlo, aunque sí, como buena madre, que lo disfrutasen los suyos. Inteligente y muy culta, Juana supo resistir a los envites que su entorno le propiciaba, si bien su gobierno se hizo imposible.

Son muchos los trabajos recientes de investigación que entienden la figura que nos ha llegado de Juana como una deformación de los hechos ciertos, producto de los intereses que, finalmente, no resultaron vencedores, por lo que la derrota tampoco sería el colofón adecuado. Y volvemos de nuevo a ella por considerar claves importantes para entender el éxito de muchas mujeres, concretamente en política. Para lo que el enfrentamiento frontal como no hiciera Juana o María de Medici, no ha sido positivo, solo en ocasiones burlado como en el caso de Urraca frente a Alfonso I el Batallador. Tampoco la excesiva condescendencia, como hiciera Isabel II de Borbón 'la de los tristes destinos' o la lealtad sin crítica, que tanto le costó a **Leonor de Austria.**

Esta última, hija de Juana I y Felipe el Hermoso, conocida como la reina nómada la hermana fiel nada menos que del emperador de Carlos V y reina consorte de Manuel I de Portugal y de Francisco I de Francia, fue el claro ejemplo de cómo las mujeres eran canjeadas 'como peón de ajedrez' al son de los intereses políticos, mientras ella solo luchó por poder tener una vida digna, disfrutar de su hija y el respeto de sus maridos. Mientras su madre, la reina Juana, fue cautiva, pero reina, siempre en jaque. Sin 'mate' y autónoma hasta su muerte en Tordesillas.

Fueron episodios intempestivos para las mujeres los del Renacimiento, en una Europa de guerras entre familias reales, siendo significativa, entre tanto desorden, vicio e incumplimiento de acuerdos, la Paz de las Damas en Cambrai, por la que se consiguió un tratado entre España y Francia (5 de agosto de 1529). La Paz de Cambrai fue negociada y firmada por las cuñadas **Luisa de Saboya**, en nombre de su hijo Francisco I de Francia, y **Margarita de Austria**, en representación de su sobrino el emperador Carlos V de Alemania, I de España. Con ella se pondría fin a la guerra de la Liga de Cognac (1526-1530), y se liberaba a los príncipes franceses Francisco y el futuro Enrique II, hijos de Francisco I, rehenes en Madrid.

La reina Isabel II (1830-1904) es otro caso de heredad del trono truncado —no sin gran resistencia— y una vida solitaria e incomprendida hasta por los historiadores actuales, por lo que llegó a ser conocida como 'la de los tristes destinos' o 'la Reina Castiza'. Elevada al trono tras la muerte de su padre con solo tres años y obligada a jurar la Constitución con trece (1843), son comentarios de su director espiritual por entonces, Rodrigo Valdés, «que comenzaba su reinado con escasas luces y sin ninguna experiencia». Pero ¿cómo pueden tenerse para la política siendo tan joven? Despreciada por sus propios descendientes, por su mala fama, por juzgar su vida íntima extramarital, tras un matrimonio de conveniencia con su primo que la evitaba. Algo por otra parte, coherente con su vocación liberal, pero que pone en evidencia la consanguineidad de la descendencia de una reina, y que se espera de la institución monárquica.

Así, a su muerte, *Le Figaro,* con un periodismo mucho menos machista que el español, decía: «La sabíamos víctima de sus malos consejeros más que de sus propios errores y ha habido siempre cierta injusticia en hacerla culpable de lo que no era más que una consecuencia de la organización política de su país». *Le Constitutionnel* la describía como «una gran dama que fue 35 años huésped de París (…) esposa ultrajada, madre dolorosa». Las exequias en esta ciudad fueron imponentes, siguiendo a Isabel Burdiel: «El cortejo fúnebre recorrió la avenida de los Campos Elíseos, la plaza de la Concordia, las Tullerías y el puente de Solferino, antes de desembocar en la estación d'Orsay, en donde cuatro regimientos de infantería y una batería de artillería le rindieron honores, desfilando frente a su féretro destacados miembros del gobierno y el cuerpo diplomático».

Al igual que Juana, no extraña pensar que su inestabilidad tuviese algo que ver con la muerte de familiares e hijos de sus múltiples partos. Así como por el asedio de diversas facciones y, sobre todo, las deslealtades en su entorno, de su propio marido y primo, el infante Francisco de Asís de Borbón. Pero Juana supo rodearse e ir a buscar correligionarios leales. Salvando las distancias entre ellas y con nosotras, las adversidades, las obligaciones, nunca pueden ser excusa para seguir donde nos apagan la sonrisa.

Conocida como 'la Castiza' por cercana, liberal y moderada; libertina como lo han sido tantos reyes, vuelve a ser otro ejemplo de cómo la estigmatización que recae sobre las mujeres poderosas tiene mucho de envidia, y otro tanto de saña, sin respuesta. Así hablaba Isabel II, en el Manifiesto del 26 de julio de 1854, tras la rebelión militar y popular conocida como Vicalvarada, que dio fin a la Década Moderada, y abrió el Bienio Progresista (1854-1856), tal vez con demasiada condescendencia, porque la reina debe también parecerlo con autoridad:

El decoro de éste (mi trono) es vuestro decoro, españoles: mi dignidad de Reina y de madre es la dignidad misma de la nación, que hizo un día mi nombre símbolo de libertad. No temo, pues, confiarme a vosotros; no temo poner en vuestras manos mi persona y la de mi hija; no temo colocar mi suerte bajo la égida de vuestra lealtad, porque creo firmemente que os hago árbitros de vuestra propia honra y de la salud de la Patria.

Isabel II fue libre en tiempos de cambio, y es la representación de cuánto más se juzga la vida privada de las mujeres, que las hazañas públicas. Sea tan solo la persistencia y no hacerse víctimas, sino obrar con juicio incluso, sobre la hoguera, tal como ocurrió con el ajusticiamiento inquisitorial con el que se premió la entrega de **Juana de Arco** (1412-1431). Tal vez porque esa inmolación mística había sido ya asumida desde el principio, cuando se atrevió a tal periplo, impropio de cualquier sujeto de cualquier época. Tal vez por aceptar la suerte cuando ya está en curso...

También conocida como la Doncella de Orleans, que con solo diecisiete años evitó la desaparición de Francia, su madre patria, llevada por visiones premonitorias a dirigir la acción militar al frente de un ejército, el de Carlos VII en el periodo final de la guerra de los Cien Años. Muy útil para el país y sus monarcas, pero un desacato para el sentido común de la época, que la Inquisición consideró oportuno castigar, tras ser apresada por la facción borgoñona, en este caso por la herejía que suponía vestirse de caballero y que denominaron 'travestismo'. Si bien, ya había sido 'inspeccionada' como se ha visto, y de forma posterior a su fallecimiento fuese rehabilitada a instancias de Carlos VII, y beatificada en 1909 y canonizada en 1920.

Qué poco querrían estas reinas tan valientes la compasión y el victimismo con las que hoy se pretende defender sus vidas, cuando el coraje es el mensaje claro en sus palabras, si leemos alto y claro, ya no hace falta entre líneas. Son estos nombres solo ilustrativos del gobernar 'contra viento, marea y todo pronóstico' y de los que ahora podemos disfrutar y extraer moraleja.

Es por tanto el 'jaque mate a la reina' en el simbólico Juego de Damas, la expresión que mejor sintetiza los argumentos con los que se destrona o liquida a una soberana sin mayor causa que la diferencia sexual y de formas muy diversas. Por ejemplo difamándola, argumentando locura, libertad sexual o inmadurez o sencillamente, por desarrollar una política más honesta. Frente a esta jugada de acoso, podemos aprender de nuestras reinas, la eficacia del 'golpe en la mesa' y el establecimiento de acuerdos por ejemplo de Urraca de León para mantener a raya las ambiciones de su marido Alfonso I el Batallador, o el aplomo de Isabel I y otras tantas europeas con el mismo nombre, que nunca perdieron de vista las miras de cuantos las rodeaban.

7.3. Ponerse el mundo por montera

Fue tan excepcional la figura de **Juana de Arco** que aún en vida no faltaron los personajes escépticos, que no podían creer lo sucedido. Y hasta hoy es complicado creer que una adolescente humilde pudiera llegar a tales hazañas, si no es 'por la fuerza del destino', el que esta mujer comprendió que le esperaba al ver el declive de su tierra. Se puso sobre todo en duda la honestidad del origen de su causa, al seguir las voces del cielo para salvaguardar de un país enemigo a Francia. Si bien, hasta el final en su juicio inquisitorial, no aclaró que fueron por parte del Arcángel San Miguel, Santa Margarita y Santa Catalina de Alejandría. Mal ambiente para ser franca, por lo que también puede pensarse que su propio criterio dentro de una sensibilidad mística pudo, y con razón, ser suficiente para emprender su hazaña. Si no hay valientes, que haya valientas. Por último, también se ha criticado la falta de miramientos con las personas de su sexo, cuando expulsa de las filas combatientes a las mujeres que seguían a los soldados, por considerar improcedente aquel lugar para ellas, sobre todo si se entendía que debía dirigir un ejército santo (Ernest Brendis, 2021).

A Juana, un arrojo encomiable y una vocación de servicio a Francia de iguales características la llevaron a luchar y liderar de forma sorprendente el ejército contra la ocupación inglesa en la etapa final de la Guerra de los Cien Años. Su gran gesta militar se encuentra bien documentada, no dejando duda de un protagonismo heroico para la integridad de Francia, al liberar Orleans en mayo de 1429, propiciando así la coronación de Carlos VII en Reims el 17 de julio de ese mismo año. Su historia, una de las más debatidas, y desde perspectivas muy diversas, a pesar de las cuales es indiscutible que la actuación de la Doncella rompe con todos los cánones establecidos durante la Edad Media.

Y fue rompedora, no por tomar la carrera militar, de lo cual había ya algunos antecedentes, como por ser de extracción campesina, todavía adolescente y además una mujer que demandaba la atención del rey Carlos VII para capitanear su ejército, ambas cosas impensables para casi nadie. Algo inaudito de no ser por encontrarse el monarca en situación límite en la que se espera la ayuda de la gracia divina de un modo o de otro.

Juana de Arco, si bien mujer, campesina y adolescente, supo ver la oportunidad de ayudar a la causa de Francia con el atino de la mejor estadista política, juntando valentía con estrategia. Esto nos lleva a un nuevo perfil de 'dama encarcelada en el torreón', cuando apresada por los borgoñones en el castillo de Beaurevoir, en su caso como 'princesa del pueblo', escapa saltando unos veinte metros de altura, ¡eso es nada!, para caer al foso con barro profundo, que amortiguó la caída. Con ello rompió una de las lanzas más importantes en la historia de las mujeres, y es que no solo lloran y ceden a sus captores, como en los guiones cinematográficos al uso, sino que además ¡se escapan!

Lo malo fue que 'el dragón', en este caso con ayuda de sus vigías, la apresó de nuevo y regresó al interior y al consiguiente proceso inquisitorial, del que no quiso o no pudo zafarse. Eso hubiera supuesto negar lo evidente, pero también negar a Dios, ambas cosas fundamento de su corta vida. Y así continuó, poniendo toda la entereza de una heroína y mártir mientras terminaba con ella la pira de la hoguera. Porque es ley de las grandes personas saber lo que merece la pena, como también conocer sus consecuencias. Y de la gente inteligente, saber cuándo se puede negociar y cuándo *alea iacta est* (la suerte está echada).

A pesar de lo sorprendente de la hazaña de la Doncella francesa, antecesoras y sucesoras de lucha no faltan. En España es el caso de doña **Urraca**, quien defendió Zamora contra su propio hermano Alfonso VI (siglo XII). En la Antigüedad, la emperatriz consorte romana **Albia Dominica** (337-después de 378), que organizó las tropas para resistir a los godos, después de la muerte de Valente, su esposo y recibió el título de Augusta. O **Faustina** la Menor, que acompañó al suyo (170-174), nada menos que Marco Aurelio, a las guerras en Germania, siendo proclamada por sus éxitos «Madre del Ejército» (Joyce Salisbury, 2001).

La Revolución 'de los Comuneros', fueron un conjunto de levantamientos y protestas populares en el Reino de Castilla dentro de la Corona Española (1520-1521), como reacción a las tensiones políticas, económicas y sociales, por abuso de poder de la administración de Calos I, la crisis económica por la carga fiscal para financiar las campañas militares y las luchas de poder entre los partidarios del Emperador Carlos V del Sacro Imperio Romano Germánico y los de su madre, la regente Juana I de Castilla, mal llamada La Loca, a la que defendían Las Comunidades, en contra de la nobleza que la tenían confinada y la influencia extranjera en el gobierno, representadas por Juan López de Padilla, Juan Bravo, Francisco Maldonado y **María Pacheco**.

Formaron en levantamiento una junta Comunera en Ávila, representando a las Ciudades de Castilla para coordinarse, pero tras las victorias iniciales fueron derrotados por las tropas reales en la Batalla de Villalar de abril de 1521, en donde fueron ejecutados todos menos una, que huyó a Toledo en donde se encontraba el gobierno Real, para seguir luchando nueve meses más. Las Revueltas tuvieron un impacto duradero en la historia de España por los derechos y libertades de los ciudadanos y ciudadanas.

Nació María Pacheco en el año 1496 en la Alhambra, hija legítima de dos de los más principales apellidos de España, el virrey y capitán general de Granada desde 1492 Íñigo López de Mendoza y su mujer Francisca Pacheco, hija del primer marqués de Villena. Si bien no quiso usar el apellido Mendoza del padre, porque estaba en su derecho y para diferenciarse de otra hermana ilegítima con la que se llevaba muy bien, llamada también María. Estaba versada en matemáticas, poesía, historia y sagradas escrituras, pues su padre había sido embajador en el Vaticano y le procuró una cultura exquisita. Líder comunera y esposa del general comunero Juan Padilla, los comuneros la apreciaban, pero el rey Carlos I la consideraba 'el azote del reino'.

Se casa a regañadientes, por ser elección del padre el pretendiente Juan de Padilla, hidalgo y de menor rango de nobleza. Hasta que conoció mejor a su marido en un matrimonio en el que fue creciendo en cariño y complicidad, unidos en la misma causa patriótica. Y se dice que tanto o más arengaba a las masas María Pacheco, capitana militar en Toledo, que Juan Padilla en Medina del Campo. Pero la amorosa Juana, hastiada de la política y las traiciones familiares, con una vida de encierros castellares, no iba a conspirar contra su propio hijo y heredero, y las fuerzas imperiales tampoco iban a cejar en su intento de aplacar al pueblo. Cuando María se vio obligada a rendir la ciudad, escapó a Portugal y no volvió a ver a su hijo (que murió adolescente de una infección), ni a su familia; condenada en rebeldía, allí acabó sus días sin solicitar el perdón real, pobre y enferma.

Habían imaginado demasiado pronto ideas modernas de nación, democracia y economía, que la lana y los paños eran ya por entonces el sostén de las estepas castellanas, y el rey estaba más por las industrias de los Países Bajos y Alemania. María pagó su valentía con la desgracia, y las iras del emperador hasta sus últimas consecuencias. Por su parte, Carlos V que nunca perdonó a Pacheco, no accediendo a su entierro en Villalar, ni a que sus cenizas reposaran junto a su marido en Toledo. Y esta luchadora, en respuesta no calló ni debajo de la tierra, haciendo escribir en su tumba de Oporto sus últimas palabras como epitafio:

> Si preguntas mi nombre, fue María; / si mi tierra, Granada; mi apellido / de Pacheco y Mendoza, conocido / el uno y el otro más que el claro día; / si mi vida, seguir a mi marido / mi muerte en la opinión que él sostenía. / España te dirá mi cualidad, / que nunca niega España la verdad.

Al frente de la sublevación comunera fue conocida por sus adeptos como la Leona de Castilla, la Afrenta del tirano o la Centella de fuego. Todo a costa de una dura vida, por ser obsesión del emperador, la que nació de alta cuna y para tenerla dulce. En consecuencia, ha sido olvidada, denostada por sus coetáneos que la tacharon de hechicera, dominante, por mandar menos Padilla que Pacheco y por ejercer «funciones de maridos». Y la representación más conocida de la líder y heroína es el sollozo de una abatida viuda apoyada sobre una mesa, tras conocer que su marido ha sido ajusticiado después de perder la batalla de Villalar. Pero no está sola, sino asistida por una amiga, que nunca le faltó ayuda y consuelo, como vemos en el óleo sobre tela de Vicente Borrás y Mompó, en el Museo del Prado. Un escarmiento a la osadía quiere siempre la otra historia que imaginemos, ser objeto de abnegación, ya no sujetos y de forma inexcusable para el sexo femenino.

Lo cierto es que María Pacheco pasó por la revolución con tacones, y con gran ayuda de sus propias hermanas, que la avisaron y ayudaron a escapar de una muerte segura, y de su tío que la proveyó de buena cantidad de recursos, así como de la nobleza portuguesa que la acogió hasta el final de sus días victoriosos. Por eso de que la fama y la historia tiene un precio. Pero debió María Pacheco, culta e inteligente, conocer que no es lo mismo hacer agravio al poder cuando se es hombre, que cuando se es mujer.

Es incuestionable que ha habido emperatrices y grandes figuras nobiliarias, precursoras femeninas en la defensa, al frente de los ejércitos. Desde las míticas amazonas, han sido cabeza de lanza de movimientos bélicos y ciudadanos, como en el año 206 a. C. las íberas que contribuyeron a la defensa de Iliturgi contra Escipión el Africano, según fuentes de Tito Livio en su obra *Historia de Roma* (vol, 2).

En el periodo moderno, **Catalina de Erauso** (siglo XVI), más conocida como la Monja Alférez, huyó del convento vestida de varón con solo catorce primaveras, para incorporarse al Ejército, entrando en liza en las batallas de Flandes, Italia y el Nuevo Mundo. Como puede comprobarse, en todos los puntos de la península ibérica encontramos una mujer que accede a la milicia salvando todas las dificultades y que termina siendo heroína, porque sobre todo, en ciertas etapas de la historia social, este hecho no fue tan excepcional como quisieron mostrarlo. Sin salir de la región, **María Pita** en el noroeste lucha con éxito contra los piratas de Drake en el XVI.

Al nordeste, **Agustina de Aragón** defiende Zaragoza de las tropas napoleónicas con un solo cañón y la inspiración materna en la figura de la Virgen del Pilar. Precisamente en su basílica, todavía se conservan las bombas que no explotaron, al parecer por intercesión mariana, en otra contienda más reciente, el 3 de agosto de 1936 durante la Guerra Civil española. Sucedió el día 3, a las 3 de la madrugada, y fueron cuatro bombas, una cayó en el río Ebro, otra en la plaza y dos, las que no explotaron, en el templo: una en la cúpula y otra dañando escasamente el impresionante fresco de Goya que decora la bóveda del Coreto. Se trata de la *Adoración del Nombre de Dios* (1772), repleto de ángelas y ángeles de diversas edades, y en el motivo central se halla el triángulo sagrado, que representa el número tres de la Santísima

Trinidad y la triada hermética (Padre, Hijo y Espíritu), que simboliza la totalidad, en donde antes fueron Madre, Hija y Tierra. Un mundo simbólico en el que guerra y religión se encuentran menos entrelazados.

Por lógica, los temas divinos y los de la guerra son ámbito opuestos, irreconciliables. Sin embargo, han estado muy relacionados y siguen estándolo en los países no democráticos, de igual modo, como resultado del Estado absolutista y los relatos de corte patriarcal (de *pater*) sucesivos. Por ejemplo, en la actual guerra de Europa entre pueblos eslavos y en el vientre de una misma cultura, o entre religiones y culturas diferentes en los conflictos internacionales. Porque, a la postre, guerra y religión son binomios patriarcales unidos a las patrias, que han devenido en un callejón sin salida, incluso cuando la realidad económica se encuentra descentralizada, es virtual e intangible. Pero ambas siguen siendo cuestiones ligadas profundamente con la vida (los recursos y la subsistencia) y la muerte, y con ello muy vinculado con la unidad de culto, y al relato de cada pueblo, frente a potenciales enemigos. Incluso, cuando, paradójicamente, lo que peligra, es la vida, todas las vidas, de la Madre Tierra, una vez que ha sido acallada la voz materna.

Y aquí entra el modelo alternativo: porque existe un relato en el mundo simbólico de la madre, que no brota del maniqueísmo, o la oposición frente al del padre, sino como expresan en su obra muchas de las filósofas ya citadas, como Christine de Pizan, 1405, Hannah Arendt 1948, María Zambrano, 1997, Luce Irigaray, 1998, Milagros Rivera, 2003, etc. desde el cuerpo materno, voz del nosotros/as solidario por excelencia. El cuerpo que se da al ser gestante y lactante, y su mente global, menos maniquea (buenos/malos), intercomunicada sus dos hemisferios cerebrales (el de la razón y el de la emoción) con un cuerpo calloso de mayor tamaño y mayor densidad de fibras nerviosas. Y un cuerpo engendrante (en espera y de esperanza) con hormonas específicas que también afectan al cerebro, menos encaminadas a la guerra, y más al cuidado. Es mayoría absoluta en el hogar y en las profesiones sanitarias, que se brinda, por definición, menos a la batalla frontal y, probablemente, más a las guerrillas interpersonales de baja intensidad, tanto como al uso de 'las armas de conciliación' que nuestras antepasadas nos han legado como son la mediación, el diálogo, la inteligencia emocional, las habilidades sociales y la 'no-violencia eficaz' en términos de Simone Weil (1947).

Si se dice patriarcal, de patria y de padres, es porque el poder de decisión de las mujeres en el inicio de las guerras ha sido exiguo, no siendo así, como puede verse, en su resolución o en el ingenio, bien para la paz, bien para conquistas sin violencia. Y ahí van las pruebas de una intuición que siempre avisa de las consecuencias, por ejemplo con su visión táctica y la audacia 'tipo **Casandra**' de Troya, cuando avisó al rey Príamo, su padre, en reiteradas ocasiones, de que el gran caballo no era un regalo, sino una trampa repleta de guerreros griegos. Y sorprendente se cuenta que fue el ingenio de **las mujeres de Zamarramala**, pueblo cercano a Segovia (España), imprescindible en la toma del Alcázar durante la Reconquista (1227), pues usaron la danza y la seducción para facilitar el paso a los cristianos a su interior, como cuenta la leyenda, su folklore y las fuentes orales recabadas.

De esta gesta guarda el traje tradicional de la mujer segoviana o también denominado de 'alcaldesa' una montera militar llamada de los doce apóstoles, por el número de balas que la adornan a los lados, a imitación de las antiguas del ejército regular, y de donde precisamente parte el dicho «ponerse el mundo por montera». Conmemorando el papel de las segovianas en la Reconquista, y concretamente el empleo de sus tristemente llamadas 'armas de mujer', como veremos más adelante. Porque hay que reconocer que el encanto y la belleza para convencer también son usados por los hombres, si bien la influencia de la vista en el deseo masculino sobre otros sentidos es determinante en su conducta; algo que en todas las culturas suele marcar diferencias, por ejemplo en los ritos de cortejo y la indumentaria. Y así ocurrió en la gesta con la que se consiguió tomar el Alcázar de Segovia.

Con dicha montera y el traje segoviano (tres tipos dependiendo del rango de alcaldesa y cada día de la festividad) se celebra Santa Águeda, protectora de las mujeres, los partos y la lactancia, por reconocer la realidad del mito fundacional de la ciudad, desde su pueblo aledaño, Zamarramala, por entonces tan solo un descampado en el que esperaba un destacamento militar. Allí comenzaron a bailar las mujeres, acicaladas con maquillaje y pinturas y trajes de colores. ¿Pero qué hacían allí sin casas y sin agua potable?

Así es, o así nos ha llegado la leyenda: bailando a toque de dulzaina con sus mejores galas, ellas entretuvieron a los centinelas musulmanes que ocupaban la fortaleza, mientras el ejército de hombres cristianos la tomaban. Y aunque así es este relato del folklore popular, que se rememora al son de la jota castellana y la música mestiza e hipnótica de 'la respingona', la indagación en las fuentes orales de sus protagonistas actuales (la asociación de alcaldesas) e investigadoras del tema (como Katia Irigoyen, 2005), señalan que por aquella época Zamarramala no era pueblo, ni contaba con fuentes de agua para serlo.

Lo cierto es que, el espacio donde se supone se encontraría un destacamento militar cruzado, parece lo más factible que aquellas que ayudaron a la toma del Alcázar fuesen las meretrices que solían acompañar a los ejércitos. Algo que, por otra parte, no resulta enojoso de reconocer para sus representantes 'las alcaldesas' actuales, porque en cualquier caso el rito surge como expresión popular de ruptura con el orden establecido; bailando y celebrando solas el día de todas las mujeres. Las del ahora barrio de la ciudad de Segovia, tomando parte en la fiesta de Santa Águeda durante una semana, con una ceremonia religiosa y popular que hace presente la autoridad femenina a través de la organización pautada —al extremo—, de los respectivos ritos y momentos festivos de máxima exaltación comunitaria del orden femenino. Como el de recibir el bastón de mando de mano del alcalde o danzar hermanadas por todas las calles girando los cuerpos con los mantos ahuecados a ritmo de dulzaina con la música hipnótica, quizás de influencia oriental, de 'La Revoltosa'.

El arraigo del culto de las águedas en los pueblos de Castilla data siguiendo a Cea Gutiérrez (1979) del siglo XVIII, como fiesta de las madres; pero la fiesta en sí, en los pueblos españoles, se supone proviene de la cristianización de las antiguas matronalias romanas. Mientras, el traje segoviano es una asimilación de su historia, no solo como rito de inversión de roles (como el Carnaval o los obispillos en donde se invierten papeles de autoridad), sino además en conmemoración del mito fundacional, y que pueden leerse documentos escritos del siglo XVI, o encontrar monteras usadas por ambos sexos desde el año 1490.

Tanto las vestideras (las mujeres mayores que ayudan a ponerse los complejos trajes a las nuevas alcaldesas cada año), como las alcaldesas y mujeres de Segovia en general se someten a la tradición conservando rígidamente un hermético patrimonio material (trajes, alhajas, etc.) e inmaterial (ritos vestidores, danzas y ceremonias), a partir de la enseñanza de la selección de telas y bordados, su confección y el porte de las galas del pesado vestido tradicional de estas fiestas. Rito en el que se han ido sedimentado las formas de otros ritos de calado antropológico pero de distinto orden: fertilidad, inversión, pasaje, ostentación, conmemoración, y cósmicos (con los giros de la danza y los mantos).

Asumiendo elementos que afectan a variados aspectos de la vida social (autoridad femenina, procreación, nuevo estatus, influencia, identidad comunitaria), mientras que ,a su vez, dicha vida social está mediatizada por la existencia de un rito total, que se significa en sí mismo, por encima de la necesidades y funciones religiosas o turísticas (como la quema del pelele en representación del macho malvado) que lo crearon. En los términos de Marcel Mauss (1979), puede considerarse un rito total porque en él se produce una relación social plena y a través de la que se manifiestan todas las demás instituciones sociales (la familia, el Ayuntamiento, la Iglesia, los medios, las amigas, la parentela). Y que en el caso de la ciudad de Segovia, y por influencia en toda la provincia, se manifiesta en el resto del año, no solo a principios de febrero, en una mayor presencia de grupos de mujeres en el ámbito festivo, mayor autoridad y ocupación del ámbito político y, en general, del espacio público en la ciudad por parte de estas.

Se diría, siguiendo al colectivo de la Librería de Mujeres de Milán, que «**las mujeres habían incrementado su libertad apoyándose en las acciones y las palabras de otras mujeres**» (1991). Porque, si en el traje de alcaldesa es la montera militar el elemento más característico, y que entraña mayor dignidad, aquella con la que se cubre la cabeza de las que ostentan cargos en las celebraciones colectivas, generalmente acompañadas del bastón de mando, la guerra representada no es en contra de los varones. De hecho, es muy respetado por parte de los maridos y parientes el hecho de que ellos no participen en la organización ni el protagonismo de la fiesta más sonada de esta población, y que salgan durante días el grupo de mujeres solas, en ocasiones junto al sacerdote.

A lo largo de la provincia pueden estos 'cargos populares' cambiar de significado, pudiendo ser mises, una mujer que alcanza la mayoría de edad (quintas), o casadas, pueden denominarse regidoras, corregidoras, capitanas, mayordomas y otras dignidades señaladas en el folklore de cada localidad. Es, sin embargo, en Zamarramala, el folklore más regio y complicado de articular por tratarse de un «traje ritual» de gran contenido histórico y simbólico, conformado a partir de símbolos y tradiciones. Es decir, es una celebración de la autonomía y la autoridad de las madres, ya que alcaldesas solo pueden ser aquellas con pareja (pero no solo casadas) con o sin hijos.

La significación de este hecho se refleja en la joyería que complementa el traje popular y que es muy abundante. En primer lugar, el lujo ornamental en manos, orejas, pechera, abdomen, pelo e incluso zapatos —con hebillas de gran tamaño—, son símbolo del poder económico y el abolengo familiar de cada mujer, así como de feminidad y orgullo de su sexo. Sin olvidar bellas horquillas, la cabellera peinada en una sola trenza de la que prende un lazo de seda, «zarcillos de tres gajos» —tiras de abalorios— en las orejas, además de anillos y cruz de oro con brillantes, corales, medallas y relicarios de plata y, muy importante, un Cristo que se denomina tripero —por llegar hasta esa altura del cuerpo como símbolo de fertilidad y protección de la maternidad—. Luego, camisa de corchados, mantilla de paño negro y en la mano la citada vara de mando, símbolo de justicia y autoridad moral femenina.

Hasta nuestros días, la asociación de alcaldesas de Zamarramala pone el entusiasmo para unas fiestas que duran una semana, y en la identificación en las actividades que se mantienen desde siglos atrás: hacer la tajá, cobrar «los pechos» (el diezmo impositivo), actualmente a los visitantes. También el rito de bailar la respingona, en formación militar, por todo el pueblo, con un ornamento pesado y con un esfuerzo propio de los ritos de paso y colectivos, alternando varios trajes dependiendo del día y la posición en el grupo, y así de ceremonias a comensalías, sin otra compañía masculina que la del sacerdote que ejecuta los oficios religiosos. Un ejemplo de dignidad y voluntad femenina, con la exaltación de la maternidad y los poderes fecundatorios, y de protección en el parto y la lactancia de las «matronas» romanas (y de los pechos como atributo de poder natural), y no en honor de Juno Lucina, tal como apuntó Caro Baroja en su obra *Del viejo folklore castellano* (1988), sino a Santa Águeda, no de la guerra sino una celebración cíclica del mundo y la vida.

En un mundo en el que solo la humildad era 'el adorno' más preciado para las mujeres, y no el raciocinio, y en donde la iniciativa personal podía condenarlas al ostracismo y la indigencia, la ostentación en la celebración colectiva de feminidad es revolucionaria; aunque no menos que en nuestros días, en los que se exigen una estilización fuertemente andrógina, que disimule curvas naturales, embarazo y lactancia.

Nadie puede negar el trabajo productivo, doméstico y político de las mujeres a lo largo de la historia, por más que debían compatibilizarlo con gestaciones y partos, cuidado de ancianos, muertes de hijos y crianza sin electrodomésticos. En Segovia cada pueblo cuenta con su peculiar autoridad comunitaria: regidoras. Y en todo el orbe, cada población cuenta con sus heroínas, tanto como héroes, tal que por ejemplo en Sevilla, **Santa Justa y Santa Rufina,** vendedoras de vasijas, que fueron martirizadas en el siglo III por no donar sus productos al ídolo pagano de la diosa Salambó.

Se les atribuye haber salvado la Giralda como símbolo de la ciudad andaluza siglos después en el terremoto de 1504. De **Agustina de Aragón**, ya citada (Agustina Raimunda María Saragossa Domènech, nacida en Barcelona en 1786), se presume haber salvado Zaragoza de la ocupación francesa (1809), y a la Señora del Pilar, de las bombas, y esto es así porque la causa y la confianza en una, no la abnegación, es la que se celebra en cada milagro. Agustina siguió siendo artillera y colaborando con la defensa de España y como buena mujer 'de armas tomar' se separó de su segundo marido, el médico Juan Cobos cuando vivía con él en Sevilla, por ser partidario de los carlistas defensores de la Ley Sálica. Del mismo modo, las santas sevillanas se enfrentaron con total descaro a las tropas romanas hasta la muerte, y hoy todas estas ciudades son gobernadas por hombres y por mujeres.

La relación de las mujeres con la guerra y la violencia ha dado y sigue dando cuenta de la diferencia sexual a través de la historia. Las mujeres son solo el 6,6 % de la población reclusa en 2020 en España, el 4,5 % en Europa. Sus motivaciones cuando ellas han acaudillado ejércitos o gobiernos se encuentran dentro del mundo simbólico propio, fuera del que es complicado comprender el relato, ya sea de carácter defensivo o fundacional, **como el Cantar de Mio Cid, la toma del Alcázar de Segovia, la Revolución Comunera de María Pacheco o la Defensa de los Sitios en Zaragoza por Agustina de Aragón (1808)**. También Juana de Arco en el 1429, cuando pide ponerse al frente del ejército francés, y no por gallardía, ni egolatría como nos contaron, sino por razones meramente matrióticas.

CAPÍTULO 8

CIENTÍFICAS, HETERODOXAS
Y EL VERDADERO ORIGEN DEL OCHO DE MARZO

Si tienes una idea, hazla; es más fácil pedir perdón que pedir permiso.

SANTA TERESA DE JESÚS

La presencia de las mujeres en hazañas, movilizaciones, momentos que cambian el rumbo de la historia ha quedado de manifiesto a lo largo de los capítulos anteriores, comenzando con el dedicado a las matronas romanas y sus habilidades para la oratoria y la derogación de la Ley Opia, con causas legítimas como su libertad de movimiento y la integridad patrimonial. A través de agrupaciones de madres, trabajadoras o asociaciones cívicas, los resultados no han sido menos interesantes en los movimientos en la Edad Moderna, cuando presumiblemente, se produce el Renacimiento cultural y de donde surge el Siglo de las Luces. Pero en ambos pareciera que las mujeres 'se hubiesen esfumado', a juzgar por su escasa presencia en la literatura histórica, por arte y gracia de la misoginia en este periodo histórico. La verdad es que fueron siglos muy prolíficos en la cultura, la política y el pensamiento femenino, a pesar de la censura y el riesgo para sus vidas que esto seguía suponiendo.

8.1. Heterodoxas: iluminadas, jansenistas y quietistas

El alumbrismo fue un movimiento considerado herético, lo que en una sociedad centrada en la religión suponía grandes riesgos, pero que dio la oportunidad de reunirse, debatir y escribir tratados notables a muchas mujeres. Se caracteriza por poner el énfasis en la experiencia mística y la conexión directa con Dios, sin precisar intermediación de la Iglesia, e incluso los sacramentos, lo que entrañaba un paso muy importante hacia la individualización de la fe y mayor libertad para la cultura. Se creía que la divinidad era parte de todos los seres humanos y que por ello era asimismo accesible para todas las personas la búsqueda de la perfección moral y espiritual. Esta libertad generó gran controversia y persecución de la Inquisición española, siendo acusadas las personas adeptas de herejía y sometidas a juicios y condenas, como el presidio y tortura. Y que por ser un movimiento muy feminizado da cuenta de la valentía y pensamiento autónomo de mujeres como Isabel de la Cruz o su discípula Brianda de Mendoza, conocida por su piedad evangélica, y cuya vida puede seguirse a través del historiador Manuel de León (2023), en su estudio sobre el proceso contra María de Cazalla.

Brianda de Mendoza y Luna (1470-1535) era hija del segundo duque del Infantado, don Íñigo López de Mendoza, y de doña María de Luna, considerada representativa del movimiento alumbrado, en el seno de la clase alta española, que estuvo muy focalizado en la provincia de Guadalajara. Allí, entre los muros del palacio de la familia Mendoza en Pastrana, trabajaban personas que eran conocidas por ser cultas y piadosas, y que generaron un movimiento de pensamiento alumbrado en los palacios y conventos próximos, hasta llegar a la Universidad de Alcalá con afamados devotos de la época, como Bernardino Tovar. El grupo central estaba formado por Isabel de la Cruz, Pedro Ruiz de Alcaraz (contador), María de Cazalla (hermana del obispo fray Juan de Cazalla y capellán del cardenal Cisneros), su esposo Lope de Rueda y Rodrigo de Bivar (sacerdote y cantor).

En definitiva, todo un hervidero de mentalidades nuevas, provenientes en muchos casos desde raíces conversas o desde aptitudes muy próximas al protestantismo emergente, como las del duque Diego de Hurtado y su sobrina María de Mendoza, marquesa de Zenete, que recibía lecciones de Juan Maldonado (1534) y se marcharía a los Países Bajos para conocer a Erasmo de Róterdam, el gran humanista europeo. Y al principio, también alguien que servía en este palacio, Petronila de Lucena, hermana de Juan del Castillo.

Brianda de Mendoza fundó en el gran caserón heredado una comunidad de beatas de la Tercera Orden Franciscana, autorizada por el papa Clemente VII en 1524, al que sumó un colegio de chicas y una iglesia. Después del Concilio de Trento, se convirtió en un convento de monjas franciscanas que albergaba a un buen número de hijas de la aristocracia alcarreña.

Dicen los cronistas de la zona como Francisco Layna y Serrano (1893-1971), que Brianda era de carácter fuerte, «detallista y precavida que se muestra en su testamento y fundación de la Piedad, mujer sesuda, reflexiva, enérgica y perseverante». Después de la muerte de su madre en 1506, Brianda se dedica a transmitir los nuevos modelos de vida interior por ellos practicados y el ideal erasmista en el que se incluía el estudio de la Biblia —sin excesivos rigores ni obligaciones con los párrocos—, y hechos prácticos de ayuda a las personas necesitadas. Llegando al punto de permitir entre las beatas y doncellas, que se escogiese en primer lugar a sus criadas/os y otros trabajadores del palacio ducal de los Mendoza.

La piedad era elemento central en su círculo, formado por su maestra **Isabel de la Cruz,** Ruiz de Alcaraz y **María de Cazalla,** esta última, condenada por luterana. Su clausura no suponía sujeción a leyes sin reflexión, sino más bien un régimen al servicio de una vida espiritual plácida, y que despertaba mucha suspicacia entre las autoridades por la ambigüedad con ciertos temas que han sido y son obsesión, especialmente para las eclesiásticas, como la castidad.

Fue Brianda testigo en la defensa en el proceso de la Inquisición contra María de Cazalla en 1533, y la acompañaron su cuñada María de Mendoza, Mencía de Mendoza y las criadas Leonor Mexia y Juana Días de la Sisla. Sin embargo, Brianda y María Cazalla eran muy diferentes. Brianda insistiendo en los conventos que visitaban en hacer vida interior con humildad y caridad, y no penitencias físicas que se estilaban por aquella época, que eliminaba esta terrible superstición de la bondad de las mortificaciones para conseguir la vida eterna. Ella invita sencillamente a la caridad y el recogimiento en sus palabras: «Oración, según dize sant Bernardo, es mensagero fiel e conoçido en la corte zelestial que por siertos caminos sabe penetrar los actos y por mostrarse ante el rrey de la gloria y nunca vuelve sin traer soccorro de gracia espiritual a quien la envia».

María de Cazalla (1487-mediados del siglo XVI), con la que se relacionaba Brianda de Mendoza, está considerada de las primeras receptoras del protestantismo en España. De familia conversa muy culta de juristas y teólogos, casó con Lope de Rueda, con el que tuvo seis hijos, un prominente burgués de Guadalajara (Castro, 2011). Se acercó al franciscanismo, en el convento de la Salceda, en 1519, pero en ese círculo alumbrado llegó a desarrollar una gran enemistad con María Núñez, que la denunció a la Inquisición. El Santo Oficio la procesó argumentando que confundía sus creencias con el luteranismo y que en cualquier caso tachaban de herejes a este notable grupo de alumbrados de Guadalajara. Interrogada por la Inquisición en 1525, entró en prisión en 1532. Su proceso duró hasta diciembre de 1534 y en él se mezclaron causas por luteranismo, erasmismo e iluminismo.

Fue sometida al potro y la toca o tormento de agua sobre la cara, y estuvo amordazada buena parte del tiempo en presidio.

Finalmente, absuelta de los cargos más graves, fue sometida a vergüenza pública en una iglesia de la ciudad de Guadalajara y multada con cien ducados, prohibiéndosele mantener contacto con sus antiguas amigas. Al parecer todo el mal que cometió María de Cazalla fue llegar a la convicción de que **la vida religiosa debía ser íntima y personal, alejada de la superficialidad externa;** no le satisfacían sacramentos como la confesión o la comunión, y criticaba los costosos ornamentos del culto por no ajustarse a los valores cristianos.

Isabel de La Cruz, franciscana y beata, fue lideresa y madre de este cuerpo doctrinal del iluminismo, considerado movimiento doctrinal o bien secta mística. Pero que era en realidad un intento de soslayar las cadenas religiosas sobre los cuerpos y las mentalidades. Maestra de María de Cazalla y Ruiz de Alcaraz, entre otros discípulos alumbrados y predicadores, detestaba tanto la vida matrimonial como la religiosa que le impedían la libertad de movimiento. Fue además seguida por religiosos como Juan de Cazalla o Francisco de Osuna, este último autor de *Abecedario*, la obra de cabecera de Teresa de Ávila (Victoria Sendón, 1986). Se hizo franciscana, en la ciudad de Guadalajara y, como otros miembros ya citados del movimiento y la misma Santa Teresa, se cree que fue de familia judía conversa. De profesión modista, tuvo desde muy joven experiencias místicas, debiendo sufrir por sus ideas dos procesos inquisitoriales, uno en 1519 también por la denuncia de María Núñez, su alumna. Y en 1529, condenada por un nuevo proceso inquisitorial a cadena perpetua (John Longhurst, 1957).

Porque si bien este movimiento insistía en la vertiente más optimista, menos fortificante del catolicismo de la época, la libertad individual y la crítica al poder económico e ideológico de la Iglesia no les hizo ningún bien, pasando a vivir más tiempo en 'la cruz', que en la alegría de la meditación y la vida contemplativa. Pero, aceptando el compromiso con su tiempo fueron, sin duda, agentes del cambio.

El iluminismo fue perdiendo vigor debido a su represión, pero tuvo gran impacto en el pensamiento religioso de la época y movimientos filosóficos posteriores en el siglo XVII y XVIII, también perseguidos. Uno de ellos fue el jansenismo en Francia, a partir del libro *Augustinus* (1640) de Cornelius Jansen, que hacía una interpretación austera de San Agustín, con énfasis en la predestinación, la penitencia y la inoperancia del libre albedrío. Otro fue la heterodoxia paralela, sobre todo en Italia y España, conocida como quietismo, que promovía la tranquilidad mental ante los deseos y la pasividad ante los acontecimientos de la vida, con Miguel de Molinos en España y la influencia de religiosas católicas influyentes como la mística **María Magdalena Pazzi** (1566-1607) en Italia, canonizada por Clemente IX en 1669.

En Francia es merecedora de mención **Madame Guyon** (1648-1717), la mística y escritora sobre la vida interior y la contemplación, de gran influencia en el movimiento del quietismo. Jeanne Marie Bouvier de la Motte Guyon inventó un método de oración rápida y fácil, mientras sostenía el interés de una vida cristiana experiencial, de abandono a la voluntad de Dios cuya presencia puede ser experimentada en todo momento mediante la quietud y la humildad. Así lo expuso en sus obras *Expérimenter les profondeurs de Jésus-Christ* (Experiencia profunda de Jesús) y *Moyen court et très facile de faire oraison* (Un breve y sencillo método de oración). En 1688 Madame Guyon fue arrestada y encarcelada por la Inquisición por su asociación con el quietismo, se vetaron sus obras y pasó varios años en prisión. Sus obras, *Moyen Court* y *Règles des associées à l'Enfance de Jésu*, se incluyeron en el Index Librorum Prohibitorum de 1688. Todo ello sin mayores consecuencias porque su obra no dejó de divulgarse y su voz influyó en el movimiento metodista y en una nueva forma de mística en el que se abandona el yo y se simplifica la vida.

8.2. Ilustradas y Doctoras

La filósofa Oliva Sabuco de Nantes Barrera, filósofa y experta en medicina, es el ejemplo de mujer renacentista, aunando en su obra disciplinas diversas con trasfondo humanístico. Este movimiento focalizado en Italia cuenta con ejemplos muy notables en todas las artes y las ciencias, en donde recordar a la poeta **Vittoria Colonna** (1490-1547), de la que se enamora Miguel Ángel e inmortaliza como la Magdalena en el lienzo *La Crucifixión*. Trascendentales para el arte en este periodo fueron las mecenas, como la ya citada María de Médicis y la hábil diplomática **Lucrecia de Borgia** (1480-1519). Esta fue hija del poderoso valenciano Rodrigo Borgia, posteriormentepapa Alejandro VI, a la que Tiziano pinta junto a su tercer marido Alfonso d'Este en *La Adoración de los Magos*. Más conocida por las habladurías y mala propaganda que la tachan de envenenadora de sus adversarios, fueron todos los episodios de su vida sonados, un intento del padre y del hermano por hacerse con mayor poder político y territorial, casándola con sucesivos maridos, y que iban quedando 'fuera de juego' cuando perdían influencia. Muere al enterarse de la muerte de su hijo Rodrigo, fruto de su matrimonio con Alfonso de Aragón, al que no podía tener consigo tras su boda con Alfonso de Ferrara.

Igualmente, la noble y mecenas **Catalina Sforza** (1463-1590) tuvo también tres maridos como Lucrecia, con la que mantuvo buena relación al tiempo que su hermano Juan Sforza estuvo casado con ella. Persona de carácter que lucha por mantener su patrimonio y a sus hijos, es también acusada de diversas maquinaciones y crueldades contra estos, asimismo, no documentadas. Y como «por sus enemigos las conoceréis», fue el papa Alejandro VI su adversario acérrimo y al que consiguió vencer en sus luchas territoriales. Por todo ello, la dieron en llamar Diablesa encarnada, o Virago, que significa la mujer que lucha como un

Figuea 14. Retrato de
Catalina Sforza por Lorenzo
di Credi (1481). Pinacoteca
Cívica de Forlì, Italia.

hombre. A pesar de estos dichos, fue sensible y amante de la ciencia y el arte, lo que prueba su estrecha amistad con Leonardo da Vinci, que la ayudará a diseñar estrategias defensivas, cuando tuvo que tomar las armas.

De España cabe citar a la princesa **Isabel Clara Eugenia de Austria** (1566-1633), soberana y gobernadora de los Países Bajos, hija mayor de Felipe II e Isabel de Valois, por su patrocinio de la obra pictórica de Peter Paul Rubens, así como por su esmerada educación, por lo que fue la única a la que le está permitido trabajar con este monarca en la revisión y traducción de documentos. Dicen que era la hija más querida de su padre y de su madre.

Mucho menos conocida es la genialidad renacentista de la filósofa **Oliva Sabuco de Nantes**, que destaca por sus méritos interdisciplinares. Fue muy reconocida por sus coetáneos (entre otros Lope de Vega), que adoptaron como propios muchos de sus postulados. Se dice de ella que, de haber sido varón, esta hija de boticario y procurador síndico, hubiese entrado en la lista de grandes de la historia española, por su aportación tanto a la medicina, como a la filosofía. Nació en Alcaraz, provincia de Albacete, el 2 de diciembre de 1562, y haciendo honor a su siglo se formó en disciplinas diversas. Primero en el colegio de las Dominicas en su ciudad natal y más tarde con el nutrido grupo de intelectuales que frecuentaban la casa familiar. Pero, sobre todo, ayudando a su padre, que le enseño medicina, botánica y ciencias naturales. También con su padrino el doctor Alonso de Heredia y con su hermano mayor que había ido a la Universidad para ser farmacéutico como su progenitor, junto con otros miembros de la familia con los que perfeccionó en latín para poder leer a los clásicos: Hipócrates, Platón, Eliano, entre otros médicos y filósofos.

Oliva creció junto a sus ocho hermanos en el seno de una familia acomodada. Su madre, Francisca de Cózar, no sabemos por qué causa, quiso ponerle los apellidos de sus dos madrinas, Bernardina de Nantes y Bárbara Barrera, tal vez por disimular el origen judío de la familia.

Su marido, Acadio de Buedo, con el que contrae matrimonio en 1580, desempeña cargos públicos durante cuarenta y nueve años, y sin duda contó con una importante biblioteca, a juzgar por las citas clave de la filosofía clásica que ella hace en su obra. Un famosa obra enciclopédica denominada *Nueva filosofía de la naturaleza del hombre, no conocida ni alcanzada de los grandes filósofos antiguos, la cual mejora la vida y salud humana*, publicada en Madrid, en 1587, y que iba precedida de una carta dedicatoria «al Rey Nuestro Señor», en que la autora se declara humilde sierva y vasalla, rogándole de rodillas que favorezca como caballero de alta prosapia a las mujeres en sus aventuras. Que a tan altas instancias procedía pedir perdón por escribir siendo mujeres. Y tardando dos años en ser permitida su impresión, siendo redactado en castellano claro y conciso, pero también una parte en latín, por privilegio del rey en julio de 1586.

La edición más reciente del ejemplar (de 1981) que documenta este trabajo, se encuentra en la Biblioteca de Visionarios, Heterodoxos y Marginados. Y durante la República, fue publicada en la colección de Autores Oscuros, en la Biblioteca de Escritores Españoles. Y es lamentable que lo brillante resulte oscuro si lo propone una mujer, siendo su obra un éxito rotundo, que fue reconocido siendo llamada la Musa Décima por su coetáneo Lope de Vega y destacado por defensores ilustres —por poner la verdad histórica por encima de los poderosos— como el sabio Feijoo y el doctor Martín Martínez (1684-1734) que escribe: «Para que atribuir la gloria de este pensamiento a los ingleses cuando antes que ellos, aún en el siglo de captividad, la publicó aquella heroína ductriz española Doña Oliva Sabuco, que con afrenta de nuestro sexo, tuvo valor de imprimir el año 1587 un nuevo sistema contra el de Galeno y el vulgar de los árabes» (en censura a la obra de Boix y Moliner *Hipócrates aclarado,* según afirma De la Rada, 1942). La obra tuvo una amplia difusión y fue traducida y reeditada varias veces a lo largo de los siglos y hasta nuestros días.

Las dudas sobre su autoría, siguiendo a Milagros Rivera Garretas (1997), se encuentra en la línea de otras grandes autoras: Trótula, María de Francia, Eloísa, Teresa de Cartagena, Laura Cereta, etc. Su propia familia, en cuanto tuvo éxito la obra, fue publicada y superó la censura, intentó ocultar que fuera suya. Su padre envió a su hijo mayor, Alonso, a Portugal con una carta de poder y el encargo de que el libro fuera ahí publicado a su nombre para obtener los réditos del mismo (Rivera Garretas, 1997:142). En la línea de la propiedad parental que las leyes atribuían de los productos del trabajo femenino. Nada extraño, que habría pasado desapercibido de no ser porque en España y Albacete donde la intelectualidad la conocía nadie lo hubiese creído.

En su estudio sobre Oliva Sabuco la estudiosa Rivera Garretas cita a la filósofa Diana Sartori:

Pienso que la desautorización en el siglo XX de Oliva Sabuco tiene que ver con un proyecto secular de cancelación de autoridad femenina y de genealogía materna que es inherente al orden patriarcal. Este proyecto tomó la forma de transformación de autoras en hombres especialmente a partir del humanismo porque la concesión a las mujeres de nuevos derechos suele ir acompañada de la cancelación de antepasadas (cit. en ibíd: 145).

Y, ¿por qué mejora la vida la obra de Olivia Sabuco? En primer lugar, porque se anticipa bastantes años a postulados médicos que han sido considerados hitos de la ciencia, reconocida antecesora del francés M. F. Bichat (1771-1802), y segundo hito de renovación humanista de las ciencias española desde Miguel Servet (1511-1553). Y constituyéndose base fundamental para la psiquiatría en lo que se dio en llamar en las cátedras «El tratado de las pasiones».

En segundo lugar porque proporciona consejos de vida e higiene, como hablar en el siglo XVI, por primera vez en la historia, de la importancia del uso de las mascarillas para evitar infecciones respiratorias y de todo orden, no dejan lugar a dudas. Y cubriendo la nariz, la boca y los ojos, que esto último nos lo enseñó la pandemia de COVID-19. Sus palabras fueron redactadas antes de que la gente veneciana comenzase a usar las famosas máscaras de pájaro, para evitar la peste (Vicenta Márquez de la Plata, 2009).

Y por último, porque avanzar en su época la trascendencia del cerebro y el sistema nervioso —cuando antes se pensaba que lo relevante era la sangre—, en el funcionamiento del organismo fue una verdadera heroicidad. Pero su novedoso y original enfoque del fenómeno de la psicosomatización y la íntima relación entre los problemas del alma y el cuerpo, es ir por delante de nuestra propia generación. O sobre lo que hoy llamamos, musicoterapia, y otros hábitos saludables que ha reconociendo el avance científico del siglo XXI.

En 2016 José María Merino publica en Alfaguara la novela inspirada en la figura de Oliva Sabuco *Musa Décima*. Juan de Dios de La Rada en *Mujeres célebres de España y Portugal* (1942), considera su obra anticipo de la de Descartes, «*que es la que establece que el asiento del alma está en el cerebro, pero diferenciándose de aquel filósofo en que, mientras él la circunscribe a la glándula pineal, nuestra compatriota la hace extensiva a toda la sustancia del órgano encefálico*». ¡Premio! Ya que mientras los señores hablan de primeras y segundos, Olivia solo pensaba en «mejorar la vida y la salud humana» como reza el largo título. Y así lo reconoce el médico y profesor Antonio Fernández Morejón (1773-1836): «*Tiene la escritora otro mérito singular que le dará siempre un derecho a la gloria y es el haber discurrido un tratado de las cosas con que se puede mejorar la república que forma una especie de higiene o política social, cuyos preceptos debieran tener a la vista los príncipes y legisladores*» (De la Rada, 1942, 147).

De igual forma hay que destacar a **Isabella Cortese**, que se considera pudiera ser el seudónimo de la escritora, alquimista y médica italiana del renacimiento, autora del tratado *I secreti della signora Isabella Cortese* de 1561. Pertenece al género conocido como «libros de secretos», colecciones de recetas medicinales, cosméticas y alquímicas que circularon con enorme popularidad en el siglo XVI. El texto de Cortese, y que es considerado el único impreso de este género atribuido a una autora, ofrece consejos considerados útiles para «toda gran dama» (*ogni gran signora*): recetas de medicinas, cosméticos y administración del hogar, junto con recetas alquímicas para la limpieza y la transmutación de metales. Muy de moda en la época, llegó a las siete ediciones en 1599, y el nombre de Cortese se encuentra entre los *professori di segreti* «profesores de secretos» enumerados por la lista de Tommaso Garzoni en su enciclopédica *La piazza universale* (1585). Como viene siendo habitual en esta época y cuando en ninguna suele hacerse con los varones, que son autores de lo que firman, se ha cuestionado la autoría de esta obra, por no encontrar la biografía ni apellido Cortese, y considerando que 'cortese' era tan solo un guiño a sus nobles lectoras, o un anagrama, de la palabra 'secreto'. Pero esto no niega a Isabella, sino al contrario, en tiempos que no era bien recibido que las mujeres publicasen, y menos en asuntos llamados 'alquímicos'.

Otra mujer que ejerció la medicina en una época en que estaba reservada a los hombres es **Elena Céspedes Pereira.** Nacida en 1545, de acuerdo a algunas fuentes era hija de esclava y de su amo Benito Medina, y fue liberada a los ocho años cuando aprende el oficio de tejedora. Más tarde, según registros inquisitoriales, se casó con Cristóbal Lombardo durante tres meses, o mejor dicho 'hizo vida maridable', del que tuvo un niño, al que dejó en adopción con una familia de Sevilla. Y desde donde comenzó su periplo por toda España, porque al tener amoríos con otras mujeres, corría gran peligro de ser descubierta por los vecinos y delatada a la Inquisición. La primera vez fue en Sanlúcar de Barrameda, y la segunda en Arcos de la Frontera, por lo que comenzó a vestirse como un hombre para no levantar sospecha.

Viviendo ya como caballero, le alistan en la guerra de las Alpujarras para sofocar el levantamiento de los moriscos. Mujer que amaba a las mujeres, se casa con una en Yepes, pero tras un año fue delatada por un alpujarreño que la reconoció y denunció a la justicia, ambas fueron apresadas y pasaron por un juicio en Ocaña.

Su situación como mujer mestiza y lesbiana ha llevado a muchos autores a hablar de travestismo o persona en la frontera. Según Israel Burshtin (de la Universidad de Columbia) en su ensayo en la antología *Queer Iberia*, Elena Céspedes ha hecho correr ríos de tinta porque era obvio su interés por lo intersticial, que como afirma el catedrático Agustín Sánchez Vidal, autor de *Esclava de nadie* (2010), le llevaba *a vivir siempre en los límites:* Jerez de la Frontera, Arcos de la Frontera, Morón de la Frontera, en ciudades que se llaman así porque es donde se estabilizó la frontera entre moros y cristianos. Sin embargo, después de documentarse este profesor considera que como cirujano debió improvisar genitales masculinos en la revisión urológica previa a su matrimonio, para intentar salvarse de la acusación más grave —que era el lesbianismo—, ya que el hermafroditismo se conocía y era asumido, pero no la acusación explicita de 'burlarse del matrimonio'.

Asistió primero a la Universidad de Alcalá, especializándose en anatomía, medicina general y cirugía. Trabajó de médica-cirujana en España y Portugal. En 1587 fue acusada de practicar la medicina sin licencia y arrestada, durante el juicio inquisitorial en Toledo se descubrió su sexo y fue condenada a recibir doscientos azotes y a trabajar durante diez años en las enfermerías sin sueldo, en los hospitales del Rey y en el hospital Puente del Arzobispo, ambos en Toledo. Todo ello según información documentada de dicho proceso de fe (Inquisición, 234, Exp. 24,n en el Archivo Histórico Nacional).

Un asunto que la situaba en un callejón sin salida, si se atiende al Concilio de Trento (1545) que dictaba las normas de convivencia en la España de Felipe II. El doctor Emilio Maganto Pavón, exjefe de la sección de Urología del Hospital Ramón y Cajal de Madrid, en su libro *El proceso inquisitorial contra Eleno de Céspedes* (2007), afirma que el único problema por el que ejerce fraudulentamente la profesión médica era el hecho de ser mujer, y no estar permitido el ejercicio para su sexo. Siguiendo a Ignacio Ruiz (2017), la posibilidad de que Elena (Eleno para el autor) fuese hermafrodita, concepto que existía en aquella época, parece poco creíble, parece más bien una estrategia de defensa tras dos años de prisión: decir que al dar a luz le había salido un pequeño pene —que improvisó como buena cirujana de forma previa a la inspección— y que «*por entender que era hombre y no mujer*» se casó para «*estar en servicio de Dios*».

Mujeres dedicadas a la medicina ha habido en todas las épocas. Antecedentes no le faltaron a **Trótula** di Ruggiero de Salerno (1110-1160), mucho menos a las actuales estudiantes de medicina que, antes que mimetizarse con las personalidades masculinas de los manuales, buscan referencias. Trótula destacó en la escuela de medicina de Salerno en el siglo XII, donde fueron maestros su marido y sus dos hijos. Era la única escuela de medicina que permitía acceder a las mujeres como estudiantes. Especializada en ginecología y obstetricia, entre sus obras cabe destacar *Curación de las dolencias de las mujeres*, de sesenta capítulos, en el que se trata desde el control de la natalidad, hasta las curas de las enfermedades ginecológicas. Y es de gran interés lo que ella llamaba *Passionibus mulierum*, con lo que quería dar a entender la correlación entre el orden biológico y el emocional, que son unos principios muy avanzados para su época y que retoma nuestra renacentista Olivia Sabuco de Nantes.

Con su obra se pudieron eliminar falsas ideas sobre la responsabilidad de las mujeres en la concepción, dando a conocer las posibilidades de ambos cónyuges en este problema, o las bondades de 'parir con dolor', como apunta el Antiguo Testamento, recomendando el uso de mitigantes naturales, que estaban prohibidos. Porque las **disciplinas relacionadas con la salud y el bienestar de las mujeres han avanzado** notablemente cuando les ha sido posible su ejercicio. Y como ejemplo contamos con **Agnódice o Hagnódica** (300 a. C.), médica ateniense, alumna de Herófilo, partera y ginecóloga griega que tuvo que vestirse —como Elena Céspedes— de hombre para ejercer la medicina y fue liquidada cuando se descubrió su identidad sexual. De la que se dice que a tenor de su ajusticiamiento se desencadenó una revuelta de mujeres atenienses para que fuera absuelta y pudiera seguir ejerciendo su profesión; y **que fue una de las primeras protestas feministas conocidas en la historia**, y que recoge el escritor Higino (64 a.C) en sus *Fábulas*.

Y, por último, citar a **Marie Colinet** de Fabry (1560-1640) una cirujana y comadrona suiza. Se casó con un cirujano, Wilhelm Fabry, al que ayudaba en Alemania en las operaciones y atendía a sus pacientes, perfeccionando como comadrona las

técnicas para asistir al parto por cesárea. Fue madre de ocho bebés que, excepto uno, murieron antes que ella.

El número de mujeres que se ocupan de esta especialidad
médica (ginecología y obstetricia) se ha multiplicado en las últimas décadas, y muchas de ellas suelen manifestar que la estudia-
ron a partir de experiencias desagradables con médicos cuando
fueron usuarias de los servicios sanitarios. Y en los últimos años
se está avanzando en unos procedimientos obstétricos más amables. Y desaconsejando los que son agresivos, como la ligadura
de trompas o los mecánicos para facilitar el parto. Así como los
tratamientos hormonales agresivos, empezando por el uso indis-
criminado de la píldora del día siguiente. La vanguardia se centra ahora en la investigación y la comercialización de productos
contraceptivos y de higiene no lesivos para la salud.

Las herederas de Agnódice, Trótula o Elena Céspedes, entre
otras, ocupan hoy el 70 % de las matrículas en estudios universitarios de Medicina (en el año 2020). El 45 % del profesorado es
femenino y, de estas, un 38 % el porcentaje de las docentes que
dirigen tesis doctorales.

Además, resulta muy necesaria la transferencia de las investigaciones y la denuncia de cómo afectan los medicamentos y otros
contaminantes al sistema hormonal y linfático de las mujeres, en
prevención de la gran epidemia de nuestra era, que es el cáncer.
Sustancias carcinógenas que incrementan el riesgo de padecer
cáncer ginecológico, y que abundan en los productos femeninos
como el aluminio en la mayoría de los desodorantes, y que van
al sistema linfático de forma directa cuando se aplica después
del rasurado de las asilas, siendo factor de riesgo para el cáncer
de mama. O el cloro empleado para que adopten color blanco
los paños y los tampones higiénicos, que van al riego sanguíneo,
también directamente. Sin olvidar los que diariamente inhala-
mos con esmaltes de uñas y lacas y otros productos cosméticos,
o los de limpieza. Y porque la protección de la salud laboral en
las profesiones muy feminizadas debe ser tan importante, como

las industriales y extractivas, con mayor tradición y posibilidades de asociación sindical.

Se trata fundamentalmente de los disruptores endocrinos que interfieren en el funcionamiento del sistema hormonal, y cuya exposición conduce a cánceres hormonodependientes, entre otros, abortos expontáneos e influyen en el desarrollo embrionario y fetal. En donde las más afectadas son las mujeres, sobre todo en edad fértil y en la infancia, y que se encuentran en plásticos y retardantes de llama en el ámbito doméstico, laboral y sanitario: en detergentes, disolventes y sartenes, filtros solares y otras cremas, champús y desodorantes. Siguiendo los cursos de la catedrática Yolanda Valcárcel Rivera (2023), estas alteraciones hormonales afectan a la salud femenina, dando lugar a una menstruación precoz y disminución de la talla y el peso, cáncer de mama, endometriosis, infertilidad, abortos, embarazos ectópicos, partos prematuros y ovarios poliquísticos.

La brecha de género no atañe solo al consumo de los países ricos y, a escala mundial, puede resumirse en cifras de organismos internacionales, en donde las mujeres producen el 70 % de los alimentos del mundo, pero poseen menos del 20 % de la tierra. Tres cuartas partes del trabajo de cuidados no remunerados lo realizan las mujeres, lo que supone dos tercios de su trabajo.

Sobre el desempeño laboral de las mujeres, solo dos de cada veinte trabajan en una de las disciplinas STEAM (ciencia, ingeniería y TICs) como ya se ha dicho, lo que no alberga mayor problema, si no fuese porque son entre otras, las disciplinas del cuarto sector, y por tanto, las que en este momento histórico más contribuyen al desarrollo, con mayores oportunidades de empleabilidad y mejores salarios. A ello se une que nosotras ganemos un 37 % menos que los hombres en funciones similares. Porque si trabajar en aquello que nos gusta es un derecho, también lo es no trabajar en cuanto nos minimiza.

Y sobre todo nos perjudican las tareas que ponen nuestro cuerpo en contacto con contaminantes disruptivos, de impacto más lesivo en el cuerpo de las mujeres, y que como la exposición a detergentes, tintes o diversos químicos son característicos de tareas y ocupaciones muy feminizadas. También esperar que aceptemos peores condiciones contractuales con la idea de ser nuestro trabajo 'ayuda económica'. Esto impedirá el empobrecimiento perverso de las profesiones cuando se feminizan, como ha ocurrido en la medicina, frente a la enfermería, y que las jóvenes se encuentran muy comprometidas para que no ocurra, por ejemplo con el futbol. O de los médicos, mayoritarios en Estadios Unidos y muy bien remunerados, frente a las médicas, que han sido mayoritarias en países como Rusia o Cuba. Es decir, en donde los estudios de Medicina resultan menos costosos para las familias. Las tasas decrecientes de hijos por mujer no lo justifican, ni el mayor número de mujeres en muchos estudios superiores. Aunque sí pueden influir las peores perspectivas laborales, que disuaden de carreras profesionales extenuantes, frente a una vida familiar, o en relación de calidad, en casa y en el oficio. Solo que esta disyuntiva suele ser errada, porque **ambos ámbitos son conciliables, el hogar y la vida en relación, cuando organizamos el tiempo y la carrera desde la perspectiva de la diferencia sexual, y no en contra de ella.** Como describe la teoría transicional del trabajo, sobre la adecuación a cada biografía aprovechando su discontinuidad actual y combinaciones entre este y otras ocupaciones vitales, como la formación, el paro, las familiares, la jubilación, etc., que equilibren la seguridad, con la flexibilidad.

8.3. Desmontando el victimismo del Women's Day

Se ha dicho con verdad que la presencia de las mujeres en los inicios de los grandes cambios sociales ha sido muy notoria. Los lienzos que las inmortalizan y las causas que enarbolan los motines de subsistencia así lo demuestran. Uno muy concreto, por cuanto afecta a la percepción que pueda obtenerse como grupo, es la **Revuelta del pan de Petrogrado**, verdadero origen de la conmemoración del 8 de marzo, aunque esto no suele decirse. Un movimiento feliz llevado a cabo por amas de casa y trabajadoras, y no una masacre, un feminicidio, por más que los haya, y como falsamente se cree, conmemora dicha festividad. Salieron las mujeres de la actual San Petersburgo —se llamó Petrogrado de 1914 a 1924 y se denominó Leningrado desde 1924 a 1991—, de forma autónoma y animosa, a protestar por la carestía de los alimentos y contra el zar Nicolás II, lo que finalmente causó su abdicación. Y además, desobedeciendo las órdenes de la dirección del Partido Comunista en la oposición. Corría el año 1917.

Algo parecido a lo que nos cuentan más de un siglo atrás con la revuelta que inicia la primera fase de la Revolución Francesa, plasmada en pinturas diversas sobre la Marcha de Octubre, cuando los rostros felices de francesas de distintas capas sociales se dirigían al Palacio de Versalles con tambores, picas al aire y algún cañón. Una marcha enarbolada en libros de historia y manuales escolares como manifestación palpable del alzamiento de la gente común, de los hombres del tercer estamento, pero en los lienzos que lo inmortalizan no veremos ni a uno, porque fueron las mujeres. Y no lo decimos ahora con animadversión, sino en honor a la verdad, como tampoco estábamos en un incendio en una fábrica el día que conmemora el ocho de marzo, sino animosas, unidas, valientes, en las calles, por un futuro mejor para nuestras familias.

Pero hay más ejemplos, las norteamericanas manifestándose en 1863, como recoge el grabado de la revuelta del pan de Richmond publicado en un periódico. A fin de cuentas es innegable que son ellas las que han debido comprar y alimentar a sus familias bajo diversas crisis económicas, lógica su presencia en los casos en los que, además, los padres han debido marchar a la emigración, la pesca distante, a la guerra o han fallecido luchando en ellas... Un predominio histórico de las familias monomarentales sobre las monoparentales, hasta nuestros días que esta tasa se dispara por distintas causas.

De la **Marcha hasta Versalles** sabemos que cientos de mujeres caminaron hasta el palacio a una veintena de kilómetros de París para protestar por la escasez de harina y la carestía del pan. La consecuencia inmediata fue que la familia real regresó a la capital y se evitó que truncaran el movimiento revolucionario. Sin embargo, no fue una acción espontánea, algo excepcional. Sino que su participación en aquellas fechas (1789) era de extraordinaria importancia, como ocurriría también en la fase previa a la Revuelta del pan de 1917 en la Rusia de los zares. Al igual que se formaban círculos de caballeros, se abrían clubes de damas para tratar temas políticos y discusiones públicas. La Sociedad Patriótica y de Beneficencia de las Amigas de la Verdad fundado por Etta Palm, y la Sociedad de Mujeres Republicanas Revolucionarias , de Claire Lacombe, fueron los clubs más prestigiosos pero no los únicos. Se publicaron periódicos feministas, entre los que destacaron *El Impaciente*, dirigido por la gran **Olimpia de Gouges**, de la que tendremos que hablar sin falta más adelante.

Siguiendo con el curso de la Revolución Francesa (1789-1799), que si bien se ha destacado el papel femenino en las revueltas, no huelga recordar los años previos en los que se manifestó una fuerte oposición hacia el gobierno de dos reinas: **María Teresa de Austria** (Viena 1717-1780), que accedió al trono tras la promulgación de la Pragmática Sanción de 1713 por parte de su padre Carlos VI para que pudiera gobernar una mujer y la guerra de Sucesión Austriaca (1740-1748); y su hija María Antonieta (1755-1793), guillotinada finalmente, nueve meses después que su marido Luis XVI.

De la primera se afirma que a pesar de no haber sido preparada para el mando llevó a cabo importantes reformas administrativas, militares y económicas, dando lugar a un periodo de esplendor económico y cultural para el imperio de los Habsburgo. De la segunda, y de forma sucinta, es más difícil trascender la leyenda. Llegada muy joven desde Austria para casarse con el delfín y con poco apego a las costumbres francesas, fue mirada con gran desconfianza, incluso aversión por ser acusada de traición a Francia, de ser una mala influencia sobre su marido, tener una conducta frívola, inmoral y despótica con el pueblo llano. Se criticaba 'que empolvaba sus pelucas con harina cuando los franceses no tenían para pan', y si sobre esto parece no albergarse grandes dudas, es falso que dijese frases del tipo: «pues que coman pastel», porque ya había sido atribuidas a otras reinas extranjeras. Según Caroline Weber (2007: *Queen of Fashion: What Marie Antoniette Wore to the Revolution*), el hecho es que estas reinas foráneas, elegantes, de costumbres liberales y bellas se habían convertido en el chivo expiatorio propicio para exaltar el patriotismo frente a las penurias populares.

Se dice que, además, María Antonieta recibía los agravios que normalmente recaían sobre las amantes precisamente porque Luis XVI no las tuvo, cayendo sobre ella las chanzas de los pornógrafos políticos. Tal como en España se lanzarían un siglo más tarde contra Isabel II, falsamente atribuidos a los hermanos Bécquer según recientes estudios de Joan Estruch Tobella (2021). Al parecer las y los amantes de la reina francesa fueron solo uno y de carácter platónico, si bien escribir sobre amoríos, con su cuñado entre otros, prendía el fuego de las antorchas revolucionarias en un momento cultural de grandes excesos en la sociedad francesa, y que no habían llegado de Austria, ni de ninguna otra parte. Como tampoco la suciedad de las calles parisinas repletas de excrementos y animales, que hacían que hubiese que cambiar los zapatos a menudo.

Vituperada por su amor al lujo, lo cierto es que prefería una ropa informal, como un sencillo y barato vestido blanco, que consideraban no era propio de una reina, y que cualquiera podía imitar. Siguiendo a Caroline Weber, este vestido fue posteriormente considerado uniforme revolucionario. Y si el presidente Thomas Jefferson afirmó que la Revolución Francesa fue a causa de **María Antonieta**, lo cierto es que Francia ya se encontraba en bancarrota antes de su llegada, entre otras razones a causa de las guerras por la hegemonía colonial. Fuera por lo que fuera, es la envidia el dragón más obstinado que puede caer sobre las mujeres, y que hace que ya sean banqueras, ya princesas, el éxito resulte siempre más amargo que el peor de los pecados.

Y por este último, ese mismo año, otra mujer en Francia saltaba a la palestra de las mal tratadas por la historia clásica. Se trata de **Charlotte Corday**, que llega a sus últimas consecuencias por razones propias: el asesinato de Jean-Paul Marat, líder revolucionario de la facción jacobina durante la etapa conocida como Reinado del Terror. Una escena representada en la pintura neoclásica de Jacques-Louis David, *La muerte de Marat*, que pretende transmitir la desolación en el rostro del periodista muerto a manos de una mujer, mientras escribía en su bañera, y que 'se coló' en su casa el 13 de julio de 1793.

Sin embargo, Charlotte no entró como un ladrón, sino que fue invitada a hacerlo, y su acción fue producto del sentir de una gran proporción de personas, sobre todo de francesas, desilusionadas por la radicalización y la violencia que estaba alcanzando el grupo Montagnard. Un hecho que, a juzgar por el desarrollo de los acontecimientos y las palabras de Charlotte en el juicio, bien podría entenderse como un mal menor.

Dicen las crónicas que ella percibía a Marat 'como una bestia' del que debía 'salvar a Francia'. Y la verdad es que así lo fue comprobando al llegar a París. La dejaron pasar hasta la misma alcoba del revolucionario, bajo la promesa de entregarle una lista de personas a los que poder llevar a la guillotina. Marat, agradecido, la recogió desde su bañera, prometiendo que todos ellos serían guillotinados la semana siguiente sin más tardar, por lo que Charlotte le apuñaló inmediatamente, sin intentar escapar. «Maté a un hombre para salvar a cien mil» fueron las palabras que pronunció en su defensa (Elinor Evans, 2021), pero no sirvió de mucho, porque fue ajusticiada por aniquilar al héroe, reconocido como primer mártir de la Revolución, poco después. *Alea iacta est* (había cumplido su cometido y la suerte estaba echada), pensaría.

El asesinato de Marat por Corday fue un punto de inflexión, que contribuyó a que los clubes de mujeres fuesen prohibidos en el 1793. El papel femenino en la Revolución ha caído en gran medida en el olvido, a pesar de que ellas reclamaron sus derechos y fueron las protagonistas del cambio en la legislación, que apenas avanzó, tan solo en algunos derechos como los que asistían a las madres solteras o nuevas leyes de sucesión, que ya no discriminaban a las mujeres.

Especial interés tiene la Revuelta del pan en Petrogrado ya en el siglo xx, el 23 de febrero de 1917, y que marcó la primera etapa de la Revolución Rusa, consiguiendo la abdicación del zar Nicolás II y con él la eliminación de la monarquía. Fue la consecuencia de su negativa a tomar medidas liberalizadoras y del descontento por la participación de Rusia en la Primera Guerra Mundial. Una entre muchas revueltas que eran un grito desesperado contra las penurias y contra la guerra. El paso que dio lugar al Gobierno provisional formado por liberales y socialistas y del que se hubiese esperado una Asamblea Constituyente y un Ejecutivo democráticamente elegido, que no llegaron.

Las protestas duraron una semana: en el calendario juliano vigente en la Rusia zarista, desde el 23 de febrero, que era en realidad el 8 de marzo una vez que más adelante fuera abolido por el gobierno bolchevique y se emplease el calendario gregoriano como en el resto del mundo occidental. Las manifestaciones populares por las condiciones de vida fueron multitudinarias sobre todo en Petrogrado (antiguo San Petersburgo).

Es decir, que negar este origen cierto del día en el que queda emplazado el Women's Day, implica que la conmemoración más emblemática para las mujeres a nivel internacional sea percibida con unas connotaciones victimistas y de derrota de las cuales probablemente careciera en sus orígenes. Se nos está ocultando el hecho de que fuesen amas con una acción política deliberada y autónoma, con otras versiones ciertamente calamitosas. La clave del problema residiría en la confusión entre el surgimiento y consolidación del Women's Day (Día de las Mujeres), y la posterior adopción internacional del día Ocho de Marzo como tal, con un intervalo de nueve años de diferencia (1908-1917).

Unas fuentes relatan el incendio de la fábrica textil Triangle Shirtwaist de Nueva York, que habría sido el 25 de marzo de 1911, según algunas versiones, y en cualquiera de ellas adoptando las mujeres el papel de actores pasivos, víctimas indefensas, ultrajadas por los 'amos' que al parecer cerraron las puertas de la fábrica, que se convirtió en una trampa que impidió que las trabajadoras pudieran escapar del fuego. Una derrota sin paliativos en la versión más generalizada, también en otras que ubican el origen de esta fecha en Washington, el 4 de marzo de 1913, en la que muchas manifestantes fueron apaleadas en principio por su defensa de los derechos políticos femeninos, en la toma de posesión del presidente Wilson, y no en el Women's Day.

Los hechos se sucedieron del siguiente modo: el 3 de mayo de 1908, domingo, se celebra el primer Women's Day en Chicago en una Jornada de las Mujeres en el teatro Garrick, para «movilizarse por el voto femenino y contra la esclavitud sexual». Este hecho se cita en la prensa de la época como de gran trascendencia: «Women's Day at the Garrick» (*Chicago Daily Socialist*, 2 de febrero de 1909 y de 28 de enero de 1909, etc.).

En la II Conferencia Socialista Internacional de Mujeres de julio de 1910, celebrada en Copenhague bajo el lema «El voto para la mujer unirá nuestra fuerza en la lucha por el socialismo», según los textos oficiales Clara Zetkin propone con toda claridad la institución de un Día Internacional de las Mujeres, y que para ello se utilizaría cada año el último domingo de febrero. El origen de dicha propuesta es precisado el 29 de agosto de 1910 por la misma Clara Zetkin en un artículo publicado en *Die Gleighheit*, de este modo: «Una jornada especial, una jornada anual de las mujeres, siguiendo el buen ejemplo de las camaradas americanas».

Al año siguiente se celebra la primera jornada internacional dedicada a la mujer posteriormente descrita por Alexandra Kollontái (*El Día Internacional de las Mujeres*) y Mary-Alice Waters (*Marxismo y Socialismo*). Todavía no se había instaurado el ocho de marzo como tal, y prueba de ello es que en este año el día 8 es miércoles y no domingo. El 8 de marzo de 1917 un gran número de trabajadoras salen a la calle en Petrogrado precipitando la Revolución Rusa con la Revuelta del pan. Este hecho se encuentra documentado entre otros/as por Trotski (*Historia de la Revolución Rusa*) y Alexandra Kollontái (*Autobiografía de una mujer sexualmente emancipada*, 1920). A partir de este momento los ochos de marzo sucesivos se dieron en llamar «Día Internacional de la Mujer Comunista», aprovechando la victoria de la movilización, en causa ajena. Al irse extendiendo la celebración por Occidente pasa a denominarse «Día Internacional de la Mujer trabajadora» y finalmente «Día Internacional de la Mujer». A la dificultad para la identificación de este día como origen del Día Internacional de la Mujer, habría contribuido la disparidad de fechas entre el calendario ruso y el occidental.

El año 1984 la historiadora Renée Côté publica La Journée *internationale des femmes,* fruto de seis años de investigación buscando, documentando y contrastando las múltiples versiones que a lo largo del tiempo se han ido acumulando, llegando a conclusiones similares a las anteriormente expuestas.

1. **No fueron solo trabajadoras industriales** las manifestantes de Petrogrado, sino además amas de casa protestando por la carestía de los productos básicos, por el regreso o el fallecimiento de sus hijos en la Primera Guerra Mundial, y todas bajo el lema «Pan y Paz».
2. **No fueron movilizadas por ideas ajenas** al propio Women's Day y a sus reivindicaciones particulares, desobedeciendo a ambos bandos en contienda.
3. Y tercera mentira, **los ocho de marzo, no se conmemora un**

acto fallido, lastimoso, ni la victimización del sexo femenino, que caracterizado débil y en peligro, puede pretenderse justificar su tutorización y control. Unos hechos que fueron una hazaña con objetivos inmediatos y propios.

Este papel con el que se describe a las féminas reiteradas veces al día en los programas, la filmografía y los noticiarios y el morbo con el que se rodea, como espectáculo de consumo doméstico, es tremendamente lesivo para la imagen social y la integridad de las mujeres. La representación de papeles sexuales, de hombres capaces de perder el control cuando no pueden controlar, y de agredir, y de mujeres como víctimas potenciales, con finales trágicos. Que nada tiene que ver con la pericia y valentía extrema que supone la administración generalizada de bienes y recursos, para la subsistencia de las familias y el Estado.

Una constante, la del trabajo de los mujeres, que sigue quedando oculta, y no queda reflejada en los medios digitales, como antes solo quedaban los martirios de las santas, en vez de sus verdaderas razones, en ambos rara vez aparece la verdadera historia, que es victoria y superación, a pesar de la violencia machista. Por ejemplo, en esta época con la que llegamos a la Edad Contemporánea, el caso de la justiciera **Harriet Tubman** de Maryland, Estados Unidos (1822-1913). Tras escapar de situaciones de crueldad terribles debido a la esclavitud, realizó trece misiones para liberar a cerca de trescientas esclavas y esclavos en Filadelfia, ayudándoles a escapar hacia estados libres del Norte o a Canadá. Al terminar la guerra civil que enfrentó a los estados esclavistas y abolicionistas luchó por conseguir el sufragio femenino. Pero esto ya son historias de la Edad Contemporánea, donde pasamos de preguntar ¿dónde estaban las mujeres?, para contestar a la pregunta: ¿Dónde queremos encontrarnos?

Hasta el siglo XX la educación de las mujeres debió realizarse de manera informal, una labor de maestras, religiosas, institutrices, progenitores/as, que dieron frutos muy significativos, como **el trabajo especializado y el debate científico, social y político en los que hemos participado activamente**, de un modo o de otro. Con publicaciones más o menos heterodoxas con las que ponían en juego su vida, escritos del siglo xvi de alumbradas, entre otras **Isabel de la Cruz, Brianda de Mendoza y María Cazalla, filósofas y médicas como la ateniense Marie Colinet o la española de Oliva Sabuco de Nantes**. Lo que ya en el siglo XVIII fueron grupos feministas de debate y caldo de cultivo de la Revolución Francesa con agrupaciones femeninas espontáneas, que han virado el rumbo de la historia y que han sido silenciadas, tal que, con la Revuelta del Pan de 1917 en Petrogrado contra el Zar y desobedeciendo al partido comunista, verdadero origen de la fecha del día de la Mujer del 8 de marzo y que fue el inicio de la Revolución Rusa.

SOBRE EL TIEMPO DE LAS MUJERES
Y OTRAS REVOLUCIONES SILENCIOSAS

La costilla de Adán ha sido el sustrato cultural sobre el que se sustentó, durante muchos siglos, la subordinación y la explotación femenina. La mal llamada emancipación sexual pretendió subvertir este orden, pero no lo consiguió porque en el discurso androcéntrico lo sexual designa genitalidad e igualdad significa querer las cosas que tienen los hombres. Contar con disponibilidad, una sexualidad abierta y bajo los patrones masculinos y a todas las edades no era lo importante cuando las mujeres hablábamos de emancipación y sí, en cambio, equidad en los derechos y deberes; y una sociedad más a la altura de nuestros deseos. Esos sueños ahora permitidos, con la condición de que no se cumplan a nuestra imagen y semejanza.

Porque distan mucho las expectativas forjadas de los resultados obtenidos en un mundo que sigue centrado en el genérico y no en las mujeres: la pareja, el matrimonio, la maternidad, la carrera, las vacaciones, la democracia, las fiestas de Navidad, o el día del Orgullo, etc. Por ejemplo, cuando la práctica está llevando a que sean las madres las que carguen con la mayor parte del coste de la vida familiar y la crianza, dada la alta tasa de hogares monomarentales. Es decir, los hogares con dos progenitores van disminuyendo, y aumentan sobre todo los hogares de una sola progenitora (que son el 81% de los monoparentales), y que ya suponen el 24% de las familias españolas en el 2022 (según la FAMS, Federación de Asociaciones de Madres Solteras).

Es un error pretender la igualdad, demostrar nuestra competencia, ya que las mujeres han sido protagonistas y desencadenantes de hechos muy relevantes en la cultura y de revoluciones que comenzaron por la crítica a las condiciones de vida de las familias y terminaron con grandes cambios sociales. Tanto en estas como en todas las actuaciones a lo largo de la historia ha quedado patente que estamos mejor cuando hacemos las cosas a nuestro modo. Por ejemplo, la diferencia sexual, identidades y dignidades, como revolucionarias (en las revueltas del pan, etc.), esposas y viudas (alcaldesas aguederas, reinas consortes y regentes), doncellas (sabinas, abadesas, princesas), etc. pero sobre todo, madres de hecho o en potencia, y que aboca a pensar en el nosotros/as, un poco más allá del individuo. Es la maternidad el valor privativo del sexo femenino, que no puede ser tan fácilmente arrendada o secuestrada sin consecuencias nefastas para la humanidad. Sea en granjas de reproducción, que llaman subrogada, pero es maternidad raptado el principio de legitimidad, como también raptadas con fines de prostitución obligada se encuentran mujeres de países pobres, en tugurios y clubes de carretera de los países ricos, que de ser hombres entrarían los Geos o el Ejército.

Y es esta la ideología mal entendida de la 'emancipación como igualación' que pareciera aunarnos en el gusto por las cosas 'de hombres', y que en obras como la de Alexandra Kollontái *Autobiografía de una mujer sexualmente emancipada*, instaba en 1920, a ser también sexualmente iguales a ellos: «No he hecho un misterio de mis experiencias amorosas, ni más ni menos como lo hace un hombre. Por encima de todo, sin embargo, jamás permití que mis sentimientos, la alegría o el dolor del amor ocuparan el primer lugar de mi vida, puesto que la creatividad, la actividad, la lucha, siempre estuvieron en primer plano» (1920: 21).

Finalmente, Alexandra Kollontái, dirigente en destacados puestos políticos de la época de la Unión Soviética, escribiría su obra *El amor de las abejas obreras* en 1923, con experiencias autobiográficas, sobre su descontento con la política económica de

Lenin junto al que había luchado como compañera; y una crítica velada al nuevo orden que resultó de entonces porque, de hecho, en la vida privada nada había cambiado y, aunque lo pareciera, no se mantenían relaciones de camaradería.

La falsa *revolución sexual*, potenciada por la sociedad de consumo, se entendió algo así como un 'self-service sexual', que ha cosificado más aún las relaciones personales y sexuales a través del contacto en redes sociales. A la postre el empoderamiento se ha traducido en una pesada carga de muchas instituciones sociales de antaño a las espaldas de las mujeres, y que arramplan con cualquier compromiso de mejora en las relaciones, siempre cansadas, porque no es para menos: produciendo, criando y reproduciendo, educando, emprendiendo, administrando, creando, cuidando, luchando.

Se hacen extraños a las propias mujeres discursos oficiales centrados en la victimización y no en la dignidad y la belleza de ser mujeres, como siempre. Los mensajes impostados de 'lo políticamente correcto' en aras de un género que oculta en este mismo término la palabra mujer: o el concepto de igualdad, de los que son diferentes. Mensajes contradictorios y extraños para la adolescencia que necesita reafirmación, identidad y libertad.

Así, estudios recientes, como el último (2023) del Centro Reina Sofía de FAD Juventud, alertan sobre un creciente rechazo de los adolescentes hacia el feminismo: «A pesar del éxito social del movimiento feminista, con el que se identifican una parte considerable de la juventud (46,4 %), en los últimos cinco años se asiste a un aumento del antifeminismo entre las y los adolescentes que consideran que se ha impuesto un pensamiento único».

A lo largo de estas páginas y en el próximo volumen se ha defendido la idea de que el trabajo, la autonomía y libertad femeninas no son asuntos de hace apenas unas décadas, de la aparición o creación de 'una Mujer Nueva-liberada-empoderada' como resuelven los planteamientos dominantes para seguir dominando. La prueba es que siempre hemos mantenido criterio, libertad y autoridad en todas las épocas. Y que la forma de perderla cuando precisamente comienza a resquebrajarse el orden legal del patriarcado es renunciar a la grandeza de ser mujeres, en aras de una 'nueva igualdad' sin equidad entre los que somos diferentes. Lo llamen 'sexo fluido' y que nos disuelve, o género a la carta, para competir las mujeres, de nuevo en desventaja, en la vida y en el deporte, y cuando no han llevado todavía a unas condiciones de vida y de trabajo más amables para la mayoría.

La ideología dominante sigue animándonos a victimizar, que es en realidad disfrutar del morbo al exhibir a las víctimas; a amedrentar; y a trabajar y competir en guerra de sexos, o entre nosotras, y hasta con una misma por el éxito y contra el peso, en un carrera sin tregua en la que siempre se pierde por alguna parte. Mientras, nosotras en nuestro fuero interno sabemos que algo está fallando en un discurso de la igualdad, del género o de la teoría *queer* que no nos tiene realmente en cuenta, y sí a los hombres que quieren ser 'madres' o a las que pagan para que otras lo sean por ellas, como si la maternidad fuese como ir al centro comercial y las criaturas productos a la medida, cuestión de poder adquisitivo o nivel de vida. Porque es la vida, como en el juego milenario de la oca, precisamente eso, saber vivir en 'cada casilla' que nos ha tocado vivir, y en el que nacer mujer invita a seguir repitiendo la tirada, ya no penaliza. Es una revolución que empieza en lo personal, como ha sido siempre.

Cuando pensamos en revoluciones silenciosas nos llegan a la mente pequeñas proezas, suele citarse a las que debieron vestirse de hombres para estudiar en las universidades como la citada Elena Céspedes, la italiana Lucrezia Cornaro (1646-1684) o la cirujana del Ejército británico James Barry (1795-1865), en realidad Margaret Bulkley. Pequeños grandes cambios tal que el de Mary Quant desde Londres y la minifalda como propuesta de apropiación del cuerpo. Amelia Bloomer, diseñadora de moda y editora del periódico *The Lily, a Ladies' Journal Devoted to Tem-*

perance an Literature 1849-1853, había introducido unos pantalones femeninos inspirados en el traje turco, diseñado previamente por la activista Smith Miller en 1851, que se acabaron llamando Bloomers. En ese mismo año Amalía dejó escritas sabias palabras evocando, probablemente, la ropa 'tipo corsé': «La vestimenta de las mujeres debería adaptarse a sus deseos y necesidades. Debería procurar, a la vez, su salud, confort y utilidad; y, aunque tampoco debería dejar de procurar su embellecimiento personal, debería darle una importancia secundaria».

Ejemplo de revolución silenciosa fue la de Johannes Gutenberg que pasó desapercibido mucho tiempo, mientras su invención de la imprenta se iba incorporando a una sociedad más informada, libre y avanzada. Y además, facilitando el trabajo de las y los trabajadores de artes gráficas y periodistas. Del mismo modo, muchas mujeres se han preocupado de simplificar el trabajo que se les ha asignado, y han conseguido con ello grandes avances como se ha visto ocurría con las primeras ginecólogas y enfermeras. En el ámbito del trabajo de oficina, Beulah Louise Henry (1887-1973) con la máquina de escribir a cuatro copias. En la esfera doméstica, Josephine Cochrane (1839-1913) inventó el lavavajillas, en 1914 Florence Parpart obtiene la patente de la primera nevera eléctrica y Alice H. Parker, en el año 1919, patentó la calefacción de gas central. Inventos que permiten mejoras en el trabajo y los hogares, sin tener que emplear el tiempo en fregar a mano, comprar todos los días o ir a por leña para el brasero.

Otros adelantos tal que Stephanie Kwolek (1923-2014) creadora de la fibra kevlar que tanta vidas ha salvado, por su uso en los chalecos antibalas, o las que habrá salvado Mary Anderson (1866-1953) inventando el limpiaparabrisas. Y madre de la nueva economía digital, nos encontramos con la bellísima actriz Hedy Lamarr (1914-2000), inventora del salto de frecuencia a distancia o para entendernos, la madre del wifi.

Pero sobra insistir en nuestra capacidad inventiva y productiva, cuando económica y cualitativamente hablando, **somos la**

realidad que no se ve, en los noticiarios, ni en las redes sociales, ni por más que nos asomemos por las mañana a ver quién va a trabajar, y por las noches, ver quien sigue trabajando en sus casas. Estamos siendo el sostén de la sociedad, entre padres ausentes y juventud que cree que todo está en Google, dispuesta a enseñar más que a aprender, poseedora de todas las verdades, que ha perdido la devoción por sus progenitores, pero que ante un problema, económico o moral, ahí está la madre. Una juventud desamparada ante unas instituciones que ya no se hacen responsables de las personas: ni el Estado, ni la Iglesia, ni servicios sociales, ni los medios… solo las madres cuando todos han claudicado, las que generalmente no abandonan, con su sueldo, con su escucha y, sobre todo, con su educación para la vida.

Fue también una época pasada la de Hispania, de la que se trata someramente en este trabajo, y en la que se achacan a las mujeres los grandes males de la tierra, como el fin del Imperio romano a Gala Placidia (fallecida en el 450), por buscar la concordia, como recientemente a la Canciller de la República Federal de Alemania, por buscar el acuerdo entre los países europeos a través del suministro energético, favoreciendo el de gas de Rusia. Una prueba más de la diferencia sexual en el trabajo político, solo que en nuestros días podemos cotejar que Gala fue gobernanta y heroína, y que el fin del Imperio romano tuvo un origen multicausal, entre otras razones, por el envenenamiento que debilitó a su curia, al mezclar el plomo con los alimentos y sobre todo con vino o sapa. Y en estos mismos temas podemos entrever, la voluntad deliberada de las mujeres contemporáneas en la salubridad alimentaria y del medio ambiente.

Porque la revolución ecológica, también silenciosa, nos atañe como madres, siempre al cuidado de la salud de la familia a través de la alimentación, siendo, según estudios diversos, las que más reciclamos y reutilizamos, y en una proporción mucho más significativa. Estudios como los de Isabel Balza (2015), demuestran que si bien los hombres tienen más opiniones proambientales, las mujeres mantienen más actitudes y conductas sostenibles (reciclaje, ruido, utilización de la bicicleta, buen uso del transporte público y del agua, mientras ellos destacan solo en el ítem ahorro energético).

La manzana de Eva era el símbolo del deseo prohibido y el deseo es aquello que exige ser promesa, no realidad, máxime al ser interpretada la sexualidad como mero consumo. Por ello, desde la diferencia sexual a través de la historia, podemos recapitular y partir de la cadera de Eva, para hablar de la ley del deseo con amor, que es el que nunca se consume, aquel en el que prima la comunicación y la inteligencia, el que puede crecer sin límite. En definitiva, el deseo de estar auténticamente en el otro, no atendiendo a las necesidades o expectativas de otros. Significa cuidarse primero, también para cuidar a veces, porque ayudar a nacer y a morir es trascendencia, tanto como volver a dar a luz a cada nuevo *sapiens* consciente.

Y esta es la nueva Ley del Deseo, partir de las necesidades y los tiempos y cuerpos propios, para crear, para ser antes que luchar, trabajar felices y, sobre todo, pensar y amar... empezando por las mujeres que no entran en 'la nueva religión' del pensamiento único, que nos controla con la báscula, como antes se nos controlaba el largo de la falda. Llegan de nuevo palabras como las de Virginia Woolf y su revolución silenciosa que impele a sus contemporáneas a dos asuntos: ganar dinero propio y tener una habitación propia, y obtener así tiempo para una misma y para leer o pensar, y 'para que su deseo se encuentre con el mío' en términos de Luce Irigaray (1998), rompiendo con la disposición familiar a tiempo completo 24 horas, y el 'contrato psicológico' de la pareja como acceso al cuerpo de otra. Porque nuestros ritmos para el deseo son otros, forman parte de la nueva Ley del Deseo. No vayamos a tener, a costa de la emancipación debida, más deberes de servir al deseo ajeno que cuando la Iglesia santificaba la apropiación del cuerpo de las mujeres a muy temprana edad o en cualquier momento como débito conyugal.

Si bien ya se han visto las cotas de libertad femenina, y que no siempre han sido bien contadas. Por ejemplo, en la Edad Media no eran comunes los matrimonios con menores, sino a partir de la veintena, ni sin consentimiento femenino (siguiendo a la medievalista Katherine Harvey en su obra sobre la sexualidad medieval: *Los fuegos de la lujuria,* de 2023). Aunque pudiera parecerlo a tenor de los relatos que nos han llegado, que son mayoritariamente los de los matrimonios reales celebrados por acuerdos geoestratégicos o de conveniencia.

Porque las mujeres siempre hemos sido consejeras, compañeras y protagonistas en el alumbramiento y acompañando a morir, como hijas o enfermeras, normalmente, las que en mayor número hemos secundado todas las creencias religiosas. Porque sea o no el alma nuestro ámbito, en la tierra las mujeres todavía no pueden ser pontífices, ni sacerdotisas, ni predicadoras, cuando ya lo eran en las civilizaciones de la Antigüedad. Y esta exigencia, sin embargo, se hace más extraña incluso cuando se dice que hubo una papisa, Juana, por el año 850 del Medievo, que gobernó como papa Johannes VIII Anglicus.

De ahí las pequeñas revoluciones, consistentes en cambiar lo que no nos gusta, segunda lección de nuestra Ley del Deseo, y siendo la tercera, que es lógica inherente a todo deseo, querer lo que no se tiene o se teme perder. Por eso de la igualdad en agasajar, manifestar y presumir de las apetencias. No nos gusta pero ocurre revestido de sociedad de consumo y con ella de las revistas de 'papel cuché', que llaman femeninas, que consiste en 'el que no se note'. Antes era ser modosita, ser prudente, ahora le llaman 'tener estilo', 'tener clase', 'ser profesional', que 'no se nos note de nuevo': las curvas del cuerpo, el apetito, las estrías, la celulitis, las canas, las arrugas, la edad, la menopausia, que hemos sido madres... que no se nos note que mandamos, que valemos, que somos mejores, o que tenemos derecho a no serlo, nuestras necesidades diferentes y nuestros tiempos para no tenerlas (como tras el parto o la menopausia, cuando se producen más infidelidades y divorcios).

Y este es el verdadero Grial «al prójimo/a como a ti mismo/a» que añadió Cristo a las Tablas de la Ley. Es decir, para querer y que te quieran, para conquistar la salud y con ello el cielo y no el infierno, abandonar la abnegación, mirar en dónde está tu deseo primero, sea este si lo fuese servir a los demás o no hacerlo.

Un lema de los años ochenta rezaba «las mujeres buenas van al cielo, las malas a todas partes», lo que terminó convirtiéndose en una muletilla que ayudaba a perder el miedo al desiderátum bíblico de salirse del paraíso, o mejor dicho 'del tiesto', al entrar en los espacios anteriormente prohibidos a las mujeres. A no salirse de 'la norma patriarcal' de no discutir la opinión del padre, reír las gracias a los hombres, esperar a que ellos tomasen la palabra y la iniciativa de lo que estaba bien o mal. Nuestro lema en el tiempo de las redes sociales puede ser el contrario: ¿qué pasa si no estoy en todas partes?, ¿si no salgo?, ¿si digo que no me gusta?, ¿si no quiero ganar más o ser la mejor?...

La deserción, poner distancia, una retirada a tiempo, 'cambiar de aires', ha sido la solución de muchas que construyeron su propio relato, en tiempos en los que se decía 'que las mujeres decentes no tienen historia'. Una excursión fuera de la norma o de la caja que, como se ha visto, ha sido más fructífera cuando se ha recorrido en compañía: de pueblo en pueblo las primeras cristinas, de convento en convento las abadesas, de casa de perfecta a otra casa de las cátaras y beguinas por Europa, de círculo en círculo como las alumbradas, de coven en coven meigas y sorgiñas, de logia en logia las masonas, de salón en salón las preciosas, de tertulia en tertulia las sufragistas... Y **podríamos preguntar por qué ha sido tan numerosa la presencia femenina en las heterodoxias y excepción en las ortodoxias mayoritarias y otros ámbitos de poder.**

¿Es que habló a solas con una mujer sin que nosotros lo supiéramos? ¿Vamos a volverle la espalda y hacerle caso a ella? ¿Es acaso posible que la haya preferido a ella antes que a nosotros?

Figura 15. *Magdalena penitente.*
Tiziano (1533). Palacio Pitti,
Florencia, Italia.

Al leer estas palabras pareciera que nos encontramos en un moderno consejo de administración en el que ni por norma positiva legal, ni por mandato divino, ni por méritos ha sido posible contar con participación femenina. Algo comprensible en puestos que exigen una gran dedicación, pero no tanto en los que requieren menos dedicación y disfrutan de mayor retribución como son los consejos de administración de las grandes empresas. En realidad, esta es la conversación mantenida entre tres de los apóstoles de Jesús, cuando discuten acerca del testimonio de María Magdalena al encontrarse con Cristo resucitado. Se trata de Andrés y Pedro que desconfían de su relato, siendo Leví (es decir, el apóstol Mateo) quien la defiende y argumenta que en nada es extraño en tanto fue ella la apóstol más cercana a Jesús. La principal encargada de difundir el mensaje, todavía no suficientemente entendido, de Jesús. Todavía obviada y denostada. Pertenece al Evangelio apócrifo de María de Magdala, texto del que se conservan solo dos pequeños fragmentos griegos del siglo III y otro, más extenso, en copto, del siglo IV, y que parecieran transcripciones del dictado de otro anterior por la apóstol.

La historia y los credos que han borrado de la historia, de las sociedades y de sus relatos a las mujeres, han llegado recientemente a un callejón sin salida, por el entorno bélico, tecnológico y ecológico que vive la humanidad. Devolver al tablero esta pieza del juego social, la autoridad de la reina, su filosofía, frente al poder de la fuerza, es la propuesta. Y porque es la educación, y no la ley, la que conseguirá la revolución pacífica, pero no en silencio, que el mundo necesita, para no odiar, no contaminar, decirse la verdad, cuidarse.

Premisas contrastadas

1. «La mujer decente no tiene historia». Se demuestra que las mujeres han hecho historia siempre, otro tema es por qué no ha sido contada, o cómo.

2. «La mujer no ha trabajado fuera de casa hasta el siglo XIX o XX». Se confirma que las mujeres siempre han trabajado en el ámbito doméstico, en el piadoso y/o comunitario y en el laboral, como ayuda, por cuenta propia o ajena.

3. «La mujer tiene que luchar, la liberación es cosa reciente». Las mujeres tienen que Ser sencillamente, siempre ha existido su autoridad y su causa; arrinconar el patriarcado es beneficioso para ambos sexos, disolver la diferencia sexual un fraude. El feminismo bien formulado, se dice solo, es el que valora la razón femenina y construye una historia para ambos sexos.

Recogiendo velas: el tiempo de las mujeres

Durante milenios la división sexual del trabajo ha deparado funciones diferenciales y complementarias a hombres y mujeres, la función hace el órgano (sentenciaba el evolucionismo funcionalista de Jean-Baptiste Lamarck 1744 precursor de Darwin). Y si la historia recoge de forma muy exigua las verdaderas funciones comunes o privativas desempeñadas por las mujeres, tanto más lo hace en aquellas en lo referente a su autoridad y destreza innata para muchas de ellas, como la política o el lenguaje, con la dispensa de la lengua vernácula, así llamada materna y de la literatura.

Porque un cerebro distinto y complementario construido durante milenios, dispensa unidireccionalidad para la caza del bisonte y el éxito organizacional a los hombres, y la multitarea en el hogar, el cuidado, para la economía, la cocina, la educación y la agricultura a las mujeres, como también la administración digital y multicanal de la empresa moderna. Pero no para el estrés extremo, ni continuado, que como los tóxicos ambientales y en la alimentación impactan sobremanera a nuestros sistema hormonal y a la reproducción de la especie: incrementándose las tasas de prematuridad, trastornos de ansiedad, autoinmunes, cánceres ginecológicos (de mama y ovarios) y enfermedades cardiovasculares.

Sin olvidar, las derivadas de los hábitos adquiridos en la carrera de ser igual que los hombres en el éxito social sin descanso y en los vicios, con las que ir equiparándonos. La solución en ambos casos pasa por pensar 'fuera de la caja' del pensamiento convencional, o el pensamiento lateral como recomiendan maestros de la creatividad, como Edward Bono, 1933 o el pedagogo de las matemáticas Malba Tahan seudónimo del brasileño Julio César de Mello e Souza en 1938, que quiso pasar por mujer a la hora de enseñar su disciplina. Es decir, salir de ideas ajenas, como la

288

guerra de sexos, traída desde los manuales de economía antiguos, o los modernos manuales de elección del sexo a la carta. Por el contrario es pensarse desde el propio eje, ver más allá de lo evidente para crecer en lo pequeño cotidiano, para ser libres aun siendo simples, pero grandes. Como lo hiciera Emily Dickinson con su poesía y las madres y abuelas desde siempre.

En cuando a decidir lo que quiere la sociedad, suelen realizarse estudios demoscópicos para conocer cuáles son sus principales preocupaciones. Cuando son cuantitativos suelen preguntar por una serie de tópicos como el empleo, el terrorismo, la carestía de la vida, etc. Pero, cuando los estudios son de preguntas abiertas, cualitativos y dirigidos al segmento femenino, suele aparecer la preocupación de 'tener más tiempo', 'tiempo para una misma', 'tiempo para ver crecer o cuidar a la familia'.

Cuando este tema, recurrente hace décadas, se analiza en algún reportaje o se trata en debates, suelen aparecer argumentos sobre la paradoja de tener esta drama o necesidad cuando vivimos más y con más tiempo de ocio y más comodidades que en ningún otro momento en la historia. O se introduce el tema del tiempo de calidad, frente a la cantidad, etc. etc. etc. Pero nada de esto nos convence. Visto en perspectiva, es cierto que contamos con jubilación y descanso laboral remunerados, vidas más longevas, mayor autonomía de ciertas cargas familiares (con muchos menos partos, servicios destinados a la tercera edad, electrodomésticos, etc.), pero no de otras, y lo cierto es que no hay tiempo para una... Y mucho menos en esos momentos de 'ocio' familiar o de vacaciones, tiempo compensatorio de la actividad laboral por excelencia, pero de más trabajo para las mujeres.

¿Qué ocurre entonces? Puede ser que, incluso cuando ellas no tienen un oficio fuera del hogar, o comparten las tareas con otros miembros de la casa, siempre contamos con muchos frentes: el hogar, cuidados, a quien llamar, organizar las fiestas y vacaciones de toda la familia, el cuidado personal, cosas que hacer, que comprar y que pensar. El tiempo para el cuidado más esmerado, también se considera obligado en la sociedad de la imagen, y la disponibilidad para otras personas se ha disparado con las nuevas comunicaciones: miembros de la familia, del trabajo, de la comunidad profesional, etc. Y así, sin descanso para la relajación, para encontrar 'los famosos momentos de calidad', o para salir de la soledad en compañía y ahora además 'apantallada'. Y es bien conocido que las mujeres solemos ser más contratadas para las tareas que exigen mayor conectividad social, con el autocuidado, la sociabilidad y la empatía, y suelen ser tan intensas en el trabajo y en el hogar, que no dejan un respiro. ¿Pero qué es tiempo de calidad?

Siguiendo a Virginia Woolf (1928) son momentos significativos, los del Ser, los que aportan la 'salsa de la vida'. Es el tiempo de las mujeres, de la madre, del amor, de la amiga, el tiempo del alma, y que para la historiadora Milagros Rivera Garretas se conjunta en femenino:

> Las mujeres vivimos esos dos tiempos, el de Cronos y el de Cairos, el de la prisa y del sentido. Pero en muchísimas culturas, hemos sido y somos las depositarias especiales del segundo, del tiempo que atesora los momentos significativos, los momentos del ser: los momentos que sustentan cualitativamente la vida y la cultura humana (2003: 59).

El sociólogo Francesco Alberoni (1986) se sirve del budismo japonés para explicar este proceso en el que las expresiones *nin* y *ten* definen las dos formas de ser feliz. El *nin* es el mundo de la paz y de la tranquilidad cotidiana, mientras que el *ten* representa los momentos extraordinarios de amor. El *nin* es alegría, un día sin él es como un año de una vida sin tranquilidad, pero un día de *ten* corresponde a miles de años de tiempo y se hace más difícil olvidarlo. Los dos tiempos son necesarios. Las filosofías orientales, como las de los pueblos naturales y paganos, tratan con gran respeto la dualidad generativa básica, lo femenino y lo masculino, la necesidad del yin y el yang imprescindible para que la vida aparezca y regenere. Como así lo afirma el séptimo y último Principio de la Verdad hermenéutico:

> La generación existe por doquier; todo tiene un principio masculino y femenino; la generación se manifiesta en todos los planos.

Para la poeta estadounidense Emily Dickinson (1830-1886) lo importante es el tiempo para el amor: «Todo lo que sabemos del amor es que, el amor es todo lo que hay». Es el inicio de la vida y su motor. El que mejor puede salvarnos de los abismos a los que nos aboca, a veces, el destino, como fue la poesía para Emily. Y más tarde el amor será un sentimiento repleto de otros muchos y en conjunto placenteros. Pero Emily quiere indicarnos algo más con sus palabras, y eso es la dimensión femenina que revaloriza la vida no en su cantidad, ni en la utilidad, sino en la significación de los momentos vividos. Que no tienen por qué ser objetivos exitosos, sino más bien entrar en contacto con aquello que tiene sentido, por ejemplo compartir un viaje o hacer ese viaje en soledad relevante para nuestra biografía. Con este fin, existe otra ruta opuesta al cronos hipercomunicado y más beneficiosa, que como expresa Nieves Muriel (2022) es el que muchas mujeres y creadoras del siglo XXI siguen buscando: «Y establecen ese diálogo encontrando la medida de su propia experiencia de la genealogía femenina y materna».

Esto es lo que persigue esta primera parte del libro *Mujer se nace*, a través del que hemos podido comprender que muchos temas que nos atañen no son un asunto reciente, como que hayamos estado sujetas a tareas productivas, reproductivas, creativas, educativas y de cuidado al unísono, y desde los primeros vestigios de la Prehistoria. El problema, como antaño, reside en creer que competimos y somos, o podemos ser, mejores que los varones, que tenemos todos los derechos, 'por habernos liberado'. Sin embargo, estas palabras ocultan la verdad de porqué somos únicas y esenciales.

Cargas nuevas y de siempre (como la educación, las relaciones familiares, la logística del hogar, de las vacaciones, el cuidado de los mayores, etc.), en un mundo cada día más complejo, pero más solitario, al perder redes de apoyo femenino, como eran las vecinas, la familia extensa, las compañeras de faena en trabajos con relaciones laborales homogéneas, menos competitivas... Ahora ya todas inmersas en la dinámica individualista, atadas al tiempo cíclico de las mujeres pero no «al propio cuerpo ni a la tierra» que sana; como en una cadena en el tiempo lineal y evolutivo del Cronos, las prisas y el Ego que parece eterno, y es una mentira provisional.

También puede esperarse todo lo contrario, que podemos ser agentes que diseñen su propia vida, aprovechando la autonomía y la trascendencia de nacer mujer y sus tiempos, organizándolos y organizándonos con el fin de que nos sirvan, mejor que servir a los tiempos impuestos.

Con la práctica de la genealogía, mirando el camino trazado por nuestras antecesoras, podemos entender la senda que tomaron, el sentido de las mujeres en la historia, de dónde podemos partir y realizarnos sin necesidad de credos extranjeros, ajenos, prestados, que colonizan nuestra mente y nuestro tiempo. Ese tiempo del Ser de las mujeres, nuestro significar el ocio y trabajo, las relaciones y el sexo, ayudar a existir, a nacer y a morir, sin prisas, sin miedos, sin postergar el cuidarse y hacer para una misma, para trascender.

Soltamos entonces la cáscara de la mujer caracol, siempre con la casa 'a cuestas' y en la cabeza como con las antenas de este molusco, que llega tarde a todas partes porque no puede correr, centrarse, con el peso del hogar encima. O peor, si estamos en el tiempo del cangrejo, que quiere ir de frente, lineal hacia el objetivo con éxito, mientras se escora al lateral a riendas de lo inmediato y también lo periódico, sin llegar a lo importante. Pero ambos ritmos pueden ser una gran oportunidad de vida plena, o vida doblemente, si conseguimos conciliar el tiempo circular y lineal. Aprendiendo de las que lo hicieron y conquistaron la edad madura con sentimiento de éxito, no de pérdida.

El tiempo de las mujeres nos ayuda a estar más que bien siéndolo, y nos previene de las cosas que merecen y las que no merecen la pena. También a conciliar expectativas con los demás, sin perder de vista la soberanía de decidir qué cosas nos corresponden y cuáles no aceptaremos: sobre los tiempos con la familia, en la pareja, el embarazo, la lactancia, la conciliación con el trabajo, o para ninguno de estos.

Es el tiempo circular de las mujeres en el que todo cambia con cada nuevo calendario, se renueva cada mes, comienza con cada transformación... Es la lógica de la naturaleza acorde con los ciclos de trece meses de nuestro cuerpo, sincronizado con las trece lunas del año, en sus respectivas estaciones, que pueden convertirse en una rémora o en motor de renacimiento, de regeneración biológica y psicológica, si nos cuidamos, descansamos, avanzamos en aquello que otorga sentido a cada jornada de acuerdo con nuestras necesidades y a las del mundo. Tiempo cíclico para el alto rendimiento y para contemplar y reflexionar, proyectarse con acierto (horas, días del mes, etapas de la vida), tiempo para ordenarse, o para descansar, cosechar y recoger.

«Cuidar los tiempos» parece el secreto para no sufrir el síndrome que Eliette Abécassis y Caroline Bongrand (2007) denominan del '*corsé invisible*', consistente en una carrera por llegar a las dobles y triples jornadas, en aras de una independencia que es lo contrario, y desde luego no es liberación, pero sí el fin del patriarcado en el que ya estamos, y nadie nos ha explicado. Un hecho que está pasando de largo: todas y todos encadenados a la soledad de las pantallas, en las que el placer de cientos o miles de relaciones diferidas y sin lazos ciertos mata la felicidad verdadera. Nunca una fuente luminosa y con tanta información ha dado tanta oscuridad. Pero ya se sabe que el momento más oscuro de la noche es el que precede a la llegada del sol.

El resumen, la historia de las mujeres nos ayuda a vivir la

naturaleza del Ser con orgullo, del nacer completa, de la inteligencia natural de nuestro sistema físico y el poder y la agudeza mental propia; para vivir más y mejor, doblemente, cuando nos iluminan maestras lúcidas, para morir y ayudar hacerlo, tanto como a que otras vivan, con sabiduría.

Frente a los que gritan contra la naturaleza humana, la madre tierra y el cuidado de sus criaturas, existe una revolución silenciosa, pero no callada, de quienes piensan que lo netamente bueno, no enfada, no exalta, no se impone. Porque, lo bien hecho se dice solo.

PROCEDENCIA DE LAS IMÁGENES

Presentación

1. Marie y Pierre Curie en 1896. AIP Emilio Segrè Visual Archives, Physics Today Collection. Wikimedia Commons, Dominio Público.
2. Retrato de la reina Juana I de Castilla (1479-1555). Maestro de Geschiedenis van Jozef (ca. 1500). Kunsthistorisches Museum. Wikimedia Commons, Dominio Público.

Capítulo 1

3. Adán y Eva. Lucas Cranach (ca. 1538). Wikimedia Commons, Dominio Público. Wikimedia Commons, Dominio Público.
4. Lilith. John Collier (1892). Atkinson Art Gallery and Library, Southport, Merseyside, Inglaterra. Wikimedia Commons, Dominio Público. Wikimedia Commons, Dominio Público.

Capítulo 2

5. Objeto de culto llamado égida y dedicado a la diosa egipcia Sekhmet. Walters Art Museum, Baltimore, EE.UU. Wikimedia Commons, Dominio Público. Wikimedia Commons, Dominio Público.
6. Isis alada. Tumba de Seti I (KV17). Wikimedia Commons, Dominio Público.

Capítulo 3

7. Virgilio lee la Eneida a Livia, Octavia y Augusto (1812), de Jean-Auguste-Dominique Ingres. Museo de los Agustinos, Toulouse. Wikimedia Commons, Dominio Público.

8. Busto de mármol de Cleopatra VII de Egipto de ca. 40-30 a.C. Altes Museum de Berlín. Wikimedia Commons, Dominio Público.

Capítulo 4

9. Hildegard von Bingen recibe una inspiración divina y se la transmite a su escriba. Miniatura del Códice Rupertsberg de Liber Scivias. Wikimedia Commons, Dominio Público.

Capítulo 5

10. Petronila I. Genealogía de los Reyes de Aragón. Manuscrito sobre pergamino. Wikimedia Commons, Dominio Público.

Capítulo 6

11. Santa Teresa de Ávila. Fray Juan de la Miseria. Wikimedia Commons, Dominio Público.

Capítulo 7

12. Isabel I de Castilla. Pintado por Juan de Flandes entre 1500 y 1504. Palacio Real, Madrid. Wikimedia Commons, Dominio Público.

13. Juana de Arco entra en Orleans por Jean-Jacques Scherrer (1887). Museo de Bellas Artes de Orleans. Wikimedia Commons, Dominio Público.

Capítulo 8

14. Retrato de Catalina Sforza por Lorenzo di Credi (1481). Pinacoteca Civica de Forlì, Italia. Wikimedia Commons, Dominio Público.

Conclusiones

15. Magdalena penitente. Tiziano (1533). Palacio Pitti, Florencia, Italia. Wikimedia Commons, Dominio Público.

BIBLIOGRAFÍA

Abécassis, Eliette y Bongrand, Caroline (2007). *El corsé invisible*. Urano.

Alberoni, Francesco (1986). *Enamoramiento y amor*. Gedisa.

Albertí i Casas, Elisenda (2012). *Catalanes medievals*. Albertí.

Alfaro Giner, Carmen (2010). La mujer y el trabajo en la Hispania prerromana y romana: las actividades domésticas y profesionales. *Melanges de la Casa de Velázquez*, 40, 2, 15-38.

Álvarez González, Isabel (1996). *Los orígenes de la celebración del Día Internacional de la Mujer*. KRK.

Álvaro Castro Sánchez, Álvaro (2011). *Las noches oscuras de María de Cazalla: Mujer, herejía y gobierno en el Siglo XVI*. La Linterna Sorda.

Amorós, Celia (1991). *Hacía una crítica de la razón patriarcal*. Antrophos.

Anónimo (1994), Zohar. *Libro del esplendor*. Azul Editorial.

Arburua Olaizola, Kepa (2009). *Cogot, Secret Devoile*. Toulon.

Arendt, Hannah (1984). La vida del espíritu. CEC.

Arendt, Hannah (1992). *Hombres en tiempos de oscuridad*. Gedisa.

Arendt, Hannah (2013). *¿Qué es la política?* Paidós.

Armstrong, Lucile (1986). Algunos ritos de fertilidad. *Revista Internacional de los Estudios Vascos* (31). pp. 355-361.

Balza Múgica, Isabel (2015). Cuatro tesis sobre la asimetría de género en la percepción y actitudes ante los problemas ecológicos. En Alicia Puleo, *Ecología y Género en diálogo interdisciplinar*. Plaza y Janés.

Bara Bancel, Silvia (2016). *Mujeres Mística y política: Las beguinas y su regla de los auténticos amantes (Règle des fins amans)*. Verbo Divino.

Barahona, Pastora (2004). *Los templarios. Una historia muy presente*. Libsa.

Bauman, Richard (1994). *Women and Politics in Ancient Rome*. Routledge.

Beauvoir, Simone (1949). *Segundo sexo*. Penguin Random House Grupo.

Beltrán, Antonio (1984). *El Santo Cáliz de la Catedral de Valencia*. Imp. Nacher.

Beltrán, Gabriel (1986). *El carmelo teresiano en Cataluña*. 1586-1986. Monte.

Besançon Spencer, Aida (2012). *Más Allá de la Maldición: Mujeres Llamadas al Ministerio*. Wipf and Stock Publishers.

Biaggi, Cristina y Wilshire, Donna (1994). Marija Gimbutas. *Dialogues d'histoire ancienne* (en francés), 20 (1): 8-10.

Binkley, Roberta (1998). *Biography of Enheduanna, Priestess of Inanna*. University of Pennsylvania Museum.

Boccaccio, Giovani (1473). *De Mulieribus Claris*. Ulm.

Butler, Judith (2004). *Deshacer el género*. Paidos Ibérica.

Cannon, J. (2009). *The Kings and Queens of Britain*. Oxford University Press.

Carbonell, Eurdald et all. (2000). *Sapiens: El largo camino de los homínidos hacia la inteligencia*. Labutxaca.

Caro Baroja, Julio (1984). *Del viejo folklore castellano*. Ámbito.

Castilla de Cortazar, Blanca (2005). *Reflexiones en torno a la antropología de la Creación*. Rialp.

Cavendish, R. (2007). *Kings & Queens*. David & Charles.

Cea Gutiérrez, Antonio (1979). La fiesta de las Águedas en Miranda del Castañar. *Narria: Estudios de artes y costumbres populares*, 15-16.

Colmenar Orzaes, Carmen y Carreño Rivero, Miryam (1985). El Acceso de la mujer a la enseñanza oficial en la Universidad Central durante el siglo XIX español. En *Acta Higher Education and Social Historical Perspectives*. 7th International Standing Conference for the History of Education. Vol. I. Salamanca.

Côté, Renée (1984). *A Journée Internationale des femmes*. Les éditions du remue-ménage.

Criado Pérez, Caroline y Echevarría Pérez, Aurora (2020). *La mujer invisible: Descubre cómo los datos configuran un mundo hecho por y para los hombres*. Planeta.

Cuena Boy, Francisco. 2017. Leges in aeternum latae y leges mortales: El debate sobre la derogación de la lex oppia según Tito Livio 34. 1-8. *Ars Boni et Aequi* 13(2): 157-189.

Daly, Mary (2022). *Ex/Orbita*. Sabina Editorial.

De Boer, Esther (2005). *María Magdalena ¿Una sacerdotisa diosa? En Verdad o ficción, los especialistas responden a cerca del Código Da Vinci*. Lumen.

De Jesús de Agreda, Sor María (1860). *Mística Ciudad de Dios*. Pablo Riera.

De Jesús de Ágreda, Sor María y Felipe IV (1885). *Cartas de la venerable madre Sor María de Ágreda y del Señor Rey Don Felipe IV/ Precedidas de un bosquejo histórico por Francisco Silvela*. Ed. Sucesores de Rivadeneyra.

De la Rada y Delgado, Juan de Dios (1942). *Mujeres Célebres de España y Portugal*. Espasa.

De la Torre Muñoz de Morales, Ignacio (2005). *Los templarios y el origen de la banca*. Dilema.

De León de la Vega, Manuel (2023). *Los protestantes y la espiritualidad evangélica en la España del siglo XVI*. Autoedición.

De Miguel Álvarez, Ana (2012). La prostitución de mujeres una escuela de desigualdad humana. *Revista Europea de Derechos Fundamentales*,19/1er Semestre 2012, 49-74.

De Moxó y Montoliu, Francisco y Fernández Conde, Javier (1981). Herejías en la Europa medieval: los cátaros. *Cuadernos Historia 16*. 62, 81-87.

Del Hoyo Calleja, Javier (1987). La mujer en las termas de Hispania. *Cuadernos de Historia 16*. 135, 1987, 47-52

Del Pulgar, Hernando (1780). *Crónica de los señores reyes católicos don Fernando y doña Isabel*. Benito Monfort.

Díaz Ramos, Gregorio (1953). *Obras completas de san Bernardo*. Biblioteca de Autores Cristianos.

Dillard, Heath (1993). *La mujer en la reconquista*. Ed. Nerea.

Dunsworth HM and Eccleston, Leah (2015). The evolution of difficult childbirth and helpless hominin infants. *Annual Review of Anthropology*, 44: 55-69.

Dunsworth, Holly (2021). Chapter 27: There is no evolutionary «obstetrical dilemma». In, C Tomori and S Han, *editors Handbook of Anthropology and Reproduction*. Routledge.

Durán Las Heras, María Ángeles (1912). *El Trabajo no Remunerado en la Economía Global*, Fundación BBVA.

Durán Las Heras, María Ángeles (1988). *De puertas adentro*. Instituto de la Mujer.

Edgar, Morín (1991). *El Paradigma Perdido*. Kairós.

Egido Lopez, Teófanes (1985). *Santa Teresa y su obra reformadora*. Historia 16, 17-24.

Eisler, Riane (1989). *The Chalice and The Blade: Our History, Our Future*. Harper & Row,

Eisler, Riane (2021). *El Cáliz y la espada. De las diosas a los dioses: Culturas prepatriarcales*. Capitán Swing

Febvre, Lucien (1982). *Combates por la Historia*. Ariel.

Fernández, Tomás y Tamaro, Elena (2004). Biografía de Gala Placidia. En *Biografías y Vidas*. La enciclopedia biográfica en línea [Internet].

Fletcher, Richard (1989), The Quest for el Cid, Hutchinson

Fraser, Antonia (1990). *The Warrior Queens*. Penguin books.

Frazer, James George (1890. *La rama dorada*. FCE (1944).

Fuentes Hidalgo, Pablo (2004). *Gala Placidia: una soberana del Imperio cristiano*, Nerea.

Fullola, Josep Mª (1985). Los celtas: arte y cultura. *Cuadernos de Historia 16*. 20.

García de la Concha, Víctor (1985). Santa Teresa de Jesús. Un nuevo estilo literario. Cuadernos *Historia 16*. 25-33 301

García Herrero, Carmen (2007). *Artesanas de vida: Mujeres en la Edad Media*. Fundación Fernando el Católico.

García Valverde, José Manuel (2013). Francesco Colonna: 1433-1527. En Eduardo Peñalver Gómez (Coord.), *Fondos y procedencias*. Universidad de Sevilla. 463-465.

Gil Calvo, Enrique (1991). *La mujer cuarteada*. Anagrama.

Gil Calvo, Enrique (1991). *Máscaras masculinas*. Anagrama.

Gil Calvo, Enrique (1997). *El nuevo sexo débil. Los dilemas del varón posmoderno*. Ediciones Temas de Hoy.

Gimbutas, M. 1991. *La civilización de la Diosa: el mundo de la vieja Europa*. Harpers.

Gimbutas, Marija (2014). *Diosas y dioses de la Vieja Europa (7000- 3500 a.C.)*. Ediciones Siruela.

González Herrero, Marta (2018). La interiorización del modelo de feminidad ideal por las mujeres romanas. En Pilar Pavón, *La marginación de la mujer en el imperio romano*. Quasar.

González López, Arantzazú (2013). El mito de Lilith. Evolución iconográfica y conceptual. *Revista Legado de Arquitectura y Diseño*, 14, julio-diciembre, 2013, 105-114

González Serrano, Pilar (2017): Divinidades y vírgenes de cara negra. *Revista digital de iconografía medieval*. 9, 17, 2017, 45- 60

Granger Ryan, Willina (1993). *La leyenda dorada*. Princeton University Press.

Grau Torras, Sergi (2015). Los cátaros y la búsqueda del Santo Grial, *National Geographic* (on line, 26/08/2020).

Graves, Robert (2014). *La diosa blanca, en nueva edición, ampliada y corregida*. Alianza

Graves, Robert y Patai, R. (1986). *Los mitos hebreos*, Alianza.

Greer, Germaine (1984). *La mujer eunuco*. Kairos.

Greer, Germaine (2000). *Mujer Completa*. Kairos.

Guerrero Navarrete, Yolanda (2016). Las mujeres y la guerra en la edad media: mitos y realidades. *Journal of Feminist, Gender and Women Studies*, 3: 3-10

Harvey, Katherine (2023). *Los fuegos de la lujuria*. El ático de los libros.

Henríquez Ureña, Camila (2020). *Obras y apuntes (*Tomo VIII). Ed. Universitaria.

Herránz, Isabela (2015). *Magos, médiums y santos Vidas prodigiosas y experiencias singulares del espíritu*. Arcopress.

Hesemann, Michael (2003). *Die Entdekung des heligen Grals: das dende einer Suche*. Pattloch.

Hidalgo, Pablo (2004). *Gala Placidia: una soberana del Imperio cristiano*. Ed. Nerea.

Horney, Karen (1937). *The Neurotic Personality of Our Time*. Norton.

Hughes, Virginia (2013). Los artistas prehistóricos podrían haber sido mujeres. *National Geographic* (On Line, 10 de octubre 2023).

Husain, Shahrukh (2001). *La Diosa*. Duncan Baird.

Irigaray, Luce (1994). *Amo a ti, bosquejo de la felicidad en la historia*. Icaria.

Irigaray, Luce (1997). *Tras Oriente e Occidente. Dalla singolarità alla comunità*. Manifestolibri.

Irigaray, Luce (2007). *Espéculo de la otra mujer*. Akal (1974).

Irigoyen Fajardo, Katia (2005). *Costumbres y tradiciones populares: la fiesta de Santa Águeda en Zamarramala*. Diputación provincial de Segovia.

Janes, Clara (2015). *Guardar la casa, cerrar la boca*. Siruela.

Jiménez de Rada, Rodrígo (1847). *Colección de las antiguas crónicas de los reyes de Castilla y de León*. LatherBound.

Jiménez, Luis Isidro (2016). Los infantes de Carrión y las hijas del Cid: su realidad histórica en relación con los personajes literarios. *Philobiblion: Revista de Literaturas Hispánicas*, 3, 2016, 7-18.

Joan Kelly-Gadol (1977). Did women have a Renaissance? *Woman History and Theory*. University of Chicago Press.

Jordan, Brigitte (1978). *Birth in Four Cultures: A Crosscultural Investigation of Childbirth in Yucatan, Holland, Sweden, and the United States*. Eden Press Women's Publications.

Jorge Novella Suárez (2018). María Zambrano y el suicidio de Europa. *Azafea. Revista de filosofía*. 20, 2018, 205-218.

King, Karen (2003). *María de Magdala, Jesús y su primera apóstol*. Poliedro,

Kollontai, Alexandra (1977). *La Autobiografía de una Mujer Sexualmente Emancipada*. Horas y Horas.

Kühne, Viviana. (2013). La Lex Oppia sumptuaria y el control sobre las mujeres. En Rosalía Rodríguez López y María José Bravo Bosch, *Mulier: algunas historias e instituciones de derecho romano*, 37-52. Dykinson.

Lacarra, María Eugenia (1980). *El Poema de Mío Cid: Realidad Histórica e Ideología*, Ediciones José Porrúa Turanzas.

Langlands, Rebbeca (2006). *Sexual morality in ancient Rome. Cambridge* University Press.

Larruga y Boneta, Eugenio (1790). *Memorias políticas y económicas sobre los frutos, fábricas y minas de España* (Vol 8). Benito Cano.

Lerner, Gerda (2917). *La creación del patriarcado*. Katakrak.

Levi Strauss, C. (1972). *Les structures elementaries de la pa*renté, PUF.

Lloyd, Trevor (1970). *Las Sufragistas*. Nauta.

López Beltrán, María Teresa (2010). El trabajo de las mujeres en el mundo urbano medieval. *Mélanges de la Casa de Velázquez*. 40, 2, 2010, 39-57.

M. Bailey Ogilvie (1986). *Women in science: antiquity through the nineteenth century: a biographical dictionary with annotated bibliography.* Cambridge, Mass.: MIT Press.

Madariaga, Salvador (1972). *Mujeres Españolas.* Austral.

Mañeru Méndez, Ana (2019). Hablar de nosotras en femenino. *Tiempo de paz*, 134, 52-60.

Mañeru, Mendez (2021). *Cartas a Susan.* Sabina Editorial.

Marcos Sánchez, María del Mar (2006). El lugar de las mujeres en el Cristianismo: uso y abuso de la Historia Antigua en un debate contemporáneo. *Studia historica.* 24, 2006, 39.

Márquez de la Plata, Vicenta (2018). *Mujeres con Poder en la Historia de España.* Nowtilus.

Martín Cano, Francisca (2016). *Antropología Feminista Ibérica.* Letras de Autor.

Martín Casares, Eurelia (2006). *Antropología del género: cultura, mitos y estereotipos sexuales.* Cátedra.

Martínez Díez, Gonzalo (2007*). Los Infantes de Carrión del Cantar Cidiano y su nula historicidad.* Documentos de la Universidad de Sevilla. 34,207-223.

Martínez Veiga, Ubaldo (1995). *Mujer, trabajo, domicilio. Los orígenes de la discriminación.* Icaria.

Martínez Veiga, Ubaldo (2013). Mami Wata, Diosa de la migración africana. Batey. *Revista cubana de Antropología y Sociocultura.* III, 2.

Mauss, Marcel (1979). *Ensayo sobre los dones. Razón y forma del intercambio en las sociedades primitivas.* Tecnos.

McKinley, María B. (1999). Les fortunes précaires de Marie Dentíere au XVI et XIX siècle. En Katheen Wilson-Chevalier y Eliane Vennot (Coordl), *Royaume de Fémynie.* París, Champion, 27-39.

Meillassoux, Claude (1977). Mujeres, graneros y capitales. Siglo XXI.

Menéndez Pidal, Ramón (1943), La España del Cid, Buenos Aires, Espasa-Calpe.

Montaner, Alberto (1993). *Cantar de Mío Cid.* Crítica.

Muriel, Nieves (2022). *Solo lo cierto cuenta.* Sabina Editorial.

Nash, Mary y Álvarez González, Ana Isabel (2002). *Séneca Falls. Un siglo y medio de Movimiento Internacional de Mujeres y la lucha por el sufragio femenino en España*. Guía didáctica. Gobierno del Principado de Asturias.

Olivares Guillem, Andrés (2021). Mulieres novarum rerum cupidae. El arraigo del priscilianismo entre las mujeres. *Gerión, Revista de historia antigua*. 39, 2, 567-586

Olmos Criado, Rosa (1974). *Danzas Rituales y de Diversión en la Provincia de Segovia*. Diputación provincial de Segovia.

Pallares, Mª del Carmen y Portela, Ermelindo (2006). *La reina Urraca*. Nerea.

Perez-Fuentes Hernández, Pilar (2000). El trabajo de las mujeres una mirada desde la historia. *Lan Harremanak*. 2, 185- 209.

Pericot, Luisa (1985). Los celtas: sociedad y economía. *Cuadernos de Historia*. *16*, 20.

Pernoud, Regine (2013). *Las mujeres en el tiempo de las catedrales*. Andrés Bello.

Porrinas González, David (2019). *El Cid. Historia y mito de un señor de la guerra*. Desperta Ferro Ediciones.

Ramírez, Janina (2023). *Fémina*. Ática de los libros.

Restrepo Moreno, Marta Inés (2008). Feminismo y espiritualidad. *Revista Lasallistade Investig*ación. 5,2,146-157.

Rich, Adrienne (1978). *Sobre secretos, mentiras y silencios*. Horas y horas.

Rivera Garretas, M. Milagros (1994). *Nombrar el mundo en femenino*. Icaria.

Rivera Garretas, María Milagros (1997). *Fraude de la Igualdad*. Planeta.

Rivera Garretas, María Milagros (1997). Oliva Sabuco de Nantes Barrera. En Iris M. Zabala: *Breve historia feminista de la literatura española*. Anthopos. 131-146.

Rivera Garretas, María Milagros (2003). La vida de las mujeres: entre la Historia Social y la Historia Humana. *E*n Sabaté, Flocel y Farré, Joan: *Medievalisme, Noves Perspectives. 109-120.*

Rivera Garretas, María Milagros (2017). *La Reina Juana I de España*. Sabina Editorial.

Rosenberg, Karen R (2021). Catching Babies: The Professionalization of Childbirth, 1870-1920 and The Making of Man-Midwifery:

Childbirth in England, 1660-1770 (review) Journal of the History of Sexuality – Volume 10, Number 2, April 2001, pp. 307-310

Rubio Gil, Ángeles (2007). *Remedios para el mal de amores*. Barcelona: Amat.

Rubio Gil, Ángeles y Sanagustín Fons, Victoria (2018). Turismo Religioso. *El Camino Europeo del Santo Grial y otras rutas culturales para el desarrollo*. Delta.

Salisbury, Joyce (2001). *Encyclopedia of women in the ancient world*. Caif.: ABC-Clio

Sanagustín Fons, Victoria y Rubio Gil, Ángeles (2017). *Ruta del Santo Grial y otros caminos culturales en una sociedad compleja*. UNIZAR.

Schmidhuber de la Mora, Guillermo (2012). *Dorothy Schons, la primera sorjuanista*. Dunken.

Scholz, Christian & Renning, Anne (2019). *Generations Z in Europe*. Emerald.

Scott, Rogo (1982). *A parascientific inquiry into wondrous phenomena*. Martínez Roca

Sentís Vicent, Alejandra (2020). Movimientos reivindicativos de las mujeres en roma durante el S. II a.c.: el caso de la derogación de la Ley Opia. *Journal of Feminist, Gender and Women Studies*, 8, 13-20.

Shanley, Mary Lyndon (1979). The history of the family in modern England. *Signs*. 4, 740-50.

Sierra, Javier (1998). *La dama azul*. Planeta.

Skenzi, Cynthia (1997). Marie Dentière et la prédication des femmes. *Renaissance and Reformation*. 21,1, 5–18.

Smith, Colin (1982). *Poema de Mío Cid*. Cátedra.

Sol Jiménez, Elena (2016). *El gnosticismo y sus rituales*. UCM.

Thomas, William I. (1928). *The child in America: Behavior problems and programs*. Knopf.

Trotski, Leon (2021). *Historia de la Revolución Rusa*. Biblok.

Valcárcel, Isabel (2005). *Mujeres de armas tomar*. Algaba.

Valtierra Lacalle, Ana (2019). Ruta de las Vírgenes Negras y Morenas de La Rioja: orígenes de su culto e iconografía. En Angeles Rubio y Sergio Andrés, *Rutas de la Rioja. Nuevos Itinerarios, industria de viajeros y desarrollo*. Dykinson.

Valtierra Lacalle, Ana (2021). El Císter y el auge de las vírgenes negras. Una tradición antigua de revalorización de las figuras femeninas en época medieval, *Revista Digital de Iconografía Medieval.* 13, 23, 42-68.

Vasconcelos, Naumi A. (1995). ¿Existió realmente el 8 de Marzo? *Mujeres en Acción ISIS internacional,* 1.

Waters, Mary-Alice (1977). Marxismo y Feminismo. Fontamara.

Ventura Subirats, Jordi (1960). *Pere el catòlic i sino de Monfort els Catars.* Selecta Catalonia.

Woolf, Virginia (1928). *Una habitación propia.* Seix Barral.

Yassine Brendiss, Ernest (2021). *Juana de Arco.* Agora.

Zambrano, María (1936). *Filosofía y Poesía.* FCE.

Zambrano, María (1950). *Hacía un saber sobre el alma.* Alianza. 2005

Zambrano, María (1965). Un lugar de la palabra: Segovia. En *España Sueño y Verdad.* Siruela.

Zambrano, María (1991). *El hombre y lo divino.* Siruela.

Zambrano, María (2018). *La agonía de Europa.* Alianza.

Zevit, Ziony (2013). *What really happened in the Garden of Eden?* Yale University.

…porque sería la madre
de todos los vivientes
(Génesis 3, 20).

Erasmus concluyó el trabajo en esta obra
el 10 de junio de 2024.